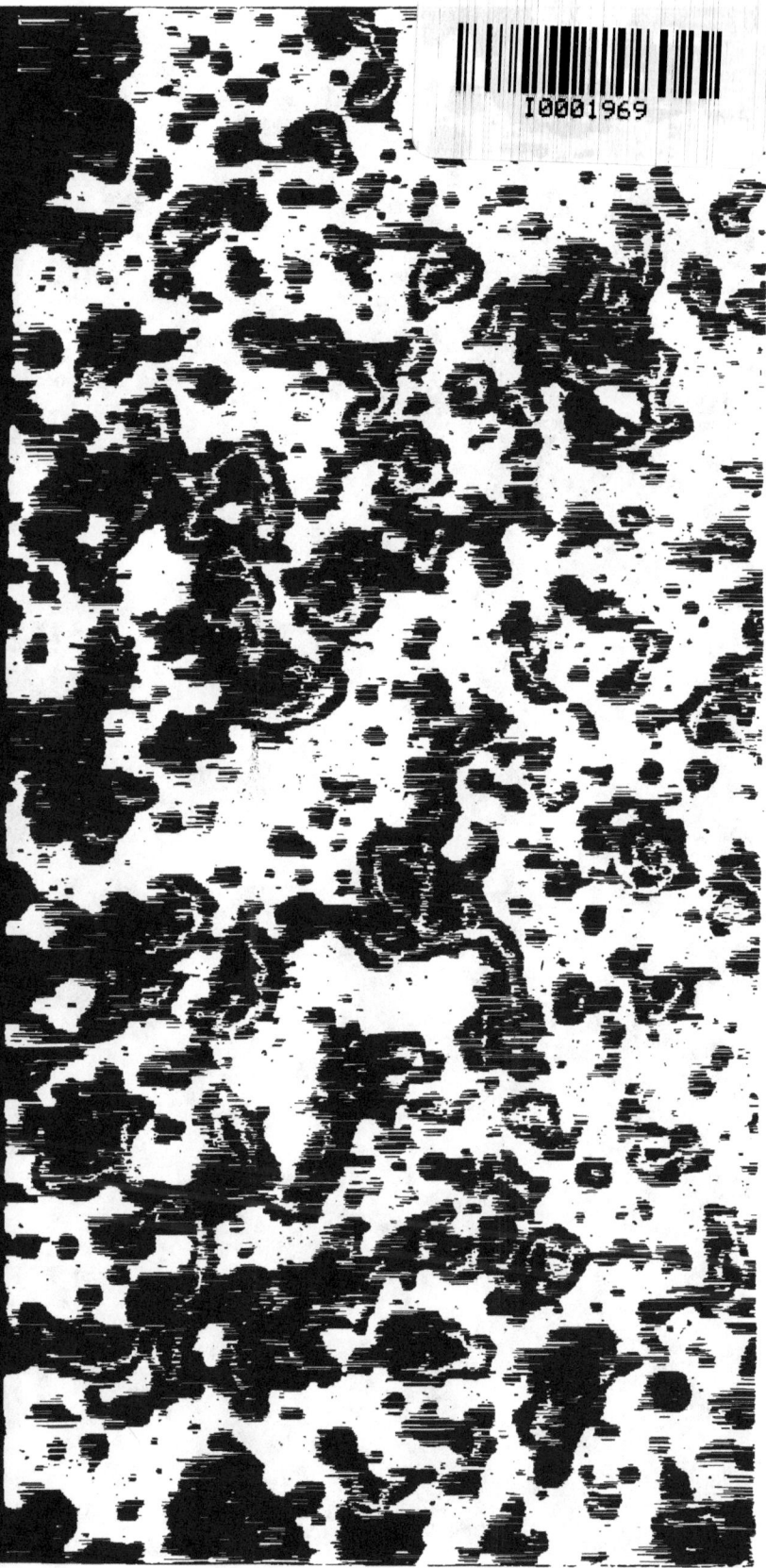

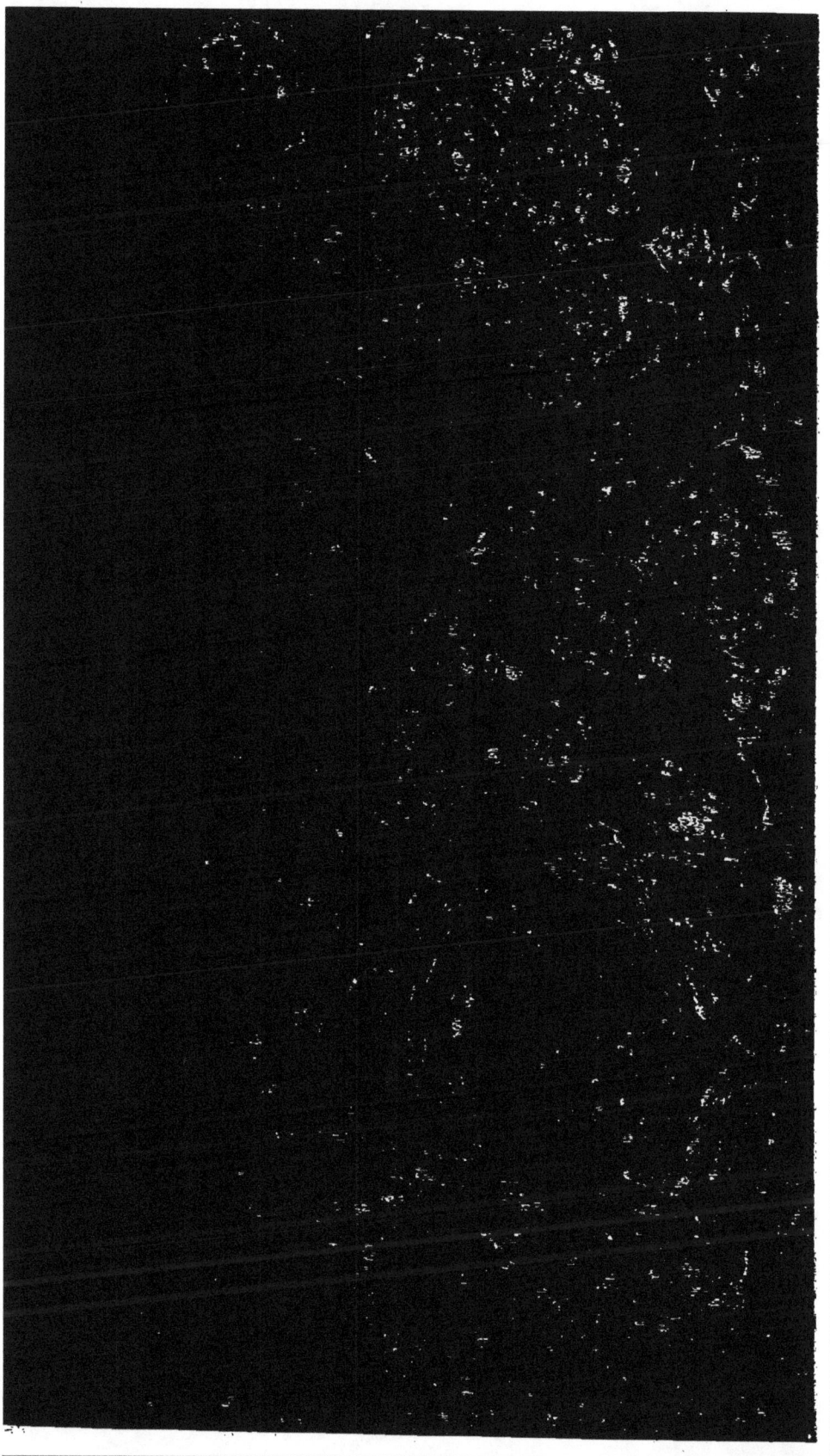

TRAITÉ

DES PARTAGES

FAITS EN JUSTICE.

Se trouve

Chez
{
Arthus-Bertrand, libraire, rue Haute-Feuille, à Paris.
Les frères Périsse, imprimeurs-libraires, à Lyon.
Paschoud, imprimeur-lib. à Genève.
Durand, libraire à Grenoble.
Bonnet fils, imprimeur-lib. à Avignon.
Auguste Aurel, imprimeur-lib. à Toulon.
G. Mouret, imprimeur-libraire à Aix.
Et chez les principaux libraires des départemens.
}

TRAITÉ
DES PARTAGES
FAITS EN JUSTICE,

UTILE A TOUTES SORTES DE PERSONNES, ET NÉCESSAIRE AUX AVOUÉS, NOTAIRES, EXPERTS ET GENS D'AFFAIRES DES VILLES ET DES CAMPAGNES ; AVEC LES FORMULES DE TOUS LES ACTES QUI ONT RAPPORT A CETTE PROCÉDURE ;

PAR HIPPOLYTE VITALIS,

Membre de plusieurs sociétés savantes de Paris et des départemens.

Si vous examinez les formalités de la justice par rapport à la peine qu'a un citoyen à se faire rendre son bien, vous en trouverez sans doute trop ; si vous les regardez dans le rapport qu'elles ont avec la liberté et la sûreté des citoyens, vous en trouverez souvent trop peu, et vous verrez que les peines, les dépenses, les longueurs, les. dangers même de la justice, sont le prix que chaque citoyen donne pour sa liberté.

MONTESQUIEU, Esprit des lois, liv. VI, chap. 2.

A VALENCE,
CHEZ MARC AUREL, IMPRIMEUR-LIBRAIRE.— 1811.

A S. A. SÉRÉNISSIME

LE PRINCE CAMBACÉRÈS,

ARCHICHANCELIER DE L'EMPIRE,

DUC DE PARME,

Grand-Officier de la Légion d'Honneur, Grand-Croix des Ordres de l'Aigle rouge et de l'Aigle noire de Prusse, Membre de l'Institut, etc.

Monseigneur,

Un ouvrage de Jurisprudence s'offre de lui-même à Votre Altesse Sérénissime, comme le fruit de l'arbre s'offre à la main qui l'a planté. Recevez ce juste hommage ; il est bien faible pour honorer un prince qui honore si bien lui-même vj

la science et l'exercice suprême de la justice. Puisse-t-il seulement obtenir un regard de l'homme vertueux et modeste qui a consacré sa vie à faire germer les principes sur lesquels reposent la vie et l'espérance des citoyens !

J'ai l'honneur d'être avec un profond respect,

Monseigneur,

De votre Altesse Sérénissime,

Le très-humble et très-obéissant serviteur,

H. VITALIS.

PRÉFACE.

J'avais commencé ce travail pour ma seule instruction. On a cru ensuite qu'il pourrait être utile au public, en évitant aux autres la peine qu'il m'a coutée, et en jetant quelque jour sur une matière non encore approfondie, du moins dans les campagnes, où elle est le plus souvent discutée. Là, j'ai vu de quelle manière on procédait ; j'ai vu des fautes nombreuses accompagner les meilleures intentions ; j'ai vu clore, avec sécurité, des travaux qu'un souffle de la chicane peut renverser, et j'ai livré mon ouvrage à l'impression. Puisse-t-il parvenir au but désiré, et faire qu'on ne puisse dire dans une année ce qu'on pourrait affirmer aujourd'hui, que de cent partages de successions que l'on croit terminés, et sur lesquels trois cents familles se reposent, il n'y en a certainement pas dix qui soient *définitifs !*

Voici l'ordre que j'ai suivi pour expliquer dans toutes ses filières une loi que, dès le principe, si peu de gens ont entendue, et qui fait naître d'importantes questions, dont beaucoup de gens d'affaires ne se doutent pas.

J'ai d'abord réuni de suite tous les articles des deux Codes Napoléon et de Procédure, qui ont rapport au partage des successions, afin d'en mettre l'ensemble sous les yeux. Je reprends ensuite, et je fais suivre chaque article par l'indication de toutes les lois anciennes qui s'y rapportent, par un commentaire dans lequel j'ai analysé ou *cité littéralement* tout ce qui a été écrit de mieux sur la matière, et auquel j'ai joint mes propres opinions; enfin par le recueil de tous les arrêts importans qui ont pu fixer la jurisprudence relativement au sens de chaque article. Toutes les formules qui entrent dans un partage sont à la fin.

Ce n'est point ici l'ouvrage d'une vaine théorie; il est le fruit de l'expérience et de la réflexion. Ce n'est qu'à ce titre que j'ose en espérer l'accueil: ces deux guides pouvaient seul le produire.

TRAITÉ
DES PARTAGES
FAITS EN JUSTICE.

TEXTE

De la Législation actuelle sur les Partages.

CODE NAPOLÉON.

ART. 465. LA même autorisation (celle du conseil de famille) sera nécessaire au tuteur pour provoquer un partage ; mais il pourra, sans cette autorisation, répondre à une demande en partage dirigée contre le mineur.

ART. 466. Pour obtenir, à l'égard du mineur, tout l'effet qu'il aurait entre majeur, le partage devra être fait en justice, et précédé d'une estimation faite par experts nommés par le tribunal de première instance, du lieu de l'ouverture de la succession.

Les experts, après avoir prêté devant le président du même tribunal, ou autre juge par lui délégué, le serment de bien et fidèlement remplir leur mission, procéderont à la division des héritages et à la formation des lots, qui seront tirés au sort, et en présence, soit d'un membre du tribunal, soit d'un notaire par lui commis ; lequel fera la délivrance des lots.

Tout autre partage ne sera considéré que comme provisionnel.

ART. 815. Nul ne peut être contraint à demeurer dans l'indivision, et le partage peut être toujours provoqué, nonobstant prohibition et conventions contraires.

On peut cependant convenir de suspendre le partage pendant un temps limité : cette convention ne peut être obligatoire au-delà de cinq ans ; mais elle peut être renouvelée.

ART. 816. Le partage peut être demandé, même quand l'un des cohéritiers aurait joui séparément de partie des biens de la succession, s'il n'y a eu un acte de partage, ou possession suffisante pour acquérir la prescription.

ART. 817. L'action en partage, à l'égard des cohéritiers mineurs ou interdits, peut être exercée par leurs tuteurs, spécialement autorisés par un conseil de famille.

A l'égard des cohéritiers absens, l'action appartient aux parens envoyés en possession.

ART. 818. Le mari peut, sans le concours de sa femme, provoquer le partage des objets meubles ou immeubles à elle échus, qui tombent dans la communauté. A l'égard des objets qui ne tombent pas en communauté, le mari ne peut en provoquer le partage sans le concours de sa femme : il peut seulement, s'il a le droit de jouir de ses biens, demander un partage provisionnel.

Les cohéritiers de la femme ne peuvent provoquer le partage définitif qu'en mettant en cause le mari et la femme.

ART. 819. Si tous les héritiers sont présens et majeurs, l'opposition des scellés sur les effets de la succession n'est pas nécessaire, et le partage peut être fait dans la forme, et par tel acte que les parties intéressées jugent convenable.

Si tous les héritiers ne sont pas présens; s'il y a parmi eux des mineurs ou des interdits, le scellé doit être apposé dans le plus bref délai, soit à la requête des héritiers, soit à la diligence du procureur impérial, au tribunal de première instance, soit d'office par le juge de paix, dans l'arrondissement duquel la succession est ouverte.

ART. 820. Les créanciers peuvent aussi requérir l'apposition des scellés, en vertu d'un titre exécutoire ou d'une permission du juge.

ART. 821. Lorsque le scellé a été apposé, tous créanciers peuvent y former opposition, encore qu'ils n'ayent ni titre exécutoire ni permission du juge.

Les formalités pour la levée des scellés et la confection de l'inventaire sont réglées par les lois sur la procédure.

ART. 822. L'action en partage, et les contestations qui s'élèvent dans le cours des opérations, sont soumises au tribunal du lieu de l'ouverture de la succession.

C'est devant ce tribunal qu'il est procédé aux licitations, et que doivent être portées les demandes relatives à la garantie des lots entre copartageans, et celles en rescision du partage.

ART. 823. Si l'un des cohéritiers refuse de consentir au partage, ou s'il s'élève des contestations, soit sur le mode d'y procéder, soit sur la manière de le terminer, le tribunal prononce comme en matière sommaire, ou commet, s'il y a lieu, pour les opérations du partage, un des juges, sur le rapport duquel il décide les contestations.

ART. 824. L'estimation des immeubles est faite

1 *

par experts choisis par les parties intéressées, ou, à leurs refus, nommés d'office.

Le procès-verbal des experts doit présenter les bases de l'estimation ; il doit indiquer si l'objet estimé peut être commodément partagé, de quelle manière ; fixer enfin, en cas de division, chacune des parts qu'on peut en former, et leur valeur.

ART. 825. L'estimation des meubles, s'il n'y a pas eu de prisée faite dans un inventaire régulier, doit être faite par gens à ce connaissant, à juste prix et sans crue.

ART. 826. Chacun des cohéritiers peut demander sa part en nature dès meubles et immeubles de la succession ; néanmoins s'il y a des créanciers saisissans ou opposans, ou si la majorité des cohéritiers juge la vente nécessaire pour l'acquit des dettes et charges de la succession, les meubles sont vendus publiquement en la forme ordinaire.

ART. 827. Si les immeubles ne peuvent pas se partager commodément, il doit être procédé à la vente par licitation devant le tribunal ; cependant, les parties, si elles sont toutes majeures, peuvent consentir que la licitation soit faite devant un notaire, sur le choix duquel elles s'accordent.

ART. 828. Après que les meubles et immeubles ont été estimés et vendus, s'il y a lieu, le juge commissaire renvoie les parties devant un notaire dont elles conviennent, ou nommé d'office, si les parties ne s'accordent pas sur le choix.

On procède devant cet officier, aux comptes que les copartageans peuvent se devoir, à la formation de la masse générale, à la composition des lots, et aux fournissement à faire à chacun des copartageans.

ART. 829. Chaque cohéritier fait rapport à la masse, suivant les règles qui seront ci-après établies, des dons qui lui ont été faits, et des sommes dont il est débiteur.

ART. 830. Si le rapport n'est pas fait en nature, les cohéritiers à qui il est dû, prélèvent une portion égale sur la masse de la succession.

Les prélèvemens se font, autant que possible, en objets de même nature, qualité et bonté, que les objets non rapportés en nature.

ART. 831. Après ces prélèvemens, il est procédé, sur ce qui reste dans la masse, à la composition d'autant de lots égaux, qu'il y a d'héritiers copartageans ou de souches copartageantes.

ART. 832. Dans la formation et composition des lots, on doit éviter, autant que possible, de morceler les héritages et de diviser les exploitations; et il convient de faire entrer dans chaque lot, s'il se peut, la même quantité de meubles, d'immeubles, de droits ou de créances de même nature et valeur.

ART. 833. L'inégalité des lots en nature se compense par un retour, soit en rente, soit en argent.

ART. 834. Les lots sont faits par l'un des cohéritiers, s'ils peuvent convenir entr'eux sur le choix, et si celui qu'ils avaient choisi accepte la la commission; dans le cas contraire, les lots sont faits par un expert que le juge commissaire désigne. Ils sont ensuite tirés au sort.

ART. 835. Avant de procéder au tirage des lots, chaque copartageant est admis à proposer ses réclamations contre leurs formations.

ART. 836. Les règles établies pour la division des masses à partager, sont également observées

dans la subdivision à faire entre les souches copartageantes.

ART. 837. Si, dans les opérations renvoyées
devant un notaire, il s'élève des contestations,
le notaire dressera procès-verbal des difficultés
et des dires respectifs des parties, les renverra
devant le commissaire nommé pour le partage;
et au surplus, il sera procédé suivant les formes
prescrites par les lois sur la procédure.

ART. 838. Si tous les cohéritiers ne sont pas
présens, ou s'il y a parmi eux des interdits ou
des mineurs, même émancipés, le partage doit
être fait en justice, conformément aux règles prescrites par les articles 819 et suivans, jusques et
compris l'article précédent. S'il y a plusieurs mineurs qui aient des intérêts opposés dans le
partage, il doit leur être donné à chacun un tuteur spécial et particulier.

ART. 839. S'il y a lieu à licitation, dans le cas
du précédent article, elle ne peut être faite qu'en
justice, avec les formalités prescrites pour l'aliénation des biens des mineurs. Les étrangers y sont
toujours admis.

ART. 840. Les partages faits conformément aux
règles ci-dessus prescrites, soit par les tuteurs,
avec l'autorisation d'un conseil de famille, soit
par les mineurs émancipés, assistés de leurs curateurs, soit au nom des absens ou non présens, sont définitifs; ils ne sont que provisionnels,
si les règles prescrites n'ont pas été observées.

841. Toute personne, même parente du défunt, qui n'est pas son successible, et à laquelle
un cohéritier aurait cédé son droit à la succession, peut être écartée du partage, soit par tous
les cohéritiers, soit par un seul, en lui remboursant le prix de la cession.

ART. 842. Après le partage, remise doit être faite à chacun des copartageans, des titres particuliers aux objets qui lui seront échus.

Les titres d'une propriété divisée restent à celui qui a la plus grande part, à la charge d'en aider ceux de ses copartageans qui y auront intérêt quand il en sera requis.

Les titres communs à toute l'hérédité sont remis à celui que tous les héritiers ont choisi pour en être le dépositaire, à la charge d'en aider les copartageans, à toute réquisition. S'il y a difficulté sur ce choix, il est réglé par le juge.

CODE DE PROCÉDURE.

Titre des partages et licitations.

ART. 966. Dans les cas des articles 823 et 838 du Code Nap., lorsque le partage doit être fait en justice, la partie la plus diligente se pourvoira.

ART. 967. Entre deux demandeurs, la poursuite appartiendra à celui qui aura fait viser le premier l'original de son exploit par le greffier du tribunal : ce visa sera daté du jour et de l'heure.

ART. 968. Le tuteur spécial et particulier qui doit être donné à chaque mineur, ayant des intérêts opposés, sera nommé suivant les règles contenues au titre des *avis de parens*.

ART. 969. Le même jugement qui prononcera sur la demande en partage, commettra, s'il y a lieu, un juge, conformément à l'article 823 du Code Nap., et ordonnera que les immeubles, s'il y en a, seront estimés par experts, de la manière prescrite en l'article 824 du même Code.

ART. 970. En prononçant sur cette demande, le tribunal ordonnera par le même jugement le partage, s'il peut avoir lieu, ou la vente par licitation, qui sera faite, soit devant un membre du tribunal, soit devant un notaire.

ART. 971. Il sera procédé aux nominations, prestation de serment et rapport d'experts, suivant les formalités prescrites au titre des *rapports d'experts* : néanmoins, lorsque toutes les parties seront majeures, il pourra n'être nommé qu'un expert, si elles y consentent.

ART. 972. Le poursuivant demandera l'entérinement du rapport par requête de simple conclusion d'avoué à avoué. On se conformera pour la vente aux formalités prescrites dans le titre de la vente des biens immeubles, en ajoutant dans le cahier des charges,

Les noms, demeure et profession du poursuivant, les noms et demeure de son avoué ;

Les noms, demeure et profession des colicitans.

Copie du cahier des charges sera signifié aux avoués des colicitans, par un simple acte, dans la huitaine du dépôt, au greffe ou chez le notaire.

ART. 973. S'il s'élève des difficultés sur le cahier des charges, elles seront vidées à l'audience, sans aucune requête, et sur un simple acte d'avoué à avoué.

ART. 974. Lorsque la situation des immeubles aura exigé plusieurs expertises distinctes, et que chaque immeuble aura été déclaré impartageable, il n'y aura cependant pas lieu à licitation, s'il résulte du rapprochement des rapports que la totalité des immeubles peut se partager commodément.

ART. 975. Si la demande en partage n'a pour objet que la division d'un ou de plusieurs immeubles, sur lesquels les droits des intéressés soient déjà liquidés, les experts, en procédant à l'estimation, composeront les lots ainsi qu'il est prescrit par l'art. 466 du Code Napoléon ; et après que leur rapport aura été entériné, les lots seront tirés au sort, soit devant le juge commissaire, soit devant un notaire commis par le tribunal.

ART. 976. Dans les autres cas, le poursuivant fera sommer les copartageans de comparaître au jour indiqué devant le juge commissaire, qui renverra les parties devant un notaire dont elles conviendront ; si elles peuvent et veulent en convenir, ou qui, à défaut, sera nommé d'office par le tribunal, à l'effet de procéder aux comptes, rapports, formation de masses, prélèvement, ainsi qu'il est ordonné par le Code Nap., art. 828.

Il en sera de même, après qu'il aura été procédé à la licitation, si le prix de l'adjudication doit être confondu avec d'autres objets dans une masse commune de partage, pour former la balance entre les divers lots.

ART. 977. Le notaire commis procèdera seul, et sans l'assistance d'un second notaire ou de témoins. Si les parties se font assister auprès de lui d'un conseil, les honoraires de ce conseil n'entreront point dans les frais de partage, et seront à leur charge.

Au cas de l'article 837 du Code Nap., le notaire rédigera en un procès-verbal séparé, les difficultés et dires des parties ; ce procès-verbal sera par lui remis au greffe et y sera retenu.

Si le juge commissaire renvoie les parties à l'audience, l'indication du jour où elles devront comparaître leur tiendra lieu d'ajournement.

Il ne sera fait aucune sommation pour comparaître, soit devant le juge, soit à l'audience.

ART. 978. Lorsque la masse du partage, les

rapports et prélèvements à faire par chacune des parties intéressées auront été établies par le notaire, suivant les articles 829, 830 et 831, du Code Nap., les lots seront faits par l'un des cohéritiers, s'ils sont tous majeurs, s'ils s'accordent sur le choix, et si celui qu'ils auront choisi accepte la commission ; dans le cas contraire, le notaire, sans qu'il soit besoin d'aucune autre procédure, renverra les parties devant le juge commissaire, et celui-ci nommera un expert.

ART. 979. Le cohéritier choisi par les parties, ou l'expert nommé pour la formation des lots, en établira la composition par un rapport, qui sera reçu et rédigé par le notaire, à la suite des opérations précédentes.

ART. 980. Lorsque les lots auront été fixés, et que les contestations sur leur formation, s'il y en a eu, auront été jugées, le poursuivant fera sommer les copartageans, à l'effet de se trouver, à jour indiqué, en l'étude du notaire, pour assister à la clôture de son procès-verbal, en entendre lecture, et le signer avec lui, s'ils le peuvent ou le veulent.

ART. 981. Le notaire remettra l'expédition du procès-verbal de partage à la partie la plus diligente, pour en poursuivre l'homologation par le tribunal ; sur le rapport du juge commissaire, le tribunal homologuera le partage, s'il y a lieu, les parties présentes ou appelées, si toutes n'ont pas comparu à la clôture du procès-verbal, et sur les conclusions du procureur impérial, dans le cas ou la qualité des parties requerra son ministère.

ART. 982. Le jugement d'homologation ordonnera le tirage des lots, soit devant le juge commissaire, soit devant le notaire, lequel en fera la délivrance aussitôt après le tirage.

ART. 983. Soit le greffier, soit le notaire, seront
tenus de délivrer tels extraits, en tout ou partie,
du procès-verbal de partage, que les parties intéressées requerront.

ART. 984. Les formalités ci-dessus seront suivies
dans les licitations et partages tendant à faire
cesser l'indivision, lorsque les mineurs ou autres
personnes non jouissant de leurs droits civils y
auront intérêt.

ART. 985. Au surplus, lorsque tous les copropriétaires ou cohéritiers seront majeurs, jouissant
de leurs droits civils, présens ou dûment représentés, ils pourront s'abstenir des voies judiciaires, ou les abandonner en tout état de cause,
et s'accorder pour procéder de telle manière qu'ils
aviseront.

EXPLICATIONS

Sur les articles qui précèdent.

» ART. 465. La même autorisation (celle du Cod. Nap.
» conseil de famille) sera nécessaire au tuteur Art. 465.
» pour provoquer un partage; mais il pourra,
» sans cette autorisation, répondre à une de-
» mande en partage dirigée contre le mineur. »
Lois anciennes qui ont rapport à cet article.
Leg. 1, § 2. *infin. leg.* 7. *in pr. et* § 1. *ff. de rebus eorum qui sub tutelâ ver curat. leg.* 17. *cod.
de prædiis et aliis rebus minorum.*

Il a toujours été de principe que le mineur ni
son tuteur ne peuvent, *d'eux-mêmes,* provoquer
un partage. Cette législation est confirmée positivement, tant par cet article, que par l'art. 464,

qui établit qu'aucun tuteur ne pourra *introduire en justice une action relative aux droits immobiliers du mineur, sans l'autorisation du conseil de famille.* Mais lorsque le partage est provoqué par un majeur copropriétaire par indivis, le tuteur peut répondre à cette demande sans l'intervention de la famille du mineur, parce que ce dernier doit, en ce cas, en souffrir l'effet : *leg.* 17. Il doit souffrir le partage, parce que *nul ne peut être contraint à demeurer dans l'indivision* (suivant le Code Nap., art. 815), conforme en cela aux lois romaines ; et il doit souffrir ensuite la licitation, quoiqu'elle soit une aliénation, parce qu'elle est une suite nécessaire du partage dans les cas prévus (*Voy.* Malleville, *tom.* 1, *pag.* 464 et 468). Suivant notre ancienne jurisprudence, disent les auteurs des Pandectes françaises, conforme en cela au droit écrit, ni le mineur, ni son tuteur ne pouvait provoquer le partage, parce qu'il était considéré comme une espèce d'aliénation ; il pouvait seulement l'être contre lui, par la raison que personne ne peut être forcé de rester dans l'indivision. Mais la disposition du Code est plus avantageuse et plus salutaire, et c'est un bienfait d'avoir permis au tuteur, au moyen d'une formalité raisonnable et peu onéreuse, de demander par lui-même un partage définitif, parce qu'il peut souvent être très-intéressant pour le pupille de sortir de l'indivision ; cette disposition a consacré le sentiment de Godefroy (1) et de le Brun (2), qui pensaient que l'on pouvait provoquer le partage, au nom du mineur, en cas *d'évidente* utilité.

---

(1) Ad leg. 7. ff. dereb. eorum qui sub.
(2) Des Successions, n°. 24.

« ART. 466. Pour obtenir, à l'égard du mineur,
» tout l'effet qu'il aurait entre majeur, le partage
» devra être fait en justice, et précédé d'une es-
» timation faite par experts nommés par le tri-
» bunal de première instance, du lieu de l'ou-
» verture de la succession.

> Cod. Nap.
> Art. 466.
>
> Voy. l'art.
> 975, cod.
> de proc.

» Les experts, après avoir prêté devant le pré-
» sident du même tribunal, ou autre juge par
» lui délégué, le serment de bien et fidèlement
» remplir leur mission, procéderont à la divi-
» sion des héritages et à la formation des lots,
» qui seront tirés au sort, et en présence, soit
» d'un membre du tribunal, soit d'un notaire par
» lui commis, lequel fera la délivrance des lots.
» Tout autre partage ne sera considéré que comme
» provisionnel. »

Lois anciennes qui ont rapport à cet article.

Leg. 20. *ff. De autoritate et consensa tutorum.*

Par l'ancienne jurisprudence, tout partage fait
avec un mineur, quelques précautions que l'on
prît, n'était jamais que provisionnel, et le mineur devenu majeur, pouvait dans les dix ans
en demander un autre.

Le Brun, des Succ. liv 4*, chap.* 1.

C'est un grand bien que fait cet article, en ordonnant que, moyennant les formalités qu'il prescrit, et qui doivent pleinement rassurer sur la
justice du partage, il sera définitif, comme s'il
était fait entre majeurs. On ne peut rendre trop
fixe la propriété des biens.

Après cet article, on en avait proposé un, portant que, lorsque le partage serait provoqué par
le mineur, il en supporterait les frais, et que
lorsqu'il serait provoqué contre lui, les frais

seraient supportés par tous les copartageans ; cet article fut rayé par la considération, que lorsqu'un partage est nécessaire et juste, c'est la chose qui doit en supporter les frais. Cette raison n'est cependant pas décisive, et il semble que les frais de partage étant augmentés par la qualité du mineur, les parties ne devraient pas supporter cet excédant, lorsque c'est lui qui provoque le partage ; mais c'est une faveur que l'on a voulu faire au mineur.

Observez que c'est le tribunal qui nomme ici les experts contre la pratique ordinaire. On ferait peut être bien d'adopter cette nouveauté dans tous les cas : les experts ne se croiraient plus dans l'espèce d'obligation d'opiner pour la partie qui les nomme ; néanmoins, c'est plutôt dans la conscience des experts qu'il faut en général chercher les moyens pour se rassurer contre cet abus ; car les gens d'affaires n'ignorent point cette espèce d'influence, par laquelle on obtient d'un tribunal éloigné, et qui ne connaît personne sur les lieux, la nomination de tels experts qui plaisent aux parties.

Il est peut être surabondant d'observer que, quoique d'après cet article, un partage revêtu des formalités qu'il indique soit *définitif*, il ne l'est qu'autant qu'il est équitable. Le législateur n'a point entendu fermer au mineur *lésé* tout retour pour obtenir justice. La loi dit expressément qu'un partage ainsi fait, aura *tout l'effet d'un partage fait entre majeurs*, ce qui ne signifie pas que les formalités remplies excluent toute action en réparation du tort qu'on peut avoir souffert ; nonobstant ces formalités, le mineur n'est point privé de ce bénéfice, dans cette importante occasion, puisqu'il est simplement assimilé au majeur.

Dans tous les temps, quand il s'agissait de pro-

noncer sur un acte de l'administration tutélaire,
on considérait moins si les formalités avaient été observées, que si le mineur en avait éprouvé du dommage : *non restituitur tanquàm minor sed tanquàm lesus.* « Le mineur n'est pas restitué particulièrement, à cause de sa qualité de mineur; mais il l'est spécialement comme lésé, s'il éprouve du dommage : » Dans ce dernier cas, on le cassait toujours, quand même on y aurait suivi les formes avec la plus scrupuleuse exactitude. *Minoribus etiam in his que presentibus tutoribus curatoribus vel in judicio, vel extra judicium gesta fuerint, integrum restitutionis auxilium superesse, si circumventi fuerint placuit, leg. 2, c. si utor, vel cur. int.* « Il a plu » aux législateurs de laisser aux mineurs le se- » cours de la restitution en entier, s'ils ont été » circonvenus, même assistés de leurs tuteurs » ou curateurs, soit dans les choses qui se sont » passées en jugement, soit hors de jugement. »

Les formes, dit *Bernardi*, *Cours de droit civil français*, tom. 2, n'ont pour objet que d'empêcher le préjudice que la négligence ou l'infidélité d'un tuteur pourrait causer à un mineur : leur observation est vaine quand cet objet est manqué.

Cette maxime subsiste encore aujourd'hui ; car la loi ne dit point que les actes où l'on aura observé les formes qu'elle prescrit, ne pourront être attaqués par les mineurs qui en éprouveraient du dommage. Les privilèges qu'ils ont toujours eu de s'aider, en pareil cas, du bénéfice de la restitution, ne leur est pas enlevé.

Des termes généraux de l'article que nous discutons, est née la question de savoir si le partage des *meubles* indivis, avec les mineurs, doit être fait en justice comme celui *des immeubles.*

La plupart des jurisconsultes se sont formés, sur cette disposition du Code, l'idée, qu'étant trop rigoureuse, elle blesse les intérêts des mineurs, tout en voulant les protéger. Selon eux, il ne fallait assujettir que les partages des immeubles aux formalités prescrites, et excepter de la règle générale, connue dans le droit romain, les objets mobiliers, qui ne peuvent se conserver aisément, *exceptis his duntaxat vestibus que... Servando servari non potuerunt. Leg.* 22, § *ult. cod. de adm. tut. leg.* 4, *cod quando, decr. op.,* et en général, toutes les choses d'une faible valeur. *Arg. ex. leg.* 4 *ff, de in int. rest.,* et de là cet axiôme de droit : *de minimis non curat prœtor.* « Le préteur ne s'occupe point des détails, » des objets de moindre conséquence. »

Mais le Code Napoléon n'a fait aucune distinction dans le partage des meubles et immeubles ; ce qui a fait naître devant le tribunal civil de Paris, l'instance suivante, analysée dans le *tom* 1 *de la jurisprudence du Code Napoléon.*

Après le décès de son épouse, le sieur Henrion veut faire liquider la communauté conjugale.

Les seuls objets indivis étaient un fonds de ferblanterie, une somme d'argent provenant de la vente d'une moitié de maison, et d'autres effets mobiliers.

Les héritiers de la dame Henrion étaient mineurs.

Fallait-il employer les formalités prescrites par l'art. 466 ?

D'un côté, l'on soutenait que cet article n'est rigoureusement applicable qu'aux partages des immeubles indivis avec des mineurs ; autrement, s'il était nécessaire de remplir les mêmes formalités pour partager un mince mobilier, et des immeubles de la plus haute importance, la loi qui veille si soigneusement à la conservation des biens des mineurs, en occasionerait nécessairement la perte; en assujettissant à des formalités embarrassantes et dispendieuses le partage d'objets modiques; souvent les frais excéderaient la valeur des objets, et le mineur se trouverait privé de sa chose, par la trop grande précaution qu'on prendrait à la lui conserver. Soutenir une telle opinion, c'est prêter au législateur des intentions qui ne se concilient pas avec la faveur spéciale qu'il accorda toujours à la minorité.

Tel était en abrégé le système des mineurs Coulangeon, héritiers de la dame Henrion.

On répondait qu'il serait dangereux de se croire plus sage que le législateur, et de résister à sa volonté, dans la fausse supposition qu'elle blesse les intérêts de ceux qu'elle tend au contraire à protéger.

Lorsqu'il a exigé que tout partage avec des mineurs s'opérât sous les yeux de la justice, il a sûrement senti que cette mesure pouvait bien ne pas être également nécessaire pour tous; mais cette considération ne l'a point touché : il a vu un grand inconvénient dans la distinction que l'on veut faire admettre. Des mineurs peu soigneux de leurs intérêts, ne manqueraient jamais de parvenir, sous le spécieux prétexte de *modicité*, *de mince valeur*, à la dissipation de leur fortune. Il vaut mieux sans doute prévenir leur ruine, que de leur assurer le moyen de la réparer; mettre plus de rigueur dans le mode de partage et d'aliénation, et moins d'étendue dans celui de restitution. On a donc tort de s'élever contre cette disposition sage, qui déclare provisoire tous les partages de biens indivis avec des mineurs, s'ils

ne sont faits sous les regards de la justice. Quelques incidens s'étaient aussi élevés sur la procédure à tenir, en cas de contestation, touchant
le mode de partage ; ils ont été écartés par le
jugement suivant :

Jugement textuel.

Le tribunal, considérant qu'aux termes de l'article 466, et de l'article 838, tous partages de
biens indivis avec des mineurs, doivent être faits
en justice, sans distinction de ceux dans lesquels
il existe des immeubles à partager, d'avec ceux
dans lesquels il ne s'agit que d'objets mobiliers ;

Considérant que, dans l'espèce, il n'existait dans
la succession de la dame Henrion, et dans la
société d'entr'elle et son mari, que la moitié indivise d'une maison située à Paris, laquelle a
été licitée et adjugée par jugement du 26 germinal an 11 ;

Qu'au moyen de cette vente, il ne reste à partager que la portion du prix provenant dudit immeuble, le fonds de commerce exploité par le
sieur Henrion, ensemble les meubles, effets et
marchandises compris en l'inventaire fait après
le décès de la dame Henrion ;

Considérant qu'aux termes de l'article 823 du
Code, les tribunaux sont autorisés à prononcer,
en fait de partage comme en matière sommaire,
sauf à commettre, s'il y a lieu, l'un des juges, sur
le rapport duquel ils décident la contestation ; que
dans l'espèce, le partage à faire ne présente aucune difficulté ;

Considérant enfin qu'aux termes de l'art. 828
du Code Napoléon, les parties doivent être renvoyées après la vente des immeubles, et celle des

meubles, s'il y a lieu, devant un notaire, pour Cod. Nap.
procéder aux opérations matérielles du partage. Art. 466.

Le tribunal, par ces motifs, renvoie les parties par-devant Me Mignard, notaire à Paris, à l'effet, par elles, de procéder devant cet officier aux comptes et liquidation, à la formation de la masse, à la composition des lots, et aux fournissemens à faire à chacun des copartageans, conformément à l'art. 828 du Code ; et en cas de difficulté, lors des opérations du partage, ordonne que, conformément à l'art. 837 de la même loi, il sera dressé procès-verbal par ledit notaire, et référé au tribunal, etc.

Du 13 Pluviôse an 12, 4.e section.

Une question très-importante depuis l'émission du Code de procédure, est celle de savoir, dans quel cas précisément, d'après l'article 975 de ce Code, on doit opérer, suivant le mode qui vient d'être indiqué, ou selon la forme plus compliquée, qui dérive des art. 824 et suivans du Code Napoléon. Cette question sera amplement traitée dans la suite de *cet ouvrage*.

« ART. 815. Nul ne peut être contraint à de- Art. 815.
» meurer dans l'indivision, et le partage peut
» être toujours provoqué, nonobstant prohibi-
» tions et conventions contraires.

» On peut cependant convenir de suspendre
» le partage pendant un temps limité ; cette con-
» vention ne peut être obligatoire au-delà de
» cinq ans, mais elle peut être renouvelée. »

Lois anciennes qui ont rapport à cet article.

Leg 5, *cod. communi dividundo. Leg.* 14, § 2, *ff. eod. Leg.* 1 *et* 43, *ff. familiæ criscundæ.*

2 *

Cod. Nap.
Art. 815. *Leg. 26, § 4, ff. de condictione indebiti. Leg. 70, ff. pro socio. Leg. 78, ff. ad senat. consult. Trebelian. Leg. ultim. § 8, ff. de legatis secunda. Bartol. in leg. 7, ff. de annuis legatis.*

On peut définir l'action à fin de partage, une action qui est donnée à l'héritier contre un autre cohéritier, ou à tout propriétaire indivis, contre les autres copropriétaires, afin de faire opérer la division de la chose commune.

Cette action descend de la loi des douze tables. Il fallait bien donner à un cohéritier ou à tout autre copropriétaire, qui voudrait posséder séparément sa part dans la chose commune, une action pour en faire opérer le partage.

Cette action est appelée double dans le Droit romain, *duplicia*, ainsi que celle à fin de Boruage; parce que toutes les parties sont également demandeurs et défendeurs. *In familiæ eriscundæ judicio unus quisque hæredum, et rei, et actoris partes sustinet.* « Dans un patrimoine à diviser en justice, chacun des cohéritiers supporte une portion de tous les frais du partage. »

C'est pour cela que cette action doit se donner devant le juge du lieu, de l'ouverture de la succession, quoiqu'elle soit essentiellement réelle.

Au reste, dans la procédure on regarde particulièrement comme demandeur celui qui provoque le partage; mais ce n'est que pour l'ordre de la procédure, et cela ne change rien au principe en lui-même.

Les législateurs romains avaient établi des actions différentes dans les partages de propriété indivises de diverses natures; les cohéritiers avaient celle appelée *familiæ eriscundæ*. Les associés ou communistes avaient celle nommée *communi dividundo*, etc. Ces actions différaient plus par les formules que par les effets.

Cod. Nap.
Art. 815.

Chez nous, qui ne connaissons pas la rigueur des formules, toutes ces personnes ou la même qui est celle *à fin de partage.*

On reconnaît dans cet article, sur-tout dans la première partie, les principes des lois romaines; elles posaient comme règle générale, que personne ne peut être contraint de demeurer dans l'indivision, même malgré la convention contraire, qui ne peut être valable que pour un temps déterminé, et cette règle a été de tout temps admise dans notre jurisprudence (1).

L'indivision entre les ayans droits à l'hérédité, dit *M. Gin, analyse du droit français, tome 5,* forme une sorte de société, résultant, non de la convention, mais de la chose même.

Les copropriétaires peuvent suspendre le partage pour l'avantage commun, mais aucune convention ne peut rendre cette prorogation indéfinie et forcer l'un des associés à demeurer en communauté malgré lui.

La disposition du nouveau Code est la traduction littérale de la loi dernière, *c. communi divid.*

In omni communione vel societate nemo cogitur invitus detineri.

La loi 14, *fam. erisc*, établit la distinction d'une renonciation absolue à tout partage, et d'une suspension momentanée.

Si conveniat ne omnino divisio fiat hujusmodi pactum nullas vires habet, sin intra cer-

---

(1) Ranch. part. 2, conclus. 9 et 442. conclus. 18. Dumoulin. ad. tit. EOD. COMMUN DIVID.

tum tempus, quod etiam ipsius rei qualitate pro-
dest valet.

« S'il est convenu qu'il n'y aura aucun par-
» tage, un tel pacte n'aura aucun effet; mais
» s'il ne porte qu'une suspension pendant un
» certain temps, pour l'avantage même de la
» chose, il est valable. »

Les lois romaines ne limitaient pas la durée
d'une telle suspension; le nouveau Code l'a fixée
à cinq années. Une société éternelle, dit M. Siméon, dans son discours au corps législatif, n'est
pas compatible avec la mobilité de nos intérêts;
le Code limite très-sagement la convention de
suspendre le partage; après ce délai elle est sans
force, mais elle peut être renouvelée.

On demanda dans la discussion au conseil
d'état, pourquoi la section de législation avait
précisément limité, à cinq ans, la convention
de suspendre le partage; on observa que cette
disposition pouvait devenir nuisible, dans le cas
d'une société de commerce, formée pour un
temps plus long.

Il fut répondu que c'était par respect pour le
principe, qui veut que personne ne puisse être
forcé de demeurer dans l'indivision; qu'au surplus, cet article regardait les successions et non
les sociétés de commerce; mais que, si au terme
de cinq ans, le partage ne pouvait se faire, sans
nuire aux intérêts des cohéritiers, on pouvait leur
permettre de renouveler la convention. Sur ces
observations, l'article fut adopté, en ajoutant la
faculté de renouveler.

L'auteur des Conférences dit sur cet article,
que le partage peut être demandé, nonobstant
toutes prohibitions, *même stipulées dans l'acte*
de donation de biens indivis.

Il ne faut point admettre cette décision sans précautions, répondent les auteurs des Pandectes françaises.

Il n'est pas douteux que le donateur ou le testateur ne peut pas ordonner que les biens qu'il donne, ou qu'il lègue indivisément à plusieurs personnes, ne seront jamais partagés (1).

Mais il peut imposer la condition de ne pas les diviser pendant un certain temps, ou jusqu'à l'événement d'une condition ; et ce temps, s'il excédait cinq ans, ne serait pas réductible, parce qu'il ne serait pas l'effet de la convention intervenue entre les propriétaires indivis, mais une charge de la donation ou legs.

Si cependant l'indivision donnait lieu à de grands inconvéniens, par exemple, à des dissentions entre les propriétaires, on pourrait ordonner le partage, malgré les défenses du donateur ou du testateur (2).

A l'égard de la disposition portant que la convention de ne pas partager pendant un certain temps, ne sera pas obligatoire au-delà de cinq ans, elle est, comme l'a remarqué S. A. S. M. l'Archichancelier de l'Empire (3), alors second consul, absolument arbitraire.

C'est mal à propos que l'auteur des Conférences dit, sur le même article, que si la convention porte un temps plus long, on le réduit ; cela n'est pas vrai, et cela est inutile : la convention devient seulement invalide. Les cohéritiers peuvent

---

(1) Boer decis 87. Dumoul. eod. Ranchin, part, 2, conclus. 441. Grass. ad. § testamentum quæst. 72. n.° 1 et 3.

(2) Masuer, au tit. des associations, n.° 18. Bar. ad leg. 14, ff. pro socio n.° 3. Boer, Ranchin, loc. sup. cit.

(3) Voyez procès-verbal, séance du 23 nivôse an 11, pag 288.

la renouveler, soit pour le même temps, soit
pour un temps moins long.

M. l'archichancelier a encore observé que cette
règle pouvait n'être pas applicable au cas de la
société. On a répondu que la mort d'un des associés opérait la dissolution de la société, Cela
est vrai, en général ; quelquefois cependant on
stipule que la société continuera avec les héritiers ; dans ce cas, on ne peut pas demander le
partage des choses communes avant la dissolution
de la société ; mais rien n'empêche que l'on ne
puisse provoquer celui des choses qui étaient
propres au défunt, et ne faisaient pas partie de
la société.

Art. 816.   « ART. 816. Le partage peut être demandé,
» même quand l'un des cohéritiers aurait joui sé-
» parément de partie des biens de la succession,
» s'il n'y a eu un acte de partage, ou possession
» suffisante pour acquérir la prescription. »

Lois anciennes qui ont rapport à cet article.

*Leg. 21. cod. de pactis. Leg. 4. cod. comm. di-
vid. Leg. 12. cod. fam. erisc. Leg. 2, 6 et 8. cod.
communia utriusque judicii. Argum. ex leg.
64, ff. pro socio. Maine, art. 448. Anjou, art.
443. Bartol. et Gloss. in leg. 4. cod. comm. divid.
Leg. 8, cod. de jure deliber et de adeunda. Leg.
3 et 4, cod. in quibus causis cessat longi tempo-
ris prescript.*

Il n'y a jamais de partage par le seul fait, il
faut toujours un acte qui le regle, à moins que
la possession séparée qu'on aurait eue, ne soit
transformée en titre par prescription.

Cet article est très-important ; en l'examinant
de près, on y trouve la matière de plusieurs

Cod. Nap,
Art. 816.

questions délicates ; il faut bien en prendre le sens.

Il ne signifie pas, dit Malleville, que parce que les cohéritiers auront joui indivisément pendant trente ans, l'action en partage se trouve prescrite contre celui qui voudrait le demander ; cette action est en effet imprescriptible, et l'indivision eut-elle duré mille ans, un seul pourra la faire cesser et demander le partage.

C'est une suite du principe qui établit que personne ne peut être contraint à demeurer dans l'indivision ; et la raison de ce principe, ainsi que nous l'avons déjà observé, est qu'il importe de prévenir les querelles et les dissentions qui résultent ordinairement de la communauté, et de donner à chaque copropriétaire la faculté de disposer, comme bon lui semble, de sa chose, faculté qui est toujours entravée par la communion.

C'est par une suite du même principe, que deux propriétaires d'héritages contigus peuvent toujours se contraindre respectivement à fixer les limites de leur héritage par des bornes, et que l'action en bornage est imprescriptible ; en effet, la contiguité de deux héritages forme une espèce d'indivison ; ainsi, tant que l'indivision subsiste, il y a lieu à l'action en partage.

On oppose la loi première, § 1, au Code *de annuali exceptione*, où il est dit que l'action en division d'hérédité ne dure que trente ans.

Mais l'objection porte à faux, car cette loi est dans l'espèce où l'un des héritiers a joui seul, pendant trente ans, de la totalité de la succession. Or, il est évident que dans ce cas il n'y a pas d'indivision, puisque la possession n'a pas été commune ; le temps pendant lequel l'un des héritiers a joui seul, fait présumer qu'il y a eu un

partage, par l'événement duquel tous les biens
sont échus à celui qui possède exclusivement depuis tant de temps, sans réclamations de la part
des autres héritiers.

(Arrêt du parlement de Paris, de Noel, 1605,
rapp. par Montolon, *chap.* 106. Fachin, *chap.* 36.)

Ainsi donc, si un ou plusieurs cohéritiers
avaient joui seuls de la succession pendant trente
ans, à l'exclusion des autres, ces derniers ne
pourraient plus demander de partage, parce que
leur part, même dans la propriété, serait prescrite.

Mais si les cohéritiers avaient joui, chacun divisément, d'une portion de biens, apparemment
égale, pendant dix ans, l'un deux ou plusieurs
pourraient-ils demander un partage? ou bien,
l'action en partage dure-t-elle alors trente ans?
L'opinion générale était, qu'après dix ans de jouissance divise, il était présumé y avoir eu partage,
et qu'on ne pouvait pas forcer les cohéritiers re-
fusans à en faire un autre; cette action était prescrite par dix ans entre présens, et vingt ans
entre absens; le partage, en effet, n'a pas besoin
d'être fait par écrit, *cum fides rei gestæ ratam
divisionem satis affirmet. Leg.* 12. *cod. fam.
eris. Voyez* Despeisses, loi cit. Ferrières, sur la
question 289. de Guypape, Boerius, *dcc.* 58,
n.º 4. Lapeyrère, lett. P, n.º 4. Coquille, tit. de
partage de gens communs, art. 1. Faber, Ranchin, Charondas. Arrêt du parlement de Paris,
du 10 février 1560.

Notre article abroge-t-il cette jurisprudence?
je ne le crois pas. Il ne parle pas, en effet, du cas
où chaque cohéritier a joui séparément d'une portion de biens, mais de celui où l'un des cohéritiers aurait joui séparément, et il n'est pas pro-

Cod. Nap.
Art. 816.

bable que cette restriction ait été mise sans dessein. Dans le premier cas, le partage est facilement présumé, mais non dans le second. Cette
question est intéressante pour les villageois.

J'observerai que les auteurs des Pandectes françaises ne paraissent point partager cette dernière
opinion avec M. de Malleville; ils disent, *tom.*
7, *pag.* 55, à la suite de cet article :

« Lorsque quelqu'un des héritiers a joui sépa-
» rément de tout ou partie de la succession, *ou*
» *que tous ont possédé divisément chacun une*
» *portion*, s'il n'y a pas d'acte de partage, *l'ac-*
» *tion subsiste pendant trente ans ;* mais après
» cette époque, celui qui a possédé indivisément,
» peut repousser les autres qui demanderaient
» partage, par la fin de non-recevoir résultant
» de la prescription. S'il n'y a qu'un héritier qui
» ait joui d'une part, l'action subsiste toujours
» entre ceux qui sont restés dans l'indivision. »
Surquoi ces auteurs citent Charondas, en ses observations, au mot *partage.* Ranchin *ad capitul.*
Raynut, *n.º* 27. *Bartol. ad. leg. 4. cod. comm.*
divid. Faber in suo cod. lib. 3, *tit. commun.*
utr. jud. 27. *defin* 1. Guypape *in quæst* 289.

Je ne saurais, quant à moi, me rallier à cette
dernière opinion. Celle de M. de Malleville
me paraît d'autant mieux fondée, qu'elle est
d'abord plus conforme à la lettre de la loi ; et
véritablement, il semble que le législateur ait
voulu *spécifier* le cas dont il parle, et qu'il ne
convienne point d'en étendre les limites comme
le font les auteurs des Pandectes. Dans le cas
dont il s'agit, on ne saurait admettre la probabi-
lité d'un partage exécuté, parce que la suite nécessaire en eût été quelque acte de propriété
fait à la suite, par la plupart des copartageans ;

il n'arrive pas, qu'immédiatement après un partage, où d'ordinaire chaque partie trouve un at-
trait dans la possession d'une chose nouvelle,
elle abandonne cette possession qui est une récompense des peines prises pour y parvenir.

Dans le premier cas, au contraire, celui où
chaque cohéritier a joui séparément d'une portion de l'héritage prétendu encore indivis, il est
naturel de supposer que cette possession de dix
ans a été la suite d'un accord unanime entre les
parties, et que chacune est contente du lot qu'elle
exploite bénévolément ; car, enfin, on ne demeure pas dix ans dans un mécontentement
dont il est aisé de se guérir, mécontentement
d'autant plus fort, qu'il est sans cesse aigri par
l'aspect du bénéfice laissé gratuitement aux autres.

De plus, comme l'observe judicieusement Malleville, le législateur, en se servant de termes res-
trictifs, en posant nettement son hypothèse, n'a
pas entendu laisser le pouvoir de s'écarter d'un
sens littéral si bien établi. Il était si facile de donner à la loi l'expression qu'on lui prête, il ne
fallait qu'écrire *les cohéritiers*, au lieu de *l'un
des cohéritiers*. Il est, certes, impossible de se
méprendre à une énonciation aussi claire : car
enfin, *l'un* est le contraire de *tous ;* et on ne voit
pas pourquoi les auteurs des Pandectes ont voulu
bien explicitement confondre dans la même application deux termes et deux choses aussi différentes. Il était tout simple de penser que les rédacteurs de la loi ayant présente à l'esprit une
ancienne et sage jurisprudence, l'avaient laissé
subsister, en ne s'expliquant que pour un cas
particulier, sur lequel l'équité et la nature même
des choses réclamaient une règle certaine.

Ceci est d'ailleurs en harmonie avec l'art. 2265

au chapitre de la prescription, lequel s'exprime Cod. Nap. Art. 816. ainsi : « Celui qui acquiert de bonne foi et par » juste titre un immeuble, en prescrit la pro- » priété par dix ans, si le véritable propriétaire » habite dans le ressort de la cour d'appel, dans » l'étendue de laquelle l'immeuble est situé, et » par vingt ans, s'il est domicilié hors dudit res- » sort. » En effet, celui qui s'empare isolément d'une portion de propriété, sur laquelle aucun partage ne lui détermine un droit, n'a qu'un titre *injuste émané de la mauvaise foi* : il est vraissemblable qu'il a usé de cette voie de fait en l'absence des autres ou contre leur gré ; qu'il a choisi dans l'hérédité ce qui était à sa convenance, sans égards, sans respect pour le droit et la con- venance des autres ; enfin, qu'il n'a eu dans son acte aucune adhésion expresse ou implicite de ses copartageans. Ainsi, il eût été aussi injuste de valider un tel titre, que de maintenir le titre frauduleux opposé à celui dont parle l'art. 2265.

Au contraire, lorsqu'une jouissance paisible entre tous les cohéritiers fait présumer un partage tacite, mais équitable, un partage consenti, enfin, la loi faite pour étouffer les dissentions ne doit- elle pas ici maintenir une espèce de traité dont la bonne foi paraît avoir été l'ame, puisqu'elle veut ailleurs, que celui qui acquiert de bonne foi, ne puisse après dix ans être dépossédé ?

Ces raisons me paraissent suffisantes pour me ranger entièrement de l'avis de M. de Malleville.

J'ajouterai, que par suite de ces principes, il faut que tous les cohéritiers aient joui d'un lot indivi- duel supposé ; car si l'un d'entr'eux en avait été privé, celui-là pourrait toujours demander le par- tage jusqu'après la trentième année. C'est ainsi que la loi doit être entendue, quoiqu'elle ne parle

Cod. Nap. explicitement que du cas où *un* seul d'entre les
Art. 816. cohéritiers aurait joui séparément. Prêter au législateur des intentions différentes, serait lui
attribuer un système ridicule, par lequel il dé-
truirait d'une main l'édifice construit par l'autre.

Il faut néanmoins convenir qu'un mot d'explication à cet égard n'eût rien gâté; et j'aurais
désiré, pour le cas où il y a plus de deux copartageans, après ces mots : *même quand l'un des*
cohéritiers, lire ceux-ci : OU PLUSIEURS D'EN-
TR'EUX AURAIENT JOUI, etc.

On aurait pu sans doute aussi ne pas donner
lieu à la discution qui vient de nous occuper, en
ajoutant franchement une ligne à ce texte, pour
statuer positivement dans notre sens; mais ce
sont là de ces réticences, de ces lacunes qu'on
ne rencontre que trop souvent dans l'étude des
lois; pour les censurer sévèrement, il faudrait
pouvoir dire, *j'aurais mieux fait.*

Art. 817.   « ART. 817. L'action en partage, à l'égard des
» cohéritiers mineurs ou interdits, peut être
» exercée par leurs tuteurs, spécialement auto-
» risés par un conseil de famille. »

» A l'égard des cohéritiers absens, l'action ap-
» partient aux parens envoyés en possession. »

Lois anciennes qui ont rapport à cet article.

Leg. 1. *in pr. ff. derebus eorum qui sub tutela*
vel cur. sunt. Leg. 17, *cod. de prædiis et aliis*
rebus minorum.

La minorité, l'absence, l'assujettissement à la
puissance maritale ou paternelle, ne font pas
obstacle au partage ; ces circonstances exigent
seulement des formalités et des précautions que
le Code prescrit, et qui ne sont pas nécessaires

quand tous les cohéritiers sont majeurs. La première partie de cet article change l'ancien droit,
suivant lequel le mineur, même émancipé, ne
pouvait pas, quoique avec l'autorisation de son
tuteur ou curateur, provoquer le partage d'une
succession qui lui était échue, et ne pouvait demander qu'un partage provisionnel (1), ils pouvaient seulement être provoqués au partage.

La raison de cette jurisprudence est que le
partage était considéré comme une aliénation,
dont les mineurs sont incapables ; mais comme
ils ne sont incapables que des aliénations vo-
lontaires, et qu'ils peuvent aliéner valablement,
lorsqu'ils y sont contraints, on admettait que le
mineur pouvait être provoqué à partage par ses
cohéritiers majeurs, parce que, dans ce cas,
l'aliénation était forcée, la minorité ne pouvant
pas être une raison de contraindre les copropriétaires majeurs à demeurer dans l'indivision (2).

Suivant la disposion de notre article, le tuteur, avec l'autorisation du conseil de famille,
pourra provoquer le partage ; cela s'applique
aux tuteurs légitimes comme aux tuteurs datifs.
Le père ou la mère ne pourrait pas plus que les
autres, provoquer le partage sans l'autorisation
de la famille.

Peuvent-ils, sans cette formalité, demander le
partage des meubles ?

On dit pour l'affirmative, que suivant l'article
453 du titre de la tutelle, ils ont la faculté de
garder les meubles, à la charge de les remettre

---

(1) Duranty, quest. 38, n°. 1, et quest. 114, n.º 1. Maynard,
liv. 9, chap. 53.
(2) Lebrun, des Successions, liv. 4, chap. 1.er Pothier, eod.

en nature; qu'en conséquence ils doivent avoir
celle de se faire remettre la portion des meubles échéans à leurs pupilles.

Mais il est évident, disent les auteurs des Pandectes, que cet article n'est relatif qu'à la succession du père ou de la mère prédécédé. La
faculté accordée au survivant, tuteur légitime,
ne s'applique qu'aux meubles de cette succession;
elle n'existe point à l'égard de ceux qui se trouvent dans les autres successions qui peuvent
écheoir aux enfans mineurs. Le tuteur légitime
ne peut point en conséquence demander un partage particulier de ces meubles.

Je ne peux encore ici partager l'opinion de ces
auteurs, qui me paraît une extension gratuite
du sens de la loi.

Venons-en aux termes, art. 453. « Les pères
» et mère, tant qu'ils ont la jouissance propre et
» légale des biens des mineurs, sont dispensés de
» vendre les meubles, s'ils préfèrent de les gar-
» der pour les remettre en nature.

» Dans ce cas, ils en feront faire à leurs frais
» une estimation à juste valeur, par un expert,
» qui sera nommé par le subrogé tuteur, et prê-
» tera serment devant le juge de paix. Ils ren-
» dront la valeur estimative de ceux des meu-
» bles qu'ils ne pourraient représenter en nature. »

Dans tout cela, il n'y a rien de ce que veulent
y trouver les auteurs des Pandectes. Dans ce qui
précède et ce qui suit, rien ne paraît non plus
l'indiquer; j'y vois au contraire, suivant la première opinion, une faculté générale et illimitée
accordée *aux pères et mères*, par faveur, sur
les autres tuteurs; pour la restreindre, il faudrait une disposition expresse; et si elle n'était
pas bien claire, j'avoue encore que j'aimerais

mieux interpréter en faveur de la puissance paternelle ; on ne l'a que trop rédimée.

Remarquez seulement que le père et la mère n'ont ce droit qu'autant qu'ils ont la jouissance légale, et que losque leurs enfans ont atteint dix-huit ans, ils ne peuvent plus user du bénéfice de cet article.

En sorte que si un père ou une mère meurt, laissant des enfans mineurs de dix-huit ans accomplis, le survivant qui convoque le conseil de famille pour la nomination d'un subrogé tuteur, n'a point la faculté de déclarer simplement au subrogé tuteur, que son intention est de conserver le mobilier en nature, et de requérir de lui la nomination d'un expert. La loi les assimile dès-lors à des tuteurs étrangers, et il faut, conformément à la fin de l'article 452, qu'ils obtiennent du conseil de famille une autorisation à cet égard.

La loi ne dit point positivement qu'un tuteur étranger soit obligé, dans ce cas, de faire faire une estimation des meubles : celle qui est ordonnée par l'art. 453, est une formalité établie en particulier pour le tuteur légal. En argumentant donc rigoureusement, il semblerait que lorsque les enfans ont dix-huit ans, le père ou la mère survivant ne sont plus tenus de faire estimer le mobilier qu'ils conservent en nature ; mais il faut bien une règle, un moyen de rendre ce mobilier à la fin de la tutelle.

Si l'on veut encore s'attacher invariablement à la lettre de la loi, il faudra, s'il y a plusieurs enfans, dont les uns aient dix-huit ans et les autres non, demander pour les premiers l'autorisation de la famille, et pour les autres, la nomination d'un expert. Tout cela n'est pas très-lumineux.

Mais une autre question plus délicate encore, c'est celle de savoir si un tuteur légal de mineurs non âgés de dix-huit ans, et ayant, d'après l'article 453, conservé en nature le mobilier, sera obligé, quand ils atteindront cet âge, et qu'il n'aura plus la jouissance légale, de convoquer de nouveau le conseil de famille, pour lui demander la permission de continuer cette jouissance, ou bien s'il sera forcé de vendre les meubles, ne pouvant plus en jouir; ou enfin, si, à défaut de l'un et de l'autre, il faudra, de gré ou de force, qu'il émancipe ses enfans pour leur remettre un mobilier qu'il ne peut plus détenir?

Difficultés qui deviendront encore plus compliquées dans une famille nombreuse, s'il faut successivement les résoudre pour chaque enfant qui atteindra dix-huit ans.

Il faut avouer que le premier paragraphe de cet article fournit le sujet de cette argumentation rigoureuse, et la suite ne statue rien de positif pour l'adoucir; mais néanmoins ce second paragraphe permet l'interprétation que la raison réclame; il explique que ces formalités, cette estimation, sont pour régler et assurer la *restitution* du mobilier. Or, si vous devez le *rendre*, vous ne devez pas le *vendre*; et quand devez-vous le *rendre*? à la fin de la tutelle, à majorité ou émancipation volontaire.

Au surplus, lorsque les lois contiennent des dispositions trop épineuses, elles tombent en désuétude. Toutes ces questions seront oiseuses pour les neuf dixièmes des tuteurs.

N'est-ce donc point assez d'avoir réduit un père et une mère à cette pénible dépendance, et à d'autres plus humiliantes encore, telles, par exemple, que la nomination d'un censeur appelé subrogé tuteur, qui doit prendre des inscriptions hypothé-

Cod. Nap
Art. 817.

caires, et exiger des redditions de comptes, révol-
tantes à leur égard ; celle de ne pouvoir accepter
une succession au profit de leurs enfans, sans
l'autorisation du conseil de famille ; de ne pouvoir même, à la rigueur, leur transmettre leur
propre patrimoine, sans cette même autorisation ;
comme si un conseil de famille, composé souvent d'étrangers ou de parens, au moins indif-
férens, pouvaient être regardés comme plus
attachés à des pupilles, ou plus clair-voyans sur
leurs intérêts que les auteurs de leurs jours ? *Ubi
talis affectus inveniatur ut vincat paternum*, disaient, il y a deux mille ans, les législateurs romains. « Où trouver pour une jeune famille une
» affection qui surpasse l'amour paternel ? »
N'est-ce point assez d'avoir assimilé, presque en
tout, un père, une mère à un tuteur étranger,
sans vouloir encore leur enlever une faible mar-
que de leur respectable caractère ? . . . .

En comparant l'art. 817, sur lequel j'écris, avec
les 463.me et 466.me, au titre de la minorité, on
voit que le partage provoqué par le tuteur autorisé, et fait avec les formalités prescrites, sera
un partage définitif, contre lequel le mineur ne
pourra être restitué que pour les mêmes causes qui
donnent lieu à la restitution en faveur des majeurs.

Lorsque c'est un des cohéritiers majeurs qui
demande le partage, le tuteur n'est plus astreint
à prendre l'avis et l'autorisation de la famille du
mineur, parce qu'alors celui-ci est contraint
(art. 455); mais le partage, pour être régulier,
doit toujours être fait en justice. Le majeur pro-
voquant le partage, doit observer les formalités
prescrites pour la confection des partages avec les
mineurs, autrement il ne sera que provisionnel.
Le mineur devenu majeur pourra en demander

3 *

un nouveau sans être obligé d'invoquer le bénéfice de la restitution en entier.

D'après tout ce que nous venons de dire, il est
évident que dans le cas où il se trouve quelque
héritier mineur, et que l'on veut attendre la
majorité pour éviter les frais du partage judiciaire,
rien n'empêche que l'on ne fasse un partage provisoire.

Dans ce cas, il n'y a pas lieu au rapport des
fruits au partage définitif; si cependant le mineur
avait été lésé dans la part qui lui aurait été faite,
il pourrait réclamer, et se faire faire raison au
partage final du tort qu'il aurait éprouvé, relativement aux fruits qu'il aurait eu de moins que
les autres (1).

A l'égard du mineur émancipé, il n'est pas
douteux qu'il peut provoquer et faire le partage
définitif des meubles qui se trouvent dans une
succession qui lui est échue (*liv.* 1.er, *tit.* 4).
Quant aux immeubles, il n'a pas ce pouvoir; il
doit se faire autoriser par sa famille. On lui nom-
mait autrefois un tuteur *ad hoc*, avec lequel le
partage se faisait en justice, en observant les
mêmes formalités.

Si un majeur provoque au partage un mineur
émancipé, il n'est plus astreint à lui faire nommer
un tuteur spécial; il doit seulement observer toutes les autres formalités que la loi prescrit.

La seconde disposition de l'art. 817 ne s'applique qu'à ceux dont l'absence est déclarée, et dont
les héritiers présomptifs ont obtenu l'envoi en possession des biens, soit provisoire, soit définitive.

Mais il faut bien prendre garde que ce n'est

_____

(1) Lebrun, des Successions, liv. 4, des part., chap. 1.er Pothier
eodem.

Cod. Nap.
Art. 817.

pas du chef de l'absent que l'action en partage
leur appartient, ils ne peuvent l'avoir qu'autant
qu'ils sont eux-mêmes appelés à la succession dont
il s'agit.

Ce paragraphe, conçu en termes trop généraux, s'explique par l'art. 136, au titre des absens,
lequel porte : « s'il s'ouvre une succession, à la-
» quelle soit appelé un individu, dont l'existence
» n'est pas reconnue, elle sera dévolue exclusi-
» vement à ceux avec lesquels il aurait eu droit
» de concourir, ou à ceux qui l'auraient recueillie
» à son défaut. »

Ainsi, la seule qualité d'envoyé en possession
des biens d'un absent ne suffit pas, comme le
contraire paraît résulter (il faut en convenir)
des termes dont se sert ici le Code Napoléon,
pour demander le partage de la succession à laquelle il aurait eu droit. Il faut que les envoyés en
possession y soient eux-mêmes appelés, *jure suo*.

Si, par exemple, ils y venaient concurremment
avec l'absent, ils auront sa part et la leur ; s'ils
sont au degré qui suivait celui qui était occupé
par l'absent, la succession leur est dévolue.

Mais s'ils ne sont point appelés de leur chef à la
succession dont il s'agit, s'ils ne pouvaient y venir
qu'au nom de l'absent et comme exerçant ses
droits, ils ne peuvent pas demander le partage,
parce qu'elle est dévolue, en vertu de l'art. 136,
à ceux qui y sont appelés à défaut de l'absent.

Relativement à la succession, ou plutôt aux
biens de l'absent lui-même, il n'est pas douteux
que les héritiers présomptifs envoyés en possession, peuvent les partager suivant les règles établies dans ce titre.

Tout ceci, comme on l'a déjà remarqué, n'est
relatif qu'à ceux dont l'absence est déclarée.

Cod. Nap.
Art. 817. A l'égard de ceux qui sont seulement non présens, ou l'on connaît le lieu de leur résidence, ou bien on l'ignore.

Dans le premier cas on les avertit : ils viennent ou ils se font représenter par un fondé de pouvoir, et l'on procède comme s'ils étaient présens ; il n'y a aucun embarras.

Dans le second cas, c'est-à-dire, si on ignore le lieu de la résidence de l'héritier qui ne paraît pas, ou si ce lieu est trop éloigné, pour qu'on ne puisse avoir de ses nouvelles qu'après un temps très-long, comme s'il est dans les colonies, il faut se conformer à ce qui est prescrit par l'article 113 du Code Napoléon, au titre des absens. On présente une requête au tribunal de première instance, dans le ressort duquel la succession est ouverte. Le tribunal commet pour représenter l'absent, un notaire avec lequel on procède au partage : en effet, l'absence ne peut pas être une raison de forcer les autres cohéritiers à demeurer dans l'indivision (1).

Art. 818. « ART. 818. Le mari peut, sans le concours de
» sa femme, provoquer le partage des objets
» meubles ou immeubles à elle échus qui tom-
» bent dans la communauté ; à l'égard des ob-
» jets qui ne tombent pas en communauté, le
» mari ne peut en provoquer le partage sans le
» concours de sa femme, il peut, seulement, s'il
» a le droit de jouir de ses biens, demander un
» partage provisionnel.

» Les cohéritiers de la femme ne peuvent pro-
» voquer le partage définitif qu'en mettant en
» cause le mari et la femme.

---

(1) Voy. Jurisprud. du Cod. Nap., tom. 5, 1.re part., page 111 et 183.

Lois anciennes qui ont rapport à cet article.

Si le mari peut provoquer le partage de l'immeuble donné en dot, *vide leg.* 78, § 4, *de jure
dotium, leg.* 2, *cod. de fundo dotali.*

Cet article, dont le contexte paraît d'abord
assez clair, offre néanmoins un vaste champ à la
discussion. Avant d'entamer les questions importantes auxquelles il donne lieu, il faut se rappeler les diverses législations sur cette matière.

Législation Romaine.

A Rome, lorque les biens des époux étaient
paraphernaux (et c'était le plus grand nombre
des cas, puisqu'il fallait une convention expresse
pour qu'ils ne fussent pas tels), la femme seule
avait le droit de les administrer, et même de
les aliéner à sa volonté; la loi 8, *cod. depac-
tis conventis, lib.* 5, *tit.* 14, défendait au mari
de s'y immiscer en aucune manière contre le gré
de la femme.

*Nullo modo, muliere prohibente, virum impa-
phernis se volumus immiscere.*

La femme *seule* avait le droit d'exercer toutes les actions relatives à cette espèce de biens :
actions *en partage*, actions en revendications et
autres semblables, *actiones quidem omnimodò
apud uxorem manere.* liv. 11, cod. eod.

A l'égard des biens dotaux, on distinguait plusieurs cas pour connaître l'étendue des droits du
mari.

1.° S'ils étaient de nature à être consomptibles
par le premier usage, tels que l'argent, les den-
rées et comestibles, le mari en acquérait la pro-

priété entière, à la charge d'en rendre autant de
même qualité et valeur, lorsqu'il y avait lieu à
restitution de la dot, *leg.* 42, *ff. de jur. dot. lib.*
23, *tit.* 3, parce qu'alors la propriété est insépa-
rable de l'usage ou de la jouissance. *L. L.* 2 *et* 7,
ff. de us. ear. rer., *lib.* 7, *tit.* 5.

2.º Si, lors de la constitution de dot, les immeubles qui la composaient avaient été estimés,
ils étaient alors censés vendus au mari pour le
prix estimatif, ils restaient à ses risques et périls;
il ne devait plus que la valeur fixée. *Cod. leg.*
42, *cit. liv.* 10, § 4 *et* 5, *ff. de jure dot.*

Il résulte clairement de là que dans ces deux
cas, le mari étant *seul propriétaire*, avait *seul*
le droit d'exercer toutes les actions, tant au pos-
sessoire *qu'au pétitoire*; il pouvait demander la
chose, si elle ne lui avait pas été livrée, en provoquer le partage, faire en un mot tous actes
d'aliénation ou de consomption, sauf à la femme
à prendre telle précaution qu'elle jugera convenable, si sa dot était mise en péril, *leg.* 2, *c. de*
obl. et act. lib. 4, *tit.* 10. *Leg.* 9, *c. de rei vind.*
lib. 3, *tit.* 32. *Leg.* 5, *cod. de dotis prom. lib.* 5,
tit. 11.

3.º Si, au contraire, les biens dotaux n'étaient
ni consomptibles par l'usage, ni estimés dans le
contrat de mariage, le domaine civil seul passait au
mari, la femme en retenait le domaine naturel.
Leg. 7, *ff. dejur. dot. leg.* 30. *cod. eod. lib.* 5,
tit. 12.

Ici la femme, comme propriétaire, avait seule
le droit d'agir au pétitoire de l'autorité de son
mari; celui-ci ne pouvait alors exercer que les
seules actions possessoires, la nature de son droit
ne lui transmettant que la jouissance, il n'en pouvait résulter que des actions corrélatives. Toute

demande en revendication *ou partage* lui était
interdite : il ne pouvait agir que concurremment
avec son épouse, suivant la loi unique, au Cod.
de reï. uxoriæ actione, *lib.* 5, *tit.* 13. Le fonds
dotal même était inaliénable; la femme ni le
mari, ni les deux ensemble ne pouvaient en disposer.

Et par une fiction qui a disparu aujourd'hui,
le partage était, suivant l'expression de la loi,
considéré comme une espèce d'aliénation, *cum
alienatio sit omnis actus per quem dominium
transfertur.*

Lorsqu'il y avait communauté, ce qui était fort
rare, on se conformait aux conventions qui
l'avaient établie ; à défaut de stipulation expresse
on rentrait dans le droit commun.

Législation française.

En France, la législation, sur ce point, n'était
pas par-tout la même. On distinguait les pays
de droit écrit, où les principes ci-dessus étaient
presque tous admis.

On n'y suivait cependant pas généralement la
loi citée, *c. de rei ux.*, *act.*, qui défendait l'aliénation du fonds dotal ; il suffisait que la femme
fût majeure et dûment autorisée, qu'elle fût intervenue dans l'acte, ou qu'elle l'eût ratifiée,
pour que la vente fût valable ; il n'était pas même
nécessaire qu'elle renonçât aux Sénatus-consultes.
Velléien. Voyez les édits de 1606, 1664 et 1703.

Dans les pays coutumiers, la communauté formait le droit commun des époux, le mari en
était le chef et le maître, et pouvait en cette qualité diriger les actions mobiliaires et possessoires
de sa femme, suivant quelques coutumes, même

le mari avait le droit d'intenter les actions réelles
et pétitoires ; mais plusieurs auteurs disaient que
cela n'était pas observé dans l'usage, parce que
celui qui n'a pas pouvoir d'aliéner les immeubles,
ne peut intenter aucune action immobilière.

Aussi, dans le cas où il y avait communauté,
le mari ne pouvait exercer seul, et sans le concours de son épouse, une action en partage d'immeubles ; il le pouvait moins encore lorsque les
époux avaient déclaré leurs biens paraphernaux,
ou même qu'ils s'étaient mariés sous le régime
dotal.

Code Napoléon.

Dans l'état de notre législation actuelle, les
époux, en se mariant, peuvent conserver leurs
biens, en se les réservant paraphernaux, alors
chacun d'eux en jouit séparément ; celui à qui
ils appartiennent a seul droit d'exercer toutes les
actions relatives à cette espèce de biens.

Ils peuvent aussi constituer leurs biens en dot,
se soumettre au régime dotal ou à celui de la communauté ; dans les deux premiers cas, le mari
ne peut demander le partage sans sa femme ; si
cependant il a le droit de jouir de ses biens, il
peut demander un partage *provisionnel*.

Lorsque au contraire les immeubles tombent
en communauté, le mari peut seul, et sans le
concours de sa femme, en provoquer le partage.

Maintenant entrons en matière.

La première partie de l'article 818 est fondée,
disent les uns, sur ce que le mari est le maître de
la communauté,

Quand il n'y a pas de communauté ou qu'elle
a cessé pour la séparation des biens, le mari ne

Cod. Nap.
Art. 818.

peut plus de son chef provoquer le partage au
nom de sa femme ; mais la femme ne peut pas
non plus le provoquer sans l'autorisation de son
mari, d'après l'article 217 (1), que si le mari
refusait de l'autoriser, et que le partage eût une
cause juste, je crois que le tribunal pourrait l'autoriser à le faire suivant l'article 219 (2). Je ne
crois pas, en effet, qu'il soit défendu à la femme
séparé de provoquer ce partage ; le Code ne le lui
prohibe nulle part, et cette prohibition ne peut
pas résulter de ce que l'article 217 dit, qu'elle
ne peut aliéner ni acquérir sans le concours de
son mari, parce qu'un partage n'est ni une aliè-
nation ni une acquisition, mais une simple assignation de part : et remarquez bien actuellement cette nouvelle manière d'envisager un partage ; il n'est plus considéré comme *attributif*,
mais simplement comme *déclaratif* de propriété.
La raison a pris la place d'une vaine théorie. D'ailleurs, dans le cas même où il s'agit, pour la femme
séparée, d'aliénation ou d'acquisition, les articles
219 et 1558 lui permettent de se faire autoriser
par la justice sur le refus du mari.

Le Code Napoléon n'exprime point ici, disent
les autres, que la femme ne peut pas, sans l'autorisation de son mari, provoquer le partage,
parce que cette incapacité résulte naturellement

(1) ART. 217. La femme même, non commune ou séparée de biens,
ne peut donner, aliéner, hypothéquer, acquérir, à titre gratuit ou
onéreux, sans le concours du mari dans l'acte, ou son consentement par écrit.
(2) ART. 219. Si le mari refuse d'autoriser sa femme à passer un
acte, la femme peut faire citer son mari directement devant le tribunal de première instance de l'arrondissement du domicile commun,
qui peut donner ou refuser son autorisation après que le mari aura
été entendu ou dûment appelé en la chambre du conseil.

Cod. Nap.
Art. 818.

de celle d'accepter ou de répudier une succession prononcée en l'article 776 (1). En effet, une femme ne peut pas plus demander le partage d'une succession qu'elle ne peut l'accepter ; elle n'est pas plus habile pour l'un de ces actes que pour l'autre, ni plus pour l'un ou l'autre que pour quelqu'acte que ce soit.

Mais la femme peut-elle, au refus de son mari, se faire autoriser par justice à demander le partage ? Le Code ne décide pas expressément la question ; mais elle me ressemble résoute par l'article 776 que je viens de citer. Il en résulte que la femme peut accepter, en vertu de l'autorisation du juge, lorsque le mari lui refuse la sienne. Il y a même raison de décider pour la demande en partage, qui est une suite de l'acceptation ; ainsi, c'est de l'art 776 que ceux-ci déduisent leurs analogies.

Si, dans ce cas, on compose le lot de la femme tout en immeubles, le mari pourra-t-il se plaindre et attaquer le partage comme blessant les intérêts de la communauté, dans laquelle seraient tombés les meubles que la femme aurait recueillis, si l'on eût opéré d'un autre manière ?

Il faut répondre que non, suivant le principe que chaque héritier est censé avoir succédé immédiatement au défunt dans toutes les choses qui sont tombées en son lot ; la femme, dans l'espèce proposée, est censée n'avoir recueilli dans la succession que des immeubles.

D'ailleurs le mari doit s'imputer de n'avoir

---

(1) ART. 776. Les femmes mariées ne peuvent pas valablement accepter une succession sans l'autorisation de leur mari ou de justice, conformément aux dispositions du chap. VI du titre du mariage.

pas voulu donner son consentement au partage, Cod. Nap.
et quand il a vu sa femme autorisée par le juge à Art. 818.
le demander, de n'être pas intervenu pour la conservation de ses intérêts.

Le partage étant fait régulièrement est irrévo-
cable.

Si les cohéritiers de la femme avaient provoqué le partage, sans le concours du mari ou de
la femme, il serait nul ; et si c'était le mari qui
n'eût pas concouru, il pourrait faire prononcer
de suite cette nullité ; si c'était la femme, elle le
pourrait après la dissolution de la communauté.

La faculté que l'article 818 attribue au mari,
ou plutôt reconnaît dans sa personne (car cette
disposition ne fait que consacrer un ancien principe dont on a jamais douté), de provoquer le
partage des meubles et immeubles d'une succession échue à sa femme, lorsqu'ils doivent entrer
dans la communauté, est, comme je l'ai déjà
établi, une suite de la propriété qu'il a pendant
la durée du mariage, de tous les effets dont cette
communauté est composée ; les actions mobilières de la femme font partie de ces effets, et par
conséquent le mari en est le maître. Or, l'action
de la femme, relativement à une succession qui
lui est échue, est mobilière, quant aux meubles
qui s'y trouvent.

A la vérité, cette action est immobilière quant
aux immeubles ; mais si le contrat de mariage
contient une clause de mobilisation, c'est-à-dire,
s'il a été stipulé que les immeubles qui échéraient
à la femme, tomberaient dans la communauté,
cette action devient mobilière par l'effet de la
fiction ; le mari peut en conséquence l'exercer.

S'il y a au contrat de mariage une clause de
reprise, c'est-à-dire, si l'acte dit que la femme

renonçant à la communauté pourrait reprendre tout ce qui y serait entré à cause d'elle; cette clause ne change rien aux décisions précédentes.

En effet, elle n'empêche point que le mari ne puisse disposer librement de toutes les choses qui doivent entrer dans la communauté; elle donne seulement à la femme une créance, c'est-à-dire, une action pour se faire restituer, dans le cas prévu, la valeur des choses qui ne se trouvent plus en nature dans la communauté au moment de sa dissolution.

La seconde disposition de notre article est une suite du principe qui établit que les personnes qui ne peuvent pas former la demande en partage, à raison de quelque incapacité personnelle, peuvent néanmoins y être provoquées par les autres copropriétaires, parce qu'alors l'aliénation est forcée. Ainsi, la femme qui ne peut provoquer à partage, peut y être provoquée; mais comme elle ne peut ni faire aucun acte valable, ni entrer en jugement sans l'autorité de son mari, ses cohéritiers doivent mettre le mari en cause, autrement ils feraient une procédure nulle. Le partage serait irrégulier, et la femme qui aurait procédé sans son mari, pourrait elle-même en demander un nouveau.

Que faudrait-il décider si le partage ayant été fait sur la demande des cohéritiers de la femme qui n'auraient pas mis le mari en cause, et sans la présence de celui-ci à l'opération, les époux avaient joui sans réclamation de la part qui aurait été assignée à la femme? Pourrait-elle après la mort du mari provoquer un nouveau partage?

Il ne peut y avoir aucune difficulté : s'il s'était écoulé peu de temps entre la confection du partage et la mort du mari, il n'est pas douteux que le femme devenue veuve pourrait appeler ses héritiers à un nouveau partage, le premier étant nul.

Mais s'il s'était écoulé un temps considérable, aurait-elle le même droit?

On dira pour l'affirmative, que la prescription ne peut courir contre ceux qui ne peuvent point agir; que c'est par cette raison que la minorité en suspend le cours; qu'une femme en puissance de mari, est, sous ce rapport, semblable à un mineur, puisqu'elle ne peut agir sans la volonté de son mari. On ajoutera que les actes faits par une femme, sans autorisation, étant essentiellement nuls, ne peuvent être validés par la ratification postérieure. On en conclura que, dans notre espèce, le partage étant nul aux termes de l'article sur lequel nous écrivons, rien ne peut faire obstacle à la demande de la femme, quel que soit le temps pendant lequel le partage ait été exécuté.

Ces raisons paraissent justes et fortes; cependant si les époux avaient joui long-temps sans réclamation, il semble que la femme ne devrait pas être admise, sans examen, à demander un nouveau partage, et qu'il faudrait rechercher si elle est effectivement lésée. Il est difficile de croire que les parties eussent approuvé long-temps l'opération faite, si elle eût blessé leurs intérêts et leurs droits.

Le paragraphe unique de cet article dit que les cohéritiers de la femme ne peuvent provoquer le partage *définitif* sans mettre le mari en cause avec elle. Il semble résulter de là qu'ils peuvent demander un partage provisionnel, ou le faire avec la femme seule sans y appeler le mari. On

48 TRAITÉ

Cod. Nap. Art. 818.

appuyerait cette conséquence, de la maxime, *qui dicit de uno negat de altero.* « L'affirmation de » l'un sert de négation pour l'autre, » et de celle, *inclusio unius est exclusio alterius.* « L'inclu-» sion de l'un est l'exclusion de l'autre. »

Ce raisonnement ne serait pas sans justesse ; cependant il faut tenir le contraire : la femme seule, et sans l'autorisation de son mari, est absolument incapable de toutes sortes d'actes, quels qu'ils soient, provisoirs ou définitifs ; ainsi, on ne peut pas faire plus régulièrement avec elle sans son mari un partage provisionnel qu'un partage définitif ; l'une et l'autre opération seraient également nulles.

Les quatre premiers articles de ce chapitre traitent, comme on voit, de ceux qui peuvent demander le partage. La règle générale qui en résulte, est que cette action appartient à toute personne qui a une propriété indivise avec d'autres. Si quelques-unes de ces personnes ne peuvent point exercer cette action, ce n'est qu'une incapacité qui ne nuit pas à la propriété.

Il résulte de là que l'action en partage fait partie du patrimoine de chaque copropriétaire d'une chose indivise : elle est *in bonis.* Il s'ensuit que si ce copropriétaire vient à décéder, il transmet cette action dans sa succession avec sa copropriété indivise. Cet héritier peut donc exercer cette action comme son auteur : l'incapacité dans laquelle pouvait être cet auteur de l'exercer lui-même ne lui nuit point, s'il n'en est pas frappé lui-même, parce que les incapacités sont personnelles. Ainsi l'héritier majeur et usant de ses droits, d'un cohéritier qui était mineur, ou d'une femme qui était en puissance de mari, peut don-

Cod. Nap.
Art. 818.

ner la demande en partage, quoique son auteur n'eût pas pu l'intenter (1).

Cette action n'appartient qu'à ceux qui ont une propriété indivise dans une chose quelconque. Ainsi, les membres d'un être moral, comme une communauté d'habitans, un collége, une fabrique ne peuvent pas demander un partage des choses qui appartiennent à cette communauté, à ce collége ou à cette fabrique. En effet, ils ne sont pas copropriétaires de ces biens, ils n'en ont pas la propriété, qui appartient à l'être moral, lequel est considéré comme un individu.

Mais cet individu moral peut avoir une propriété indivise avec d'autres. Par exemple, si un particulier lègue à un collége, un hospice, ou autre établissement, la moitié d'une maison, elle devient indivise entre ce collége et l'héritier; ce collége aura donc l'action en partage.

Dans ce cas, ces êtres moraux, c'est-à-dire, les corps et communautés sont rangés dans la classe des mineurs, ils ne peuvent donner l'action en partage qu'en vertu d'une autorisation du gouvernement, qui, à leur égard, tient lieu de la famille du mineur (2).

Ils peuvent être provoqués à partage, parce que rien ne peut s'opposer à ce que le copropriétaire indivis ne fasse cesser l'indivision; mais ils ne peuvent pas, même dans ce cas, procéder sans autorisation, parce qu'en aucun cas les communautés et autres corps ne peuvent agir, soit en demandant, soit en défendant sans cela, autre-

____

(1) Lebrun, des Success., liv. 4, chap. 1. Pothier eod., chap. 4, section 2, § 4.
(2) Duranti, quest. 38, N. 1; et quest. 114, N.o 2. Maynard, liv. 9, chap. 15.

4.

ment la procédure serait nulle, et ces corps eux-mêmes pourraient opposer la nullité, ou en profiter pour revenir sur le partage (1).

Maintenant il nous reste à traiter sur cet article 818 une question importante qu'aucun auteur, ce me semble, n'a encore abordée, celle de savoir si le mari et la femme majeurs, qui peuvent provoquer conjointement un partage définitif, peuvent l'exécuter, soit amiablement avec leurs parties adverses, supposées aussi majeures, soit par arbitres nommés par compromis, et sans aucune autre formalité judiciaire, ou bien s'il faut absolument, dans ce cas, procéder judiciairement, et avec tout l'appareil des formes, pour faire un partage valable ? Cette question est infiniment essentielle pour les petites fortunes qui sont les plus nombreuses.

A défaut de la lettre, il faut ici consulter l'esprit de la loi.

Voici ce qu'on dira pour soutenir la dernière opinion.

On convient que l'article 840 du Code Napoléon, qui généralise tous les cas de partages judiciaires, ne fait aucune mention de celui qui concerne la femme mariée; que l'art. 838 du même Code, qui fait l'énumération des personnes soumises aux règles prescrites par les articles 819 et suivans, jusques et compris l'art. 837, pour le partage de leurs biens, ne contient aucune disposition relative à celui de l'immeuble dotal indivis; et que l'art. 818 ci-dessus cité, porte que

_____

(1) Déclaration du 22 juin 1659. Édit du mois d'avril 1683. Autre du même mois 1666. Loi du 14 décembre 1789. Arrêtés du gouvernement, des 17 vendémiaire an 10 et 21 frimaire an 12.

Il est maintenant de principe que le défaut d'autorisation est une nullité absolue.

les cohéritiers de la femme peuvent provoquer Cod. Nap.
Art. 818.
le partage définitif, en mettant en cause le mari
et la femme; mais dans le Code de procédure,
qui règle la forme des partages et licitations, on
lit dans l'art. 984 : « Les formalités ci-dessus se-
» ront suivies dans les licitations et partages,
» tendant à faire cesser l'indivision, lorsque des
» mineurs *ou autres personnes non jouissant de*
» *leurs droits civils* y auront intérêt. »

Il est bien à remarquer que ces formalités doivent être suivies, non seulement pour les licitations, mais encore pour les partages.

L'article 985 suivant, dispose que : « Lorsque
» tous les copropriétaires ou cohéritiers seront
» majeurs, *jouissant de leurs droits civils*, pré-
» sens ou dûment représentés, ils pourront s'abs-
» tenir des voies judiciaires, ou les abandonner
» en tout état de cause, et s'accorder pour pro-
» céder de telle manière qu'ils aviseront. »

On voit dans toutes ces dispositions l'intention
formelle, qu'il n'y ait que les personnes ayant
la libre disposition de leurs droits, qui puissent
se dispenser de suivre les formes voulues par la
loi pour la validité du partage de leurs biens.

Il s'agirait de savoir si la femme autorisée de
son mari est censée jouir de ses droits civils.

Si le mari, avec le concours de sa femme, peut
faire le partage du fonds dotal indivis, c'est une
transaction; et l'article 2045 du Code Napoléon
établit que, pour transiger, il faut avoir *la ca-*
pacité de disposer des objets compris dans la
transaction.

Si le mari peut faire procéder au partage par
des arbitres, le compromis qui intervient est encore une véritable transaction; et suivant l'article 1003 du Code de procédure, pour compro-

4 *

mettre, *il faut avoir la libre disposition des droits sur lesquels intervient le compromis.*

Or, il est certain que le mari et la femme conjointement n'ont pas la faculté de disposer du fonds dotal.

Ils ont si peu cette capacité, que d'après l'article 1558 du Code Napoléon, ils ne peuvent faire cette aliénation, même pour payer les dettes de la femme, ou de ceux qui ont constitué la dot, qu'avec la permission de la justice, et aux enchères, apres trois affiches; et que lorsque l'immeuble se trouve indivis avec des tiers, et qu'il est reconnu impartageable, il faut suivre ces mêmes formalités; que d'après l'article 1559 l'immeuble dotal ne peut être échangé avec le consentement de la femme contre un autre immeuble de même valeur, *qu'avec l'autorisation de la justice, et après une estimation faite par experts nommés d'office par le tribunal.* Enfin, que d'après l'article 7 du Code de commerce, la femme marchande publique ne peut aliéner ni hypothéquer ses immeubles dotaux pour le fait de son commerce, que dans les cas déterminés, et avec les formes réglées par le Code Napoléon.

Ainsi, si d'après la disposition relative au cas où l'immeuble dotal est indivis avec d'autres, il faut, par une suite nécessaire, procéder à licitation en justice; s'il faut absolument ordonner que l'immeuble sera visité par experts, qui donneront leur avis sur la possibilité du partage; si l'on ne peut se dispenser de faire la licitation en justice, aux enchères, et après apposition d'affiches, on doit nécessairement conclure que lorsqu'il s'agit du partage de ce même immeuble, et qu'il y a lieu à soute et retour, il faut y procéder judiciairement.

L'article 1558, ci-dessus cité, manifeste bien
que le législateur n'a pas considéré le mari conjointement avec sa femme comme des majeurs,
puisque l'article 827 du même Code accorde aux
majeurs, proprement dits, la faculté de faire la
licitation devant un notaire, de la concentrer entr'eux, tandis que lorsqu'il s'agit de l'immeuble
dotal, tout doit être fait judiciairement, et que
des enchérisseurs étrangers doivent être admis,
et l'on ne saurait nier que la soute et retour peut
être une aliénation du fonds dotal, c'est comme
une espèce de vente, dont on paye le prix en argent. Il est vrai qu'on objecte que la soute ou retour en espèces pour l'inégalité des lots n'est point
une aliénation, mais une des différentes manières de partage ; qu'elle en est une suite nécessaire ; qu'elle n'opère point d'autre effet que le
partage, lequel, sans cette facilité, serait physiquement impossible, ou du moins impraticable,
dix fois sur douze ; et qu'enfin, suivant le principe de l'art. 883 du Code Napoléon, chaque cohéritier étant censé avoir succédé immédiatement au défunt, à tous les effets compris dans
son lot, et n'avoir jamais eu la propriété des autres effets de la succession, la femme qui n'a eu
qu'une partie de l'immeuble indivis avec une
soute ou retour en argent, n'est censée avoir
reçu du défunt que cette portion telle qu'elle est,
et le copropriétaire est réputé avoir succédé
à la totalité de l'immeuble impartagé, sous la
charge d'un retour ou soute en argent.

Mais ces fictions ne sauraient être accueillies,
en ce qui touche la dot sous le régime dotal,
d'autant qu'on pourrait faire le même raisonnement en faveur du prix de la licitation de l'immeuble dotal indivis ; et l'art. 1558 précité, prouve

d'une manière évidente qu'elle ne saurait être
admise pour ce cas. Il est plus conséquent de
penser, que la loi qui a entouré de barrières l'immeuble dotal, ne l'a pas livré aux chances
douteuses d'un partage avec soute, qui pourrait en faciliter l'aliénation d'une partie essentielle ; abus d'autant plus dangereux, que le
mari n'étant point obligé de faire l'emploi de la
soute en argent, pourrait le dissiper, tandis que
dans le cas de la licitation, d'après l'article 1558
rappelé, on voit que le prix qui revient à la femme,
pour la portion qu'elle avait dans l'immeuble,
devient dotal, et que le mari est obligé d'en
faire emploi.

En outre, si le mari et la femme conjointement étaient considérés comme des majeurs pour
faire le partage du fonds dotal indivis, et avec
soute et retour, sans autorité de justice, la femme
ne pourrait pas faire réparer les erreurs du partage, si le mari ne réclamait pas dans les dix ans ;
ou ne l'autorisait pas elle-même à réclamer; car,
par voie de conséquence, si l'on considère le
mari et la femme agissant ensemble comme libres, et ayant la disposition de leurs droits pour
faire le partage avec soute, il faut leur appliquer la regle suivie entre majeurs copartageans,
laquelle refuse toute action en récision pour lésion de partage après le laps de dix ans, à compter
du partage, ce qui serait d'autant plus injuste,
dans le cas dont il s'agit, que la femme en puissance de mari est semblable à un mineur, puisqu'elle ne peut agir sans la volonté de son mari,
et qu'aucune prescription ne doit courir contre
celui qui ne peut agir.

On objecte encore la disposition de la loi 78,
§ 4, *ff. de jur. dot.*, *et du § 4. Inst. de offic. jud.*,

d'après lesquels le mari étant provoqué au par- tage, pouvait partager le bien indivis de la femme; Cod. Nap. Art. 8ı8. mais il faut bien retenir que, d'après ces lois, le partage devait être fait de l'autorité du juge, puisque la loi 78 citée dit : *Si fundus communis in dotem datus erit, et socius egerit cum marito communi dividundo adjudicatusque fundus socio fuerit, in dote erit quantitas qua socius marito DAMNATUS FUERIT*; et le § 4 des Instit. s'exprime en ces termes : *Et si in alterius personna pregravare videatur ADJUDICATIO debet hunc invicem, coheredi certa pecunia CONDEMNARE.* Ces termes sont bien positifs, et ne permettent pas de penser que le partage du fonds dotal pût se faire amiablement et sans l'autorité judiciaire. Il est vrai que dans l'usage, les partages se faisait volontairement et sans l'attache du juge ; mais c'est qu'il était constant, d'après notre jurisprudence, 1.º que le mari pouvait aliéner, *sine decreto judicis*, le fonds dotal pour le payement des dettes de la femme, tandis que le nouveau Code prohibe toute espèce d'aliénation, et 2.º qu'on considérait autrefois la licitation comme une manière de partager, qui pouvait entraîner une aliénation involontaire et nécessaire, tandis que le nouveau système dotal est entièrement prohibitif.

D'ailleurs, d'après l'ancienne jurisprudence, la femme ne concourant point au partage, rien ne s'opposait à ce qu'après la dissolution du mariage, si le partage renfermait quelque lésion, elle ne pût réclamer contre l'acte, quelque temps qu'il se fût écoulé, tandis que dans la supposition que le mari et la femme joints ensemble, sont censés majeurs et jouissant de leurs droits, après le laps de dix ans ils ne peuvent plus réclamer.

Ainsi, l'ancien droit ne peut être invoqué comme doctrine sur la question proposée ; et malgré que la cour de cassation, par ses arrêts des 14 brumaire an 9, et 3 mars 1807, ait jugé que tout acte de partage est simplement déclaratif et non translatif de propriété, on peut soutenir avec succès l'opinion, qu'il doit être entouré des formes de la justice quand il intéresse des femmes en puissance de mari sous le régime dotal, et ce succès paraîtra indubitable quand on relira l'article 83 du Code de procédure, qui prescrit l'intervention du ministère public dans toutes les causes qui intéressent les femmes mariées quand il s'agit de leur dot, et qu'elles sont mariées sous le régime dotal. Or, comment le ministère public serait-il entendu en procédant sans la justice ? et cette omission emporte nullité.

Voilà, ce me semble, un assez long détail sur cette première opinion, quoique je ne la partage pas ; j'ai voulu franchement exposer tout ce qu'il m'a paru qu'on pouvait alléguer des motifs puissans pour la soutenir. Le lecteur en sera plus à portée de juger par lui-même dans une cause, où une malheureuse obscurité de la loi laisse bien à chacun le droit de se former un système selon sa manière de voir.

Je pense, moi, que sans chercher dans le Code Napoléon, ni dans le Code de procédure civile des exemples et des similitudes pour le cas dont il s'agit, il faut s'en tenir à ce qui a été littéralement réglé par l'art. 818 et par l'art. 1558 du même Code Napoléon.

En effet, le mari, de même que la femme, lorsque son concours devient nécessaire, n'ayant point été assimilés par la loi nouvelle aux personnes qui ne jouissent pas *de l'exercice de leurs droits*

Cod. Nap.
Art. 818.

civils, tels que les mineurs et les interdits, il n'y aurait ni nécessité ni raison de leur appliquer des dispositions uniquement faites pour l'intérêt de ceux-ci, ou pour l'avantage des personnes *absentes*, ainsi que le prouve l'art. 838, qui, en déterminant positivement le cas où le partage judiciaire est indispensable, n'a fait aucune mention de ceux où la femme mariée se trouverait partie, parce que l'article 818 y avait suffisamment pourvu.

Selon cet article, le mari peut, sans le concours de sa femme, provoquer le partage des immeubles tombés dans la *communauté*, par la raison très-simple, que l'art. 1421 lui donne le pouvoir d'administrer, et même de vendre les biens de cette communauté.

Par la raison contraire, il faut *le concours* de la femme quand il s'agit d'objets qui ne sont pas entrés dans la communauté, ce qui s'applique *au regime dotal*.

Enfin, dans tous les cas les cohéritiers intéressés peuvent eux-mêmes provoquer le partage, tant contre *le mari* que contre *la femme*, par suite du principe général consigné en l'article 815.

Alors même, comme dans les deux premières hypothèses, un partage judiciaire n'est point de nécessité rigoureuse, puisque le Code ne l'a pas prescrit; car les mots, *en mettant en cause le mari et la femme*, que l'art. 818 emploie pour la troisième hypothèse, ne supposent rien de plus qu'un refus de leur part de procéder volontairement.

Il ne faut donc pas confondre les trois cas dont nous venons de parler, avec celui de la licitation dont il est fait mention dans l'art. 1558, et qui a lieu lorsque l'immeuble indivis avec des tiers est reconnu impartageable.

Alors, mais seulement alors, le recours à la justice devient nécessaire, parce qu'il s'agit d'aliéner ce dont la femme avait une portion indivise, et par conséquent dotale, que cette aliénation doit être autorisée en pleine connaissance de cause; et que pour prévenir toute collusion préjudiciable, le Code a voulu la solennité d'une vente publique et un concours d'enchérisseurs.

Ce dernier point de vue fait tomber l'objection tirée de l'art. 83 du Code de procédure, et celle qu'on pourrait même tirer de l'art. 981 du même Code (lisez ces articles), d'après lesquels on soutient que le défaut d'intervention du ministère public dans un partage, concernant une femme mariée, doit l'entacher de nullité; car si *la qualité des parties ne requiert* point l'intervention d'un tribunal, elle ne requiert assurément point celle du ministère public. Nul doute que dans toutes les *causes*, les *litiges*, les *instances*, où des femmes mariées sont parties, le procureur impérial ne doive donner ses conclusions; mais ce partage devenant une affaire particulière *entre majeurs*, et le procureur impérial n'ayant point à se mêler des affaires des particuliers qui n'ont pas recours à la justice, il s'ensuit qu'il n'a rien à dire dans cette circonstance. Remarquez bien ce mot de *cause*, employé par l'article 83. Qu'est-ce qu'une *cause*? une affaire présentée à un tribunal. Si un partage concernant une femme mariée se débat en justice, le ministère public interviendra, tandis qu'il n'interviendra pas s'il ne concerne que des majeurs libres : voilà toute la différence; mais si le partage ne devient point *affaire litigieuse*; s'il se fait à l'amiable et demeure une *affaire domestique*, que doit y voir le ministère public?

Il faut aussi prendre garde de confondre le partage suivi d'une soute en argent avec une aliénation produite par une véritable vente, ce sont deux choses bien différentes; et quoiqu'au fond il semble que la soute soit le prix d'un immeuble cédé, ce n'est certainement pas la même chose que de vendre en tout état une propriété immobilière; l'un est la suite inévitable de tous les partages, il ne peut en être séparé; il est le plus souvent réglé par des arbitres. Prescrire un partage sans soute, serait prescrire, sinon l'impossible, du moins l'impraticable; ce serait bigarer étrangement les successions et les fortunes, et déchirer l'article 852 du Code Napoléon, dicté pour le maintien de l'agriculture. *Partage* et *soute* sont une même *chose; soute* est la partie dont *partage* est le tout.

Il ne serait donc pas conséquent de dire que parce qu'on interdit la vente pure et simple du bien dotal, on défend aussi la soute sans formalités judiciaires.

En général, ainsi que je l'ai déjà remarqué, on ne fait point assez d'attention aux nuances qui, dans la nouvelle législation, distinguent les femmes mariées sous le régime dotal d'avec les mineurs et les interdits; on veut leur appliquer chaque jour les mêmes raisonnemens et une analogie parfaite; cependant il en existe des nuances, il en existe plusieurs et de bien sensibles; telles, par exemple, que celle qui résulte de l'article 476 du Code Napoléon, qui déclare que le mariage tient lieu d'émancipation; telles encore que celles que j'ai cru remarquer dès l'origine des lois nouvelles entre l'aliénation des biens dotaux et l'aliénation des biens des mineurs.

Je le dis ici en passant, seulement pour ren-
forcer l'opinion que je viens d'émettre ; je me suis
formé de la vente des biens dotaux une idée bien
différente de celle, de la plupart des praticiens.
Il me semble qu'on peut soutenir que toutes les
formalités relatives à la vente du bien dotal, dans
les cas où elle est permise par le seul article d'exception 1558 du Code Napoléon , se bornent à
ce qui est littéralement et spécialement déterminé
par cet article ; et qu'après avoir obtenu la permission de la justice , on peut procéder à la vente
purement et simplement, *aux enchères* , *après*
trois affiches.

Nulle part le Code Napoléon n'ordonne d'autres formalités pour les femmes mariées , et pour
elles seules il paraît avoir déterminé , sauf autre
addition, une manière simple d'aliéner leur propriété , quand l'objet est reconnu nécessaire.

L'article 459, au chapitre des tutelles , a bien
déterminé également la forme *primitive* de l'aliénation des biens du mineur , et cette forme a été
suivie dans sa simplicité , jusqu'à la promulgation
du Code de procédure ; mais à cette époque ont
paru les articles 954 et suivans de ce dernier
Code , qui ont additionné un supplément à cette
procédure et en ont fait un ensemble plus compliqué , et qu'on a cru plus conservateur des intérêts de ces *mineurs ou interdits.* Mais pas un
mot de relatif à la femme mariée , pas un mot
de spécial sur ce objet dans tout le reste de ce
Code , auquel le Code Napoléon n'a d'ailleurs
jamais renvoyé pour cette procédure , comme il
l'a souvent fait pour les autres.

Or , si la femme mariée n'est point en tout as-
similée au mineur et à l'interdit, *si inclusio*
unius est exclusio alterius , il faut convenir que

la forme *primitive* et simple a été conservée Cod. Nap.
pour la vente du bien dotal. On pourrait appuyer Art. 818.
ce système de beaucoup d'argumentations et d'analogies tirées de la conférence des divers articles
de la loi sur la matière ; mais je n'entrerai pas ici
dans un plus grand développement. Je me borne
à ajouter que je crois que toute espèce de nullités
commises dans la procédure, tracée par les articles 954 et suivans du Code de procédure, mais
qui n'altéreraient point l'effet et la marche de
l'art. 1558 du Code Napoléon, seraient couvertes
par ce dernier système, lors même que cette dernière procédure serait tenue en exécution du sens
littéral du jugement qui l'aurait ordonnée, et
qui l'aurait basée sur ces art. 954 et suivans, parce
qu'aucun tribunal ne peut créer des nullités qui
ne sont pas dans la loi.

Par la législation sur le régime dotal, les actions mobilières et possessoires appartiennent au
mari ; mais celles immobilières et pétitoires résident conjointement dans les deux époux, et cela
sans restriction formelle ; ils peuvent donc les
exercer sans obstacle. Cette législation n'ordonne
manifestement des formalités judiciaires que pour
la vente du bien dotal, laquelle est interdite,
sans ces formalités, tant au mari qu'à la femme:
c'est là évidemment le seul acte que le législateur
ait voulu environner d'un certain appareil judiciaire. L'art. 819 permet, lorsque tous les cohéritiers sont *présens et majeurs*, que le partage
soit fait ainsi qu'ils le voudront; une femme mariée ainsi que son mari sont *présens et majeurs*
(on le suppose ici). Cet article est tranchant, à
moins qu'on ne veuille toujours considérer une
fille majeure comme retombant en minorité le
jour de son mariage.

L'article 465 défend au tuteur de provoquer un partage sans l'autorisation du conseil de famille; mais il lui permet de répondre à une demande en partage, sans cette autorisation, et au moyen des formalités remplies. Le partage fait de cette manière devient *définitif*; mais par une disposition de l'article 818, les cohéritiers de la femme ne peuvent obtenir un partage définitif, qu'en mettant en cause le mari et la femme : d'où il résulterait, s'il fallait absolument des formalités judiciaires dans ce dernier cas, que le mariage serait moins favorable que la simple tutelle, puisque le mari ne pourrait, ainsi que le tuteur, répondre *seul* à la demande en partage.

L'article 2045 du Code Napoléon établit bien que pour *transiger* il faut avoir la capacité de disposer des objets compris dans la transaction, et il défend en conséquence au tuteur de transiger pour le mineur ou l'interdit, sans quelques formalités ; mais tout ce chapitre paraît ne se rapporter qu'à des droits en litige, et à des objets sur lesquels il y a réellement contestation ; et tout ce qui y est mentionné, ne peut se rapporter naturellement à un partage proposé à l'amiable.

Ce n'est point rigoureusement par *une transaction* que le mari et la femme, conjointement avec leurs cohéritiers, donnent pouvoir à des arbitres de terminer leur partage, mais bien par un *compromis*, acte qui n'est pas absolument le même, et dont le but est plus spécialement de se donner des juges plus éclairés sur l'objet, et moins dispendieux que ceux des tribunaux ; et non point de se mettre entièrement hors de la ligne judiciaire, et de traiter par soi-même de l'aliénation d'un droit immobilier. Lepage, sur l'article 1003 du Code de la procédure, *page* 831, n'excepte

de la faculté de compromettre, que le mineur, Cod. Nap.
l'interdit, et *la femme qui n'a pas l'autorisation* Art. 818.
de son mari. Il est à remarquer qu'il y a encore ici
une différence laissée entre le mineur et la femme
mariée, et par suite une lacune dans la loi. Le
tuteur, avec une consultation de trois avocats
(art. 2045, 467, Code Napoléon), peut transiger au nom du mineur et de l'interdit, quoique
ces derniers n'ayent point par eux-mêmes *la ca-*
pacité de disposer des objets compris dans la
transaction. La femme autorisée et assistée par
son mari, aura-t-elle le même bénéfice, et en lui
donnant trois jurisconsultes pour conseil, pourra-
t-on en obtenir une transaction valable ? La loi
n'en dit rien ; nul moyen de savoir s'il faut absolument qu'elle soit écrasée par les frais inévita-
bles d'un procès qu'elle ne peut gagner, ou, si
pour éviter sa ruine, elle peut offrir à sa partie
un traité solide ; cependant si on veut l'assimiler
au mineur, il faut bien au moins qu'elle jouisse
des mêmes avantages.

Si donc on voulait employer des argumentations tirées de l'analogie, on pourrait, plus ici
qu'ailleurs, s'en servir pour soutenir même que la
femme et son mari ne sont pas entièrement ex-
clus de la faculté de transiger.

Au reste, toutes ces questions deviennent oiseuses : dès que l'on voudra considérer le mari et
la femme conjointement comme assimilés aux
majeurs pour le fait particulier du partage, il deviendra dès-lors inutile d'épiloguer sur la théorie
des transactions, et véritablement il serait mal-
heureux que cette opinion ne pût prévaloir. Si
les raisons morales peuvent être ici de quelque
poids, elles se présentent en foule ; j'ose dire que
si cela n'était pas, il faudrait que cela fût. Quoi !

parce qu'il existe un petit nombre d'hommes
capables d'abuser de l'amour et de la faiblesse
d'une épouse pour lui fasciner les yeux, et collu-
der dans un partage contre son intérêt, faudra-
t-il mettre en tutelle tous les époux ? les jeter
dans un dédale de formalités longues, difficiles,
coûteuses, funestes pour l'agriculture, désespé-
rantes pour la classe indigente qui peuple les
campagnes ? S'il se trouve un mari capable de
réussir dans cette basse intrigue de cupidité, il
en est cent, il en est mille, que les premiers
sentimens de l'honneur, l'attachement à leurs
épouses, la surveillance de celle-ci, l'intérêt de
préférence que leur portent leurs cohéritiers,
l'intégrité des arbitres, la voix publique enfin
écarteront de cette bassesse; et encore, sur quatre
fois où elle pourrait réussir, trois fois au moins
son lucre en reviendra aux enfans.

Il ne faut donc pas, quand la loi est muette,
vouloir faire plus que le législateur, et pousser
la prévoyance jusqu'à l'inquiétude.

J'ai entendu d'autres jurisconsultes prendre le
contre-pied de cette dernière opinion plus vive-
ment encore, et soutenir que l'art. 818 ne s'applique qu'aux époux mariés sous le régime de la
communauté, et non à ceux mariés sous le régime dotal ; et qu'enconséquence le mari seul, et
sans le concours de sa femme, a bien le droit de
partager les immeubles qui lui adviennent.

Mais qui veut trop prouver ne prouve rien:
pour que cette opinion fût admise, il faudrait une
disposition formelle dans le Code, qui fît loi positive à cet égard, écartât la femme d'une intervention et d'une surveillance importante pour
elle, et abrogeât toute l'ancienne législation sur
la matière, sinon il faut se rattacher à quelque

chose. On est forcé de suivre les lois anciennes Cod. Nap. Art. 818. dans tout ce qui n'est pas contrarié par une loi nouvelle. Ce système peut être combattu en toute assurance par les objections qui précèdent.

Il est bon maintenant de connaître la jurisprudence qu'ont commencé à établir sur cette matière quelques arrêts auxquels elle a donné lieu.

Le premier est un arrêt de la cour d'appel de Bruxelles, du 30 prairial an 13, relatif à ces deux questions :

1.º Lorsqu'il est échu une succession à une femme, le mari seul est-il valablement cité et condamné en délivrance d'un objet compris dans la succession ? *Res. aff.*

2.º Lorsque l'arrêt a été signifié au mari, la femme est-elle recevable à l'attaquer par tierce-opposition ? *Res. neg.*

Cet arrêt, ainsi que tous ceux qui ne sont que notés dans cet ouvrage, sont rapportés avec les détails de la cause dans les journaux de jurisprudence les plus accrédités, et spécialement dans celui intitulé : *Jurisprudence du Code Napoléon.*

Le deuxième arrêt, dont j'ai connaissance sur cette matière, est encore de la cour de Bruxelles, du 13 messidor an 13, relativement à cette question bien positive :

Le mari seul a-t-il qualité pour demander le partage des immeubles de sa femme?

Christian et Maximilien Guchez demandent en l'an 12, à Nicolas Grégoire Malingreau, leur beau-frère, partage des immeubles qu'il avait recueillis dans la succession de Malingreau son père et leur beau-père.

Malingreau s'y refuse; il se fonde sur une disposition que son père avait faite en sa faveur, par laquelle il lui faisait don de ses immeubles.

Par jugement du tribunal de Mons, le partage est ordonné.

Malingreau appelle de cette décision , et soutient que lors même que la demande des intimés serait fondée , ils seraient *sans qualité* pour provoquer le partage des biens de leurs épouses, sans le concours de celles-ci. En aucun cas le mari ne devient propriétaire des biens ou actions immobilières de sa femme, seulement il en a la jouissance ; mais la propriété réside toujours essentiellement dans les mains de la femme ; à la vérité elle ne peut faire aucune aliénation, qui nuise aux droits du mari ; elle ne peut faire sortir de la communauté des biens destinés à en supporter les charges ; elle ne peut pas mieux en faire entrer de nouveaux, sans rendre compte au mari d'où ils proviennent ; mais le mari n'a pas mieux la faculté d'exercer seul ses actions et de faire ses aliénations, chacun d'eux ayant des droits sur la chose , il faut le consentement des deux , il faut que tous les deux agissent et paraissent dans tous les actes où ces droits pourraient souffrir quelque altération.

Ici Christian et Maximilien Guchez réclament des biens qui appartiennent à leurs femmes ; celles-ci n'ont point figuré dans cette demande ; il faut donc les déclarer non recevables dans une action qu'ils n'ont point droit d'intenter seuls ; il faut les renvoyer jusqu'à ce que les prétendantes paraissent elles-mêmes, ou quelqu'un spécialement délégué par elles pour réclamer.

Les intimés cherchaient à écarter la fin de non-recevoir qui leur était opposée, par une autre fin de non-recevoir résultant de ce que l'appelant avait devant les premiers juges gardé le silence sur le défaut de qualités ; aujourd'hui il ne pou-

Cod. Nap.
Art. 818.

vait plus proposer en appel, un moyen qu'il avait négligé en première instance ; en procédant sans réclamation devant les premiers juges, il avait tacitement reconnu la qualité des réclamans, il avait formé un *quasi contrat judiciaire*, contre lequel il n'était plus à même de revenir sur l'appel ; la fin de non-recevoir doit donc être écartée.

Elle doit l'être d'autant mieux, qu'elle serait sans objet ; elle n'aurait d'autre but que de perpétuer ou de tirer en longueur la procédure, et d'occasioner de nouveaux frais ; car en les obligeant à aller prendre le consentement de leurs épouses, et annullant les procédures qui ont eu lieu jusqu'ici, on les forcerait à en recommencer une nouvelle ; et par cela seul, que la fin de non-recevoir n'aurait d'autre objet, qu'elle n'ajouterait aucun droit aux uns ni aux autres, qu'elle serait onéreuse pour les uns, et n'aurait d'autre but que de reculer la condamnation de l'autre, elle doit être écartée.

Au fond, cette fin de non-recevoir est-elle fondée ?

L'art. 818 du Code autorise le mari à demander le partage provisionnel des biens dont il a le droit de jouir ; or, ici le droit de jouissance des intimés est incontestable ; leur action est donc régulière et leurs qualités certaines, du moins pour obtenir un partage provisionnel, qui dans tous ces cas on ne pourrait s'empêcher d'accorder.

M. Tarte, substitut du procureur général, a réfuté tous ces moyens.

Il ne s'agit pas, a-t-il dit, d'un partage provisionnel ; d'abord l'action n'est pas ainsi qualifiée, et ce serait se jouer de l'article 818 du Code Napoléon, que de venir après coup se retrancher dans le cas de l'exception.

Lorsque le mari ne veut qu'un partage provisionnel, il doit l'exprimer ; son silence laisserait l'effet de sa demande dans un état d'incertitude, qui rendrait à la femme le droit d'attaquer l'opération, si on voulait l'opposer comme définitive ; le but de la loi qui est de tranquilliser les copartageans serait visiblement manqué.

En second lieu, la demande des Guchez a un objet préalable au partage ; elle tient à faire décider une question de propriété d'immeubles. C'est donc une action immobilière que les intimés exercent, et pour des biens qui n'entrent point en communauté. Or, d'après l'esprit du Code Napoléon, manifesté dans l'article 1428, le mari n'exerce seul que les actions mobilières et possessoires.

Ce principe tient à l'inaliénabilité des immeubles de la femme ; sans son consentement, le mari ne peut pas plus compromettre les intérêts de son épouse en jugement que par d'autres actes, quand il est question de ses droits immobiliers : d'où il suit que les parties appelées en justice, à la requête des maris seuls, pour biens appartenant à leurs femmes, non compris dans la communauté, sont fondés à leur opposer le défaut de qualité et la nullité des poursuites, en tout état de cause, puisque les jugemens qui interviendraient ne produiraient point d'obligations envers les femmes, et exposeraient à des recherches continuelles les parties entre lesquelles ils auraient été rendus.

Arrêt textuel.

Vu les articles 818 et 1428 du Code Napoléon, ainsi conçus, etc.

Attendu qu'il en résulte qu'en toutes causes où Cod. Nap.
Art. 818. il s'agit de biens immeubles appartenant aux femmes mariées, et ne faisant partie de la communauté, le mari ne peut ester en cause sans le concours de sa femme ;

Considérant en fait, que dans l'espèce il s'agit de biens non faisant partie de la communauté, et d'une action au pétitoire exercée par des époux sans le concours de leurs femmes ;

Par ces motifs, et conformément à l'avis du substitut du procureur général,

La cour met l'appellation, et ce dont est appel au néant ; emandant, déclare les intimés non-recevables et sans qualité ; en conséquence, annulle les poursuites par eux faites, et les condamne aux dépens tant de cause principale que d'appel.

Nota. Cette difficulté s'est présentée à la troisième section, et le 23 brumaire an 14 elle y a reçu la même solution.

Seulement on ajouta que la partie qui n'avait pas proposé la fin de non-recevoir devant les premiers juges, devait supporter partie des frais ; et par cette raison, le défaut de qualité ne pouvant se réparer en appel, elle fut condamnée à une partie des dépens.

Enfin, le troisième arrêt que j'ai trouvé, ayant trait à notre article émané de la cour d'appel de Toulouse, il est daté du 2 juillet 1807 ; il a été rendu à l'occasion des poursuites en nullité intentées contre un testament pour défaut de forme, objet étranger à notre discussion ; mais la première partie de cet arrêt juge, que « l'ar- » ticle 818 du Code Napoléon n'est point appli- » cable, lorsque les biens dont la femme de- » mande le partage ne sont point dotaux.

Cod. Nap.
Art. 818.

Cette difficulté ne s'était point encore présentée devant les tribunaux. L'article 818 dont il faut faire ici l'application, renferme plusieurs dispositions ; l'une pour les époux qui sont en communauté, l'autre pour ceux qui n'y sont pas.

Dans le premier cas, le mari peut, sans le concours de sa femme, demander le partage de tous les biens meubles et immeubles qui adviennent à la communauté ; il a, à plus forte raison, le droit de répondre seul à une action en partage.

Dans le second cas, il faut encore distinguer, ou le mari jouit de ces biens, quoique n'étant point en communauté (s'ils sont dotaux, par exemple), ou il n'en jouit pas (s'ils sont paraphernaux).

Dans la première hypothèse, il peut demander un partage provisionnel.

Dans la seconde, il ne peut rien faire sans le concours de sa femme.

Toutes ces dispositions sont la conséquence des articles 1421, 1549 et 1576, qui établissent les droits et priviléges des mari et de la femme, suivant le régime sous lequel le mariage a été contracté.

Dans notre espèce, c'était la femme seule qui avait intenté l'action pour des biens qui n'étaient point dotaux, et qui, ce nous semble, quoique l'arrêt ne s'en explique pas, étaient paraphernaux.

Lorsque l'article ne parle que du mari, il s'applique aussi à la femme ; car en limitant les droits du premier, tous les autres appartiennent entièrement à celle-ci. Ainsi de ce que le mari ne peut provoquer le partage des objets qui ne tombent pas en communauté, sans le concours de sa femme, il en résulte clairement que celle-ci peut avec le mari intenter l'action.

A-t-elle seule l'exercice de ce droit ?

La cour de Toulouse s'est prononcée pour l'affirmative, et voici la partie de son arrêt, relative à cette question. Nous laissons tout ce qui dans cette affaire n'a trait qu'au testament attaqué.

Considérant, en premier lieu, que la demande en rejet des poursuites, sur le fondement de l'art. 818 du Code Napoléon est mal fondée, par la raison, que cet article disposant que les cohéritiers ne peuvent provoquer le partage définitif qu'en mettant en cause le mari et la femme, il ne s'ensuit pas que le mari doive nécessairement concourir à la demande en partage formée par la femme, toutes les fois que les biens à partager ne sont point dotaux.

Considérant, etc.

Par ces motifs, la cour *a dit*, *droit sur l'appel et relaxé le sieur Lamotte* (de la demande en nullité du testament de son père, intentée par les sœurs, et par suite de quoi elles demandaient partage de la succession paternelle).

« ART. 819. Si tous les héritiers sont pré-
» sens et majeurs, l'apposition des scellés sur les
» effets de la succession n'est pas nécessaire, et
» le partage peut être fait dans la forme, et par
» tel acte que les parties intéressées jugent con-
» venables.

» Si tous les héritiers ne sont pas présens, s'il
» y a parmi eux des mineurs ou des interdits,
» le scellé doit être apposé dans le plus bref dé-
» lais, soit à la requête des héritiers, soit à la di-
» ligence du procureur impérial, au tribunal de
» première instance, soit d'office, par le juge de
» paix, dans l'arrondissement duquel la succes-
» sion est ouverte.

La première partie de cet article a du rapport

à l'ancienne maxime : *Que tout premier acte entre
cohéritiers , quelque nom qui lui soit donné , de
vente , de transaction , de forfait , tendant à détruire l'indivision , tient lieu de partage.* Maxime
féconde dans notre ancien droit, sous l'empire
du gouvernement féodal , qui assujettissait à des
droits pécuniaires les mutations de propriété en
fief et en censive. Il était important alors de distinguer ce premier acte exempt de droits ou assujetti à de moindres prestations que les autres ,
et cependant elle n'est pas sans intérêt, aujour-
d'hui que tout cet échaffaudage féodal n'existe
plus, soit pour la garantie respective des lots ,
soit pour la rescision en matière de partage, ou
de tout acte équipollent à partage.

Lorsqu'autrefois les héritiers étaient tous présens , tous majeurs , et qu'ils étaient d'accord ensemble , il n'était pas nécessaire de faire apposer
le scellé sur les effets de la succession , ils pouvaient faire faire l'inventaire par tel notaire que
bon leur semblait ; mais s'il y avait des héritiers
absens ou des mineurs qui n'eussent ni père ni
mère , il fallait, pour la sûreté des uns et des autres , faire apposer le scellé , afin que les titres
et effets de la succession ne puissent pas être sous-
trait avant que l'inventaire fût achevé.

Notre article semble exiger que le scellé soit
apposé toutes les fois qu'il y a des mineurs intéressés dans la succession , qu'ils soient ou non
pourvus de tuteurs, qu'ils soient émancipés ou
encore dans l'enfance , du moins cet article n'ordonne pas préalablement cette formalité ; mais
ne résulterait-il pas de cette règle , dit M. Bernardi (Cours de droit civil français, *tom.* 2.),
des inconvéniens graves , même dans l'intérêt
des mineurs ?

A Rome, ajoute-t-il, si les plus proches parens Cod. Nap.
ne nommaient pas le tuteur, ils étaient du moins Art. 819.
chargés par la loi de provoquer la nomination de
la part du magistrat; elle infligeait des peines à
ceux qui manquaient à ce devoir essentiel. Ainsi,
la mère, les parens du côté du père, l'héritier
présomptif du pupille, de même que les affran-
chis, étaient obligés de le faire pourvoir d'un
tuteur lorsqu'il n'en avait pas; à défaut, la loi les
privait de sa succession; les parens par femme,
les alliés, les amis n'étaient tenus à ce devoir que
par un sentiment d'affection; il n'y avait aucune
peine contre eux quand ils y manquaient. Les
créanciers qui avaient des actions à intenter contre
les pupilles, étaient obligés préalablement de lui
faire nommer un tuteur, etc.

Ensorte que M. Bernardi paraît désirer qu'on
adoptât la règle de commencer par pourvoir de
tuteurs le mineur dont l'état requiert l'apposition
des scellés, avant d'entreprendre cette dernière
opération.

Mais les inconvéniens qu'il croit voir dans la
règle contraire n'existent pas, et il y en aurait
de bien plus graves à éloigner l'opération la plus
urgente et la plus importante pour la conservation des effets de l'hoirie, sur-tout dans les grandes
villes où la richesse mobilière est souvent la seule
que l'on trouve dans une succession. S'il était
possible d'élire un tuteur dans un instant, s'il
ne s'écoulait même que quelques heures entre
la mort d'un père de famille et la création d'un
représentant, d'un défenseur légitime de ses enfans, on pourrait encore regarder comme inté-
ressant d'avoir à l'apposition des scellés la présence de ce surveillant utile, dont le zèle se-
conderait celui du juge pour la conservation

Cod. Nap. des intérêts de celui qui ne peut y veiller lui-
Art. 819. même.

Mais qui ne sait que, le plus souvent, et sur-
tout dans les petites villes et campagnes, la réu-
nion du conseil de famille, tel qu'il est prescrit
par la loi, est l'affaire de plusieurs jours; il faut
commencer par avertir ou assigner au loin, et
donner le temps d'arriver, donner du moins les
délais que la loi accorde. Ainsi, pendant cet intervalle nécessaire, la moitié d'un mobilier spécieux pourra disparaître sans retour. Loin de retarder cette importante formalité, il faut au contraire que tout concoure à l'accélérer; et s'il y a
un abus dans la pratique de cette procédure, il
ne peut être que dans le défaut de vigilance de la
part de ceux qui doivent avertir du décès, et
d'activité de la part du juge qui doit accourir;
lorsqu'il y arrive à temps, on doit se reposer sur
lui du soin des intérêts du mineur.

En fait de procédures *actives*, l'expérience
seule donne une véritable instruction; et il arrive
rarement que d'un cabinet on aperçoive, sous tous
ses rapports, l'exercice d'une loi qui nécessite des
actions et des *démarches*.

C'est au moment même de la mort, ou dans le
plus bref délai, que les scellés doivent être apposés; la loi attache une grande importance à
cette formalité.

Les mineurs, les absens, les interdits sont sous
la protection spéciale de la loi; si personne ne
demandait cette apposition, le ministère public
ne pourrait se dispenser de la requérir, le tribunal compétant de l'ordonner; tous gardassent-
ils le silence, le juge de paix qui tient lieu, dans
le nouveau droit, des juges de seigneurs, comme représentant la chose publique, y procéderait d'office.

Ici se montre, à l'avantage du nouveau Code, la dissemblance de nos lois nouvelles d'avec les anciennes.

Dans notre ancien droit, un concours de juridiction qui se heurtait sans cesse ; les hauts, les moyens justiciers, juges ordinaires des roturiers ; les baillages et sénéchaussées ressortissant nûment dans les parlemens, seuls juges des nobles, aux termes de l'édit de Crémieu.

Dans le nouveau Code, les juges de paix, seuls compétans, chargés de pourvoir promptement à la sûreté et à la conservation des biens de la succession, par l'opposition, la levée des scellés et l'inventaire, et le tribunal de première instance, juge de toutes les contestations auxquelles les droits des prétendans à la succession, des créanciers et des ayans-droits, peuvent donner lieu, sauf l'appel aux tribunaux supérieurs.

On pourrait conclure de la manière dont notre article est conçu, et de la place qu'il occupe, que quand il y a des héritiers non présens ou mineurs, on ne peut pas procéder au partage s'il n'a point été apposé de scellés, et que quelque temps qu'il y ait que la succession est ouverte, il faut les faire apposer avant d'opérer le partage.

Ce serait une erreur. Le partage est la dernière opération qui se fait dans les successions ; quand on en est là, toutes les opérations préliminaires sont faites, l'inventaire est clos, les meubles sont ordinairement vendus, tous les appelés ont pris qualité.

Si toutes ces choses ont été faites sans que les scellés aient été apposés, il ne servirait plus à rien de les faire mettre. On peut donc faire dans ce cas le partage, sans que cette formalité soit nécessairement préalable, sauf les actions

des mineurs, des absens en recélé et divertissement, s'ils en articulent et qu'ils les prouvent.

Tout ce qui résulte de cet article, c'est que dans
le cas où il y a des héritiers absens ou mineurs,
tant que l'inventaire n'est pas fait, il faut mettre
les scellés, et qu'on ne pourrait alors procéder
au partage sans cela.

Cependant, quelque importance que le Code
Napoléon attache à cette opération, dans le cas
dont il s'agit, ce n'est pas à dire que si le scellé
n'a pas été apposé au moment où il doit l'être,
l'inventaire, la vente des meubles et le partage
qui suivront, soient, par cela seul, irréguliers et
nuls; il résulte seulement du défaut d'apposition
des scellés une présomption de culpabilité contre
les héritiers présens, qui rendront plus probable
le divertissement et le recélé dont ils pourront
être accusés; mais si l'absent ou le mineur n'ar-
ticulait aucune plainte, et ne prouvait aucune
spoliation, il ne pourrait sur le seul fondement de ce que les scellés n'auraient point été
apposés, ni arguer de nullité les opérations qui
auraient été faites, ni prétendre à des dommages
intérêts, soit contre les autres héritiers, soit
contre le commissaire impérial ou le juge de paix.

S'il y avait un recélé ou divertissement prouvé,
il n'est pas douteux que l'absent pourrait en obtenir contre l'héritier qui aurait négligé de faire
apposer les scellés, et le mineur, tant contre cet
héritier que contre son tuteur qui n'aurait pas
provoqué cette apposition.

On voit donc combien cet objet devient important par ses suites; et cependant il est vrai de
dire qu'il est trop négligé, sur-tout dans les campagnes, où l'on voit assez généralement là-dessus
une répugnance insurmontable dans la famille

Cod. Nap.
Art. 819.

du défunt, et une complaisance dangereuse de la
part des tuteurs et des autres intéressés.

On pourra demander ce qu'il arriverait, si l'héritier et le tuteur négligens étaient insolvables ou le devenaient; l'absent, le mineur pourraient-ils exercer quelques recours contre le procureur impérial ou le juge de paix? La loi les charge, l'un de requérir, l'autre de faire l'apposition des scellés.

Mais la loi ne les en charge point sous leur responsabilité personnelle; il n'entre point dans les fonctions de leur ministère de devenir les mandataires des mineurs ou des absens, ils sont leurs protecteurs; leur devoir est de veiller pour eux; mais, ainsi que les juges, ils ne peuvent et ne doivent garantir d'aucun événement; leur conscience les engage à être soigneux et attentifs pour ceux qui n'ont aucun appui; quand ils n'ont aucune mauvaise volonté à se reprocher, elle doit être satisfaite; le vœu de la loi ne peut aller au-delà, elle ne les confronte point avec les parties, elle ne les place point vis-à-vis d'eux pour devenir leurs adversaires, et leur faire raison de ce qu'ils ont perdu : l'obligation qu'ils ont à remplir est envers l'état et non envers les individus.

Quand le législateur parle des héritiers qui *ne sont pas présens*, il n'entend point désigner par là ceux qui ne sont pas dans la maison même du défunt, mais ceux qui sont à une distance, telle qu'il faut un certain temps pour les instruire du décès.

Il n'est pas douteux que celui qui est dans la même ville est présent. L'héritier qui serait dans un endroit assez proche, pour qu'il pût être averti, et donner de ses nouvelles en fort peu de temps, comme du matin au soir, par exemple, ou du soir au lendemain, ne devrait pas être regardé comme non présent.

L'auteur des conférences, sur cet article, dit qu'il suffit que l'héritier qui ne se trouve point dans l'arrondissement de l'ouverture de la succession, pour qu'il y ait lieu à cette formalité.

C'est une de ses nombreuses erreurs, répondent les auteurs des Pandectes françaises. Il est évident, que si l'héritier d'un homme mort à Paris, se trouvait à Saint-Denis ou à Versailles, ou dans un autre endroit où l'on pût aller, et d'où l'on peut revenir dans le même jour, il ne serait assurément pas nécessaire de mettre les scellés; cependant cet héritier ne serait point dans l'arrondissement de l'ouverture de la succeseion. Le même auteur ajoute qu'il n'est pas nécessaire que l'absence soit déclarée.

C'est une autre méprise : si l'absence était déclarée, la succession ne s'ouvrirait pas au profit de l'absent; ainsi, cette absence ne pourrait pas donner lieu à l'apposition des scellés.

L'article que nous discutons ne parle point des absens proprement dit; aussi n'emploie-t-il point ce terme ; il ne s'occupe que des héritiers dont on connaît et l'existence et la demeure , mais qui sont éloignés du lieu où le décès arrive.

A l'égard des *absens*, en terme de droit, c'est-à-dire, de ceux dont on n'a point de nouvelles , dont, par conséquent, la résidence est inconnue et l'existence incertaine, il faut distinguer, ou son droit à la succession est connu , ou il est ignoré. Dans le premier cas, nul doute qu'il ne faille apposer les scellés.

Des frères, par exemple, ne peuvent ignorer qu'ils ont un autre frère absent, appelé comme eux à la succession.

Il faut ensuite faire commettre un notaire pour représenter l'absent aux autres opérations de la succession, et ce n'est qu'après avoir fait déclarer l'absence, que les frères présens peuvent recueillir la part de l'absent, ou se faire envoyer en posession de ses biens.

Il faut pourtant convenir que cette dernière procédure est pénible à remplir, sur-tout pour le nombre infini de successions modiques, tant à raison des frais qu'à raison des délais nécessaires qu'elle entraîne ; aussi, tous ceux qui s'en occupent réellement, sur-tout dans les campagnes, savent que rarement on se décide à l'exécuter. De là, mille difficultés : fera-t-on mention de l'absent ? le passera-t-on sous silence ? Dans le premier cas, peut-on aller en avant sans remplir à son égard ce que les lois prescrivent ? comment justifier cette omission dans les actes ? que dira le notaire ? que fera le juge-commissaire ? Le tribunal homologuera-t-il un semblable partage ? non sans doute ; mais s'il faut porter la demande en déclaration d'absence devant le tribunal, que deviendra une succession de sept à huit cents francs ? que deviendra le mince mobilier ? qui cultivera le champ paternel pendant quinze ou dix-huit mois d'intervalle ? enfin, qui pourra avancer les frais de la poursuite ?

Dans le second cas, si, comme on le rencontre en ce moment dans chaque famille de paysans, un fils est allé au service depuis plusieurs années, et que présumé mort par le temps écoulé sans nouvelles de son existence, ses frères, ses sœurs veuillent se diviser entr'eux l'héritage d'un père qui vient de décéder, prendra-t-on sur soi d'opérer comme si l'absent n'eût jamais existé ; le notaire, le juge, l'expert peuvent-ils se prêter à cette

réticence? le procureur impérial doit-il la tolé-
rer? (1) Supposé que tout cela arrive, comment
disposera-t-on de la portion immobilière de cet
absent? La confiera-t-on à l'un des enfans, à
l'aîné, par exemple, sur-tout s'il est déjà avantagé
par donation ou testament du père, afin d'en
distribuer le revenu aux autres, chacun selon son
droit? mais ces autres cohéritiers, amoureux pour
l'ordinaire de la propriété, consentiront-ils à ce
dépôt? s'ils y consentent, comment en parler,
comment l'établir et le justifier dans les actes?
s'ils n'y consentent pas, il faudra donc confondre la portion de l'absent dans les lots des
copartageans? mais cette portion ainsi dispersée,
ainsi défigurée, anéantie, qui va en répondre, qui
la représentera à l'absent, si lui-même se représente au moment où l'on si attendra le moins?
chacun, dit-on, rendra ce qu'il tient, et l'on refera
le partage : mais si le lot est dissipé et le cohéritier
insolvable? D'ailleurs n'y aura-t-il pas encore pendant plusieurs années, quelques cas, et quelques
pays où le cohéritier *légitimaire* reparaissant,
sera en droit de s'en prendre à l'héritier *institué*
pour la représentation de sa portion de légitime?

Convenons donc que tout cela cause bien de
l'embarras, que les lois trop générales deviennent
un lourd fardeau dans les cas multipliés de détails, et que ceux qui ont actuellement à exécuter et *cimenter* un partage judiciaire un peu
compliqué, ne sont pas sans sollicitude.

Eh! que de partages que l'on croit en ce moment *définitifs*, et qui ne sont que *provisionnels!*

---

(1) On sent que l'on parle toujours ici d'un partage fait en justice,
à raison de quelque mineur ou interdit qui se trouve parmi les cohéritiers.

Avant dix ans il y aura bien des procès sur cette matière.

Si la succession tombe en collatérale à des parens éloignés, arrive alors le second cas dont nous parlions tout à l'heure. Les héritiers présens peuvent ignorer qu'il existe un autre cousin appelé comme eux ou avec eux.

On opère alors régulièrement comme si tous les héritiers étaient effectivement présens ; c'est à celui qui a droit à la succession à se faire connaître, à exercer ce droit et à le prouver ; il a pour cela trente ans. Si ce temps s'écoule sans réclamation de sa part, la prescription est acquise contre lui, et il ne peut plus demander part dans la succession ; s'il était mineur lorsque la succession s'est ouverte, la prescription ne commence à courir que du jour où il a acquis sa majorité ; la fin de non-recevoir est irrévocablement acquise contre lui par l'accomplissement de trente ans : il articulerait vainement qu'il n'a point eu connaissance de l'ouverture de la succession, il ne serait pas écouté (1).

Si cet héritier exerçant son droit, avant l'expiration des trente ans, donne son action contre un de ceux qui étaient présens, et qui se sont mis en possession de la succession, on demande si cette action interrompra la prescription à l'égard des autres.

Pour répondre à cette question, il faut distinguer, ou les héritiers présens ont partagé, ou ils ont resté dans l'indivision.

S'ils ont partagé, l'action ne peut plus interrompre la prescription qu'à l'égard de celui contre

_____

(1) Lebrun, des Success., liv. 4. chap. 1, n.º 86.

lequel elle est dirigée. Il n'y a plus de propriété
commune, chacun prescrit personnellement et
pour lui-même; et comme dans ce cas chacun des
copartageans prescrit contre les autres, il prescrit
de même contre le tiers qui n'a point été partie
au partage.

Si les héritiers présens, et qui croyaient avoir
seuls droit à la succession, sont restés dans l'indivision, l'action de l'absent dirigée contre l'un
d'eux, interrompt sans difficulté la prescription
à l'égard de tous les autres.

En effet, les héritiers comme tous les autres
copropriétaires indivis, ayant dans la chose
commune le tout au total, et le tout dans chaque
partie, chacun d'eux peut être actionné pour le
tout; c'est en ce sens que les lois disent que l'on
peut demander la totalité d'une succession à celui
qui n'est héritier que pour partie (2). Les copropriétaires d'une chose sont, dans notre hypothèse,
semblables à des coobligés solidaires, dont chacun peut être cité pour le tout, en sorte que l'action donnée contre un seul, interrompt la prescription à l'égard de tous les autres (2).

Peut-être voudra-t-on conclure de-là que la
prescription ne doit commencer à courir contre
l'héritier absent, que du jour de la confection
du partage.

Ce serait mal à propos; car l'indivision n'empêche pas que les héritiers présens n'aient possédé, du jour de l'ouverture de la succession,
comme seuls propriétaires; l'indivision peut bien
faire que l'action dirigée contre un des copro-

_____

(1) L. 1. ff Si pars heredit. petat § qui hereditatem.
(2) La coutume d'Anjou, en l'article 435, en avait une disposition
formelle.

priétaires, interrompe la prescription vis-à-vis de tous; mais elle ne peut pas empêcher que cette prescription ne coure à leur profit tant qu'il n'y a point de réclamation.

Au reste, il ne peut y avoir lieu que difficilement à l'application de ces décisions; car l'héritier contre lequel l'absent donnera sa demande en pétition d'héridité, ne manquera guère de mettre les autres en cause, et de diriger contre eux l'action en garantie de partage. S'il défendait seul à la demande de l'absent et qu'il succombât, il pourrait encore donner la demande en garantie; mais alors il serait obligé d'établir lui-même, contre les défendeurs à cette garantie, les droits de l'absent.

Un cas, néanmoins, qui se réglerait par nos principes, est celui où l'absent qui n'aurait donné son action que contre un des héritiers présens, ne trouvant pas de quoi se remplir dans la part qui serait échue au défendeur, par l'événement du partage, voudrait recourir sur les autres. Ceux-ci, au profit desquels la prescription se serait accomplie pendant l'instance, pourraient la lui opposer, et le soutenir, avec succès, non-recevable.

Lebrun prétend (*liv.* 4, *chap.* 1, *n.*° 87) que la réserve faite par les héritiers présens, de la part de l'absent, n'empêche pas la prescription de courir contre lui; il en donne pour raison qu'il n'y a dans cette convention ni constitut ni précaire, et qu'elle n'est point faite avec l'absent.

Il paraît évident que cet auteur se trompe. La première et la principale condition nécessaire pour qu'il y ait lieu à la prescription, est la possession à titre de propriétaire, *animo domini*, comme disent les jurisconsultes; or, on ne peut pas supposer que les héritiers présens aient possédé ni voulu posséder comme propriétaires un objet dont ils ont reconnu que la propriété résidait sur une autre tête; leur aveu réclame sans cesse contre la prescription. Comment et sur quel fondement pourraient-ils dire à l'absent dont ils ont confessé le droit et réservé la part, vous n'êtes pas recevable à réclamer la portion que nous avons reconnu et que nous savons vous appartenir? Quel est le juge qui pourrait écouter et couronner une pareille prétention?

Sans doute il ne peut jamais y avoir de prescription en ce cas contre l'absent. Tout le droit que peuvent avoir les héritiers présens, est de se faire envoyer en possession de sa part, s'il y a lieu, après avoir fait déclarer l'absence, et dans ce cas, à quelque époque que l'absent se représente, ses biens doivent lui être restitués, conformément aux règles prescrites par le Code Napoléon, au titre des absens.

Une partie des principes que nous avons établis ci-dessus a déjà reçu son application par la cour d'appel d'Aix, dans la cause entre Jean-Pierre Pellegrin, et les autres cohéritiers de Barthélemy, jugée le 2 nivôse an 14.

« ART. 820. Les créanciers peuvent aussi re-
» quérir l'apposition des scellés, en vertu d'un
» titre exécutoire ou d'une permission du juge. »

Cet article a été porté pour la conservation des droits des créanciers; ils ne peuvent toutefois agir qu'en vertu d'un titre exécutoire ou de la permission du juge; car l'apposition des scellés est une saisie qui donne atteinte à la propriété, et n'est autorisée, qu'attendu la vacance de cette propriété, et l'incertitude de celui à qui elle sera transmise, soit par la loi, soit par le testament.

Cette permission *du juge* s'entend du tribunal

d'arrondissement et non du juge de paix, qui ne
peut au contraire apposer les scellés, à défaut du titre exécutoire, que sur la permission du tribunal.

Mais il ne peut aussi se refuser à cette apposition, à la requête d'un créancier du défunt qui lui représente ce titre exécutoire, c'est-à-dire, l'expédition d'un jugement, ou la grosse d'une obligation.

Si le créancier n'a pas de titre en cette forme, le juge de paix doit exiger une ordonnance qui se rend par le président du tribunal du ressort, au bas d'une requête que le créancier présente à cet effet, et dans laquelle le créancier doit exposer la nature de sa créance, le titre qui la justifie, et l'intérêt qu'il a de faire mettre les scellés.

Si la créance est bien fondée, les frais des scellés sont à la charge de la succession ; mais si elle se trouvait non existante ou prescrite, ils seraient supportés par celui qui les aurait fait apposés, et il serait encore exposé aux dommages intérêts des héritiers.

Au reste, c'est des héritiers de la succession que la loi parle ici. Ceux de quelqu'un des héritiers n'auraient pas ce droit, quelque fût leur titre.

Il n'est pas nécessaire, pour qu'un créancier du défunt puisse faire apposer les scellés, qu'il y ait quelque héritier absent ou mineur, sa seule qualité de créancier suffit pour qu'il puisse user de cette faculté ; la loi exige seulement qu'il ait un titre exécutoire ou une permission du juge.

« ART. 821. Lorsque le scellé a été apposé,
» tous créanciers peuvent y former opposition,
» encore qu'ils n'aient ni titre exécutoire ni per-
» mission du juge.

» Les formalités pour la levée des scellés et
» la confection de l'inventaire, sont réglées par
» les lois sur la procédure. »

Les biens étant une fois sous les mains de la
justice, il importe de connaître tous ceux qui
ont des prétentions à exercer sur l'hérédité, en
quelqu'ordre qu'ils soient. Ainsi, toute personne
peut former opposition à leur reconnaissance et
levée, sans avoir besoin de justifier du titre ou
du motif qu'elle a de le faire ; l'effet de cette opposition, est qu'on ne peut pas lever les scellés
sans y appeler les opposans.

Je ne dirai rien de plus concernant les scellés ;
cette matière entre dans les instructions des juges
de paix, elle n'a trait qu'indirectement au fait des
partages. On peut puiser là-dessus les notions
étendues dans le *Manuel des justices de paix*,
dans le tome 7 des *Pandectes françaises*, et dans
le tome 5 *du Nouveau style des notaires de
Paris*.

« ART. 822. L'action en partage, et les contes-
» tations qui s'élèvent dans le cours des opéra-
» tions, sont soumises au tribunal du lieu de
» l'ouverture de la succession.

» C'est devant ce tribunal qu'il est procédé
» aux licitations, et que doivent être portées les
» demandes relatives à la garantie des lots entre
» copartageans, et celles en rescision de partage. »

Lois anciennes qui ont rapport à cet article.

*Leg. unicâ, cod. ubi de hereditate agatur.
Leg.* 37, § 1, *ff. de obligationibus et actionibus,
Édit de Crémieu, de* 1536, *art.* 7.

La première partie de l'article, n'est que l'é-
noncé de la jurisprudence générale. C'est un

principe très-ancien que la loi du 26 ventôse, Cod. Nap. Art. 822. art. 3, avait consacré, et que les rédacteurs du Code Napoléon ont également exprimé dans les art. 748, 802, 822 et 1007, que toutes les actions relatives à une succession doivent être portées devant le juge du lieu où elle s'est ouverte, quelque soit le domicile des héritiers, et quelqu'éloigné qu'il puisse être du lieu de l'ouverture.

La raison en est que l'action est véritablement dirigée contre la succession, et que c'est elle que l'on actionne en la personne de l'héritier; c'est d'ailleurs dans le lieu où la succession est ouverte que se trouvent la plupart des titres; c'est là que les affaires en sont le mieux connues. S'il fallait introduire autant de procès comme il y aurait de cohéritiers, il faudrait en même temps produire devant cent tribunaux divers des pièces justificatives, qui ne sont qu'en un seul original. Enfin, il eût été très-difficile de fixer la compétence; car les héritiers demeurent souvent en différens endroits, et dans les ressorts de diverses juridictions.

L'auteur des Conférences dit, que si tous les héritiers sont majeurs, ils peuvent choisir un autre tribunal; il tire cette conclusion de ce qu'ils sont libres dans le choix d'un notaire.

C'est raisonner d'une manière fausse, lui répondent d'autres jurisconsultes. Les parties qui choisissent un notaire n'ont point de contestations, elles agissent d'accord, elles sont libres d'aller traiter où elles veulent; et comme elles pourraient rédiger elles-mêmes leurs conventions, elles peuvent aussi les faire rédiger par tel officier qu'elles jugent à propos de commettre.

Mais les juridictions et le pouvoir des juges sont de droit public; il n'est pas au pouvoir des parties d'y déroger , *juri publico privatorum pactis non derogatur*. Un juge n'a aucun caractère au-delà de son territoire. Il ne faut donc pas mettre en principe, en thèse générale, que les parties peuvent choisir un autre tribunal et lui attribuer juridiction ; cela n'est pas vrai , il faut dire seulement que celles qui auront procédé devant un autre juge , sans opposer l'incompétence , seront non recevables à s'en faire ensuite moyen pour attaquer le jugement, ce qui est bien différent.

Il en serait de même, dans ce cas , à l'égard du mineur , dont le tuteur, dûment autorisé par la famille , aurait procédé sans réclamation devant un autre juge que celui de l'ouverture de la succession.

Ainsi , l'auteur des Conférences se trompe sur tous les points.

Si des majeurs étaient convenus , par un acte passé entr'eux , de soumettre le partage à un autre tribunal que celui du lieu de l'ouverture de la succession , le tribunal choisi et nommé de cette manière , ne serait plus le juge naturel de la contestation, il n'userait plus de la juridiction de la loi, mais de celle que les parties lui auraient attribuée , il ne serait qu'un arbitre ; et tellement , que si on suppose que ce soit un tribunal de première instance, son jugement, en ce cas , ne sera sujet ni à l'appel ni au recours en cassation , si les parties ne l'ont pas expressément réservé.

On voit par la seconde disposition de l'article , que la compétence du tribunal du lieu de l'ouverture de la succession s'étend à toutes les opérations et à toutes les actions qui concernent spécialement *la succession*.

Il suit de-là que s'il faut nommer à un mineur

un tuteur *ad hoc*, ou spécial, pour quelqu'une Cod. Nap. de ces opérations, comme pour la licitation, c'est A - devant le juge de paix, dans l'arrondissement duquel la succession s'est ouverte, que la famille doit être assemblée, et non devant celui du domicile du tuteur.

Il y avait eu d'abord des raisons de balancer sur cette question, parce que quand une fois le tuteur est nommé, c'est chez lui que le mineur est domicilié, d'où l'on semblait pouvoir conclure, que c'était devant le juge de paix de ce domicile que devaient se faire toutes les autres assemblées de famille. Cela n'est pas douteux, relativement aux opérations qui ne concernent que les intérêts personnels du mineur, comme s'il s'agit de vendre quelques-uns de ses biens.

Mais quand ces opérations sont principalement relatives à une succession, et que le mineur n'y est intéressé que comme appelé, il faut reconnaître que c'est devant le juge de paix du lieu de l'ouverture qu'il faut procéder. Cela résulte par une conséquence nécessaire de la disposition et de l'esprit de cet article.

Il en doit être de même, ajoutent les auteurs des Pandectes, à l'égard des héritiers, quand ils sont actionnés en cette qualité, et relativement à la succession; c'est devant le juge du lieu de l'ouverture que l'action doit être portée.

Ainsi, un créancier de cette succession qui forme contre l'héritier une demande à fin de payement, et qui l'assigne, tant comme héritier pour sa part et portion, que comme bien tenant pour le tout, doit donner l'assignation devant le juge du lieu où la succession s'est ouverte.

Sur quoi j'observe que Monsieur de Malleville est d'un avis contraire, et voici son texte.

« Il faut bien prendre garde à ne point donner
» trop d'étendue à la seconde partie de notre
» article, elle se borne à donner au tribunal,
» dans l'arrondissement duquel la succession
» s'est ouverte, la connaissance des licitations,
» des garanties des lots entre copartageans, et
» de celles en récision du partage.

» Si quelqu'un a une demande à former contre
» les héritiers, *en général*, c'est encore devant le
» tribunal du lieu de l'ouverture qu'il doit la
» porter; mais s'il n'intente d'action que contre
» l'un des héritiers, *quoique ce soit à raison de*
» *la succession*, c'est devant le juge naturel de
» cet héritier qu'il doit se pourvoir. Je crois ce-
» pendant, que si cette action particulière don-
» nait lieu à une garantie de cet héritier contre
» les autres, ceux-ci pourraient demander leur
» renvoi devant le juge de l'ouverture, parce
» qu'alors l'action devient commune à tous, et
» que toute action commune doit être intentée
» devant ce juge. »

Cette dernière opinion doit être rejetée, et l'on
doit s'en tenir entièrement à celle des premiers
auteurs, jusqu'àprès le partage fait. Toute action
intentée contre l'un ou plusieurs des cohéritiers,
relativement à la succession, doit être portée
devant le juge du lieu de l'ouverture. C'est pour
ainsi dire encore le défunt que l'on attaque
dans ses biens; mais après le partage consommé,
chaque cohéritier devenant, en particulier, le
nouveau maître du lot qui lui est assigné, c'est
devant le juge de ce cohéritier qu'il faut poursuivre l'action qu'on a contre sa nouvelle propriété.

Il naît quelquefois des circonstances qui com-
pliquent, et dans lesquelles l'exécution de la loi

devient embarrassante. Il s'est présenté le 20 flo- Cod. Nap. Art. 822.
réal an 13, à la cour d'appel de Bruxelles, la question suivante à résoudre sur le sujet qui nous occupe.

Lorsque les personnes que représentent les mineurs sont décédées dans les lieux *différens*, et dans un *autre endroit* que celui de l'ouverture de la succession à laquelle ils ont des droits, devant quel tribunal la vente des immeubles doit-elle être poursuivie?

La cour de Bruxelles a ainsi répondu : **Vu par** la cour, une pétition de Louis Breyne, agissant en qualité de tuteur légitime de ses enfans mineurs, par laquelle il expose qu'il est dévolu à sesdits enfans, conjointement avec lui, par le décès de leur mère, un quart dans une ferme, située sous Waton, arrondissement de Furnes;

Que les autres trois quarts appartiennent aux enfans mineurs de feu Jacques Olivier Vuylsteker, décédé audit Waton, et à Emanuel Cleausverek, du chef de son épouse;

Que les auteurs des mineurs Breyne et Vuylsteker ont respectivement obtenu pour des motifs urgens l'autorisation d'un conseil de famille, à l'effet de procéder à la vente de la ferme en question ; qu'en ce qui concernait les mineurs Vuylsteker, la vente n'a été permise qu'à charge d'être faite publiquement dans la commune de Waton, conjointement avec les copropriétaires, pour la totalité du bien indivis;

Que la délibération du conseil de famille, et par suite, les conditions y apposées, ont été homologuées par le tribunal civil de Furnes, sous la juridiction duquel les biens sont situés, et où est décédé Jacques Olivier Vuysteker, père desdits mineurs, et que le même tribunal a commis son président pour recevoir les enchères :

Cod. Nap.
4. 822.

Que lui Breyne s'est adressé de son côté au tribunal d'Ypres, à raison de l'ouverture de la succession de son épouse, à Neuf-Église, et qu'il en a obtenu l'homologation de la délibération du conseil de famille qui le concernait;

Que le tribunal a ordonné, en outre, que la vente se ferait publiquement en la salle d'audience, mais sans commettre personne pour recevoir les enchères, en présence des subrogés tuteurs respectifs des mineurs;

Que ledit tribunal a fondé cette ordonnance sur ce que la ferme dont s'agissait, provenait du père des mineurs, dont la succession s'était ouverte à Dikkebusch, dans le ressort d'Ypres;

Qu'il est cependant à observer que les mineurs n'ont point hérité de leur grand-père, et que ceux du nom de Breyne ont succédé immédiatement à leur mère, et ceux du nom de Wuylsteker à leur père;

Que les décisions opposées des tribunaux précités, le mettent dans l'impossibilité de concourir à la vente projetée avec ses copropriétaires, et que la liquidation des différentes hérédités demeure paralysée;

Pourquoi il plaise à la cour de terminer le mode de la vente projetée, ou fixer le lieu, et commettre au besoin celui qui sera chargé de recevoir les enchères.

Arrêt textuel.

Vu les conclusions de monsieur le procureur général Beyts, données par écrit, portant:

Qu'attendu qu'il ne s'agit plus ici du partage de l'hérédité de Dikkebusch, entre feu Jean-François Wuylsteker et ses cohéritiers, et que le jugement d'Ypres, du 14 fructidor an 12, a fait

Cod. Nap.
Art. 822.

par conséquent une fausse application des articles 822 et 827 du Code Napoléon ;

Que le jugement de Furnes est antérieur, et que les biens qu'il s'agit de vendre par nécessité pour les mineurs, sont tous situés dans l'arrondissement de Furnes ;

Il estime que la cour pourrait infirmer ledit jugement d'Ypres, et permettre la vente sur le pied de l'appointement du tribunal de Furnes.

LA COUR,

Adoptant les motifs énoncés dans lesdites conclusions,

Met à néant l'appointement d'Ypres, émendant, ordonne qu'il sera procédé à la vente de la ferme dont il s'agit, ainsi qu'il a été prescrit par l'appointement du tribunal de Furnes, rendu le 29 Thermidor précédent.

Délibéré et fait en la chambre du conseil, au palais.

Autre question touchant notre article, soumise le 13 messidor an 13, à la cour de cassation. Y a-t-il lieu à réglement de juges lorsqu'un tribunal est saisi d'une demande en rescision d'un transport de droit successif, et qu'un autre tribunal est saisi d'une instance, afin de subrogation au même transport ? *Res. neg.*

Art. 823.

« ART. 823. Si l'un des cohéritiers refuse de
» consentir au partage, ou s'il s'élève des con-
» testations, soit sur le mode d'y procéder, soit
» sur la manière de le terminer, le tribunal pro-
» nonce comme en matière sommaire, ou com-
» met, s'il y a lieu, pour les opérations du partage,
» un des juges, sur le rapport duquel il décide
» les contestations. »

Il faut bien observer les cas où notre article

veut que le tribunal prononce sommairement ; car s'il s'élevait entre les cohéritiers des contestations d'un autre nature, des questions de propriété, par exemple, il devrait procéder comme il est de règle pour ces derniers cas. Ainsi, si l'un des cohéritiers prétend que l'un des héritages qu'on veut faire entrer en partage ne dépend pas de la succession, mais lui appartient personnellement, la contestation offre une question qui s'instruit et se juge à l'ordinaire, de même si l'on conteste à quelqu'un de ceux qui se présentent la qualité d'héritirer, c'est une question d'état qui n'a rien de sommaire.

Ce serait en conséquence abuser de la disposition de cet article, que d'en conclure que toutes les contestations, dont un partage peut être l'occasion, sont par cela seules sommaires ; il ne faut ranger dans cette classe que celles qui tiennent immédiatement à l'opération même. C'est aussi ce que cet article indique très-clairement par ces termes. Il en résulte que les contestations sommaires sont celles qui s'élèvent sur le fait même du partage, c'est-à-dire, sur la question de savoir s'il doit ou non être fait, ou sur le mode d'y procéder, ou enfin sur la manière de le terminer.

Toutes ces contestations n'obligent pas de faire le partage en justice, s'il ne s'agit, par exemple, que de savoir si le partage doit ou non être fait, et que le juge ordonne qu'il y sera procédé, il peut ensuite être fait à l'amiable ; de même si ayant été commencé de cette manière, il s'élève une contestation sur une des opérations qui en dépendent, comme sur une nomination d'experts, cette contestation terminée, le partage peut être repris dans la même forme, en se conformant à

la décision rendue relativement à l'objet sur lequel on était divisé.

Il n'y a donc que dans le cas où les héritiers ne peuvent s'accorder, que le tribunal commet un de ses membres pour procéder au partage.

Autrefois à Paris, et dans les juridictions où il y avait des commissaires en titre d'office, c'était devant eux que se faisaient les partages judiciaires, ils étaient magistrats dans les fonctions qui leur étaient attribuées, et relativement aux partages, ils avaient le même pouvoir qu'un juge délégué.

Le juge commis en vertu de cet article n'en aura pas davantage, il ne pourra pas prononcer seul sur les difficultés qui pourront naître entre les copartageans ; il sera obligé d'en référer à la chambre qui les règlera sur son rapport ; c'est ainsi ce que porte cet article : cependant s'il s'élevait quelque question sérieuse et qui demandât une instruction, elle ne pourrait pas même encore être décidée à la chambre, il faudrait renvoyer à l'audience.

Il est bon d'expliquer à ceux qui n'en sont pas encore bien instruits, ce qu'on entend par matières sommaires, afin de leur donner une idée de la forme que la loi applique aux débats sur partages.

Il faut voir dans l'art. 404 du Code de procédure civile le classement de ces matières, que la loi regarde comme sommaires ; on y trouve entr'autres *les demandes provisoires ou qui requièrent célérité.* C'est dans cette cathégorie que l'on range les contestations incidentes dans un partage. Jusqu'à ce Code il n'y avait pas eu de regle certaine pour la procédure à observer dans ces *matières*, toutes les affaires étaient indistinc-

Cod. Nap. Art. 823. tement portées aux mêmes audiences, il n'y en avait point d'affectées aux matières sommaires. Maintenant il existe pour les causes sommaires un règlement particulier; ce qui les différencie d'avec les causes ordinaires, c'est que les délais de l'assignation étant échus, il n'est signifié aucune écriture. Le défendeur qui ne veut pas faire défaut, constitue avoué; alors, sans autre retard, sur un simple acte donné par la partie la plus diligente, on se présente à l'audience. C'est là seulement que les parties peuvent développer leurs moyens par la plaidoirie (art. 405).

Ce serait le cas d'analyser sous cet article une affaire importante qui s'est présentée le 21 prairial an 13, devant la cour d'appel de Bruxelles, et qui a donné naissance à deux questions d'un intérêt majeur, dans les partages judiciaires.

1.° Lorsque sur une demande en partage il s'élève des contestations, y a-t-il lieu d'ordonner toujours le partage des portions non contestées, et de nommer, jusqu'à ce que le procès soit vidé, un séquestre pour les autres ?

2.° La demande en séquestre est-elle une action principale sur laquelle on ne peut faire droit, parce qu'elle n'était point mentionnée dans l'exploit introductif d'instance, et que l'on n'a point subi les épreuves de la conciliation avec les demandeurs en ce chef ?

Pour ne pas rapporter inutilement ici ce qui a été dit ailleurs, voyez les détails de cette affaire dans la jurisprudence du Code Napoléon, où les

Art. 824. législations anciennes et modernes sur la matière sont conférées

Voy. les art. 969, 971, 975 et 576 du cod de proced.

« ART. 824. L'estimation des immeubles est » faite par experts choisis par les parties intéres- » sées, ou, à leur refus, nommés d'office.

« Le procès-verbal des experts doit présenter Cod. Nap.
» les bases de l'estimation : il doit indiquer si Art. 824.
» l'objet estimé peut être commodément partagé;
» de quelle manière; fixer enfin, en cas de divi-
» sion, chacune des parts qu'on peut en former,
» et leur valeur. »

Voici encore un de ces articles qui, simples, au premier coup d'œil, présentent à l'examen sérieux plus d'une difficulté. A peine pourtant y a-t-on donné quelqu'attention; les questions les plus importantes, auxquelles il me paraît donner lieu, n'ont, que je sache, été traitées jusqu'à présent par aucun auteur : c'est une tâche assez difficile que de réussir à fixer les opinions sur cette matière, essayons du moins de l'éclaircir.

Voici d'abord ce que disent les jurisconsultes.

Cet article suppose que le partage se fait en justice; car si les cohéritiers veulent le faire amiablement entr'eux, ils le peuvent sans estimation et sans experts.

La première disposition de cet article n'est applicable qu'aux héritiers qui sont tous majeurs; car ce n'est que dans ce cas que les experts peuvent être choisis et nommés par eux.

S'il y a un ou plusieurs mineurs, les experts doivent nécessairement être nommés d'office par le juge, et prêter serment devant lui. La nomination faite des experts par les parties, et le défaut de prestation de serment en justice, rendraient toute l'opération et le partage nul.

Dans l'un et l'autre cas, ils doivent procéder conformément à ce qui est prescrit par le paragraphe unique de notre article.

L'article dit que le procès-verbal doit présenter les bases de l'estimation, et c'est une précaution très-sage. Comme les experts ne sont pas des

7.

juges et que les tribunaux ne sont pas astreints à suivre leur décision, s'ils ne la trouvaient pas raisonnable et fondée, suivant la maxime, *dictum expertorum nunquam transit in rem judicatam*, il faut que les experts expriment les bases qu'ils ont adoptées dans leur estimation, et qu'ils ne donnent pas sèchement cette estimation même, afin que les tribunaux puissent voir si elle est juste.

Voyez Rodier, sur l'art. 13, tit. 21, de l'Ordonnance de 1667.

L'estimation doit être faite suivant la valeur que les héritages ou immeubles ont lors de la visite qui en est faite; car l'augmentation ou la diminution qu'ils ont pu éprouver dépuis le décès, est au profit ou aux risques de la succession.

Que si l'un ou l'autre est arrivé par le fait de quelques-uns des héritiers, l'estimation doit toujours être faite sur le même pied, sauf les actions des héritiers les uns envers les autres, pour les prestations qui peuvent leur être dues.

S'il y a de l'augmentation, il sera fait raison à celui qui l'aura produite, des dépenses qu'il aura faite pour y parvenir : si, au contraire, il y a diminution, celui par le fait ou la faute duquel elle est arrivée en fera raison aux autres coheritiers, chacun pour sa part.

Ainsi, l'estimation doit toujours être la même.

Nous avons dit que la diminution arrivée sans le fait ni la faute des héritiers était à la charge de la succession, cette décision doit s'observer, quand même un des cohéritiers aurait été en possession de l'héritage qui a éprouvé une diminution (1).

---

(1) Dumoulin, sur la Coutume de Lille, art. 34. Lebrun, des Successions, liv. 4, chap. 1, n.° 20.

Voilà-à peu près ce que l'on trouve d'établi et de reconnu sur cette matière.

Maintenant voici des questions plus sérieuses : il s'agit de connaître, d'après la combinaison de cet article avec l'article 838 du même Code, qui ordonne que l'on suivra les formes indiquées depuis l'art. 819, toutes les fois que des mineurs, des interdits ou des absens seront intéressés au partage, avec l'art. 975 du Code de procédure, qui dispose que lorsque les droits des copartageans sur un immeuble à partager seront liquidés, on procédera d'après l'art. 466 au chapitre des tutelles, et avec l'art. 976 du Code de procédure, qui prescrit, *dans tous les autres cas*, d'opérer conformément à la série des articles 828 et suivans du Code Napoléon; il s'agit, dis-je, de fixer d'une manière certaine la démarcation des cas où l'on procédera simplement d'après l'article 466 du Code Napoléon, lequel se rapporte à l'article 975 du Code de procédure, d'avec ceux où l'on se conformera à la série des articles 824 et suivans du Code Napoléon, qui se rapporte aux articles 976 et suivans du Code de procédure.

Cette question a trait, comme on le voit, à plusieurs des articles des deux Codes; peut-être eût-il mieux valu la réserver pour être traitée à la suite de l'article 975 du Code de procédure, ou 838 du Code Napoléon.

Nous la posons ici, parce que l'article qui nous occupe est le premier qui semble lui donner ouverture, ou du moins qui y ait quelques rapports. Pour bien entendre la discussion qui va suivre, il faut relire la série des lois sur la forme du partage.

D'abord on dira qu'on ne peut se dispenser de

suivre les dispositions de l'article 975 du Code
de procédure, si les droits des parties sur les immeubles à partager sont liquidés; or, ajoutera-t-
on, ils le sont parfaitement dans presque toutes
les circonstances. En effet, le droit des copartageans est établi par la loi; c'est une quote-part
fixe dans la succession, et qui n'est point contestée (on le suppose ainsi). Pour que ce droit ne
fût pas *liquide*, il faudrait qu'il y eût un testament
ou donation en litige, alors on pourrait véritablement dire que les droits des copartageans ne
sont pas clairs et *liquidés*.

Et qu'on prenne bien garde de ne pas confondre
la liquidation *du droit* des parties, terme dont la
loi se sert (art. 975), avec la liquidation *de la*
succession. Une succession est rarement liquide
dans le sens rigoureux; et les opérations pour y
parvenir sont confiées aux notaires. Chaque cohéritier, en prenant possession de son lot, devient
débiteur de sa portion de la dette commune qui se
divise d'après la loi. La formation des lots est donc
indépendante de la liquidation. Le premier objet
n'est qu'une division mathématique de l'immeuble à partager en autant de lots qu'il y a de
copartageans, et dans une consistance égale au
droit particulier d'un chacun, droit fixé par la
loi; et le second n'est qu'un calcul de défalcation
de la créance d'autrui, *deducto ære alieno*, et
une attribution à chaque cohéritier de sa portion
de la dette patrimoniale. Ainsi, dans presque tous
les cas, les droits des cointéressés étant réellement
liquidés, on pourra, on devra même partager
dans la forme de l'article 466.

Pour résoudre une question, qui, sous un rapport général, présente un grand intérêt à tous
ceux qui s'occupent de partages, il faut, doit-on

répondre , établir quelques notions préliminaires.

Avant l'émission du Code de procédure , il
existait déjà deux manières de faire un partage
judiciaire, celle qui était prescrite par l'art. 466
au chapitre des tutelles , et celle qui résulte des
art. 824, jusques et y compris l'article 838 (1). Ce
dernier article, en prescrivant d'une manière générale et absolue d'exécuter le partage, conformément aux règles établies par les articles qui le
précèdent, toutes les fois que des mineurs seraient
intéressés au partage , avait fortement impliqué
contre l'art. 466, qui est une autre manière de
faire les partages des mineurs, et il en était résulté une obscurité causée, peut-être, par les opinions et l'origine des divers jurisconsultes qui
avaient influencé la rédaction de ces deux différens titres du Code Napoléon. Le Code de procédure est venu en cette circonstance au secours de
ceux qui s'occupaient des partages. Ses rédacteurs, qui ont paru sentir les inconvéniens notés
ci-dessus , y ont inséré l'art. 975, qui , en spécifiant les cas où l'on se conformera à l'article 466,
a jeté un peu de clarté sur une matière assez té-
nébreuse , et a fait cesser, en partie, l'implication
dont il a été parlé; en sorte qu'on peut véritablement dire qu'il existe deux manières de faire un
partage en justice ; l'une que j'apellerai *la manière
simple* dictée par l'art. 466 du Code Napoléon,
rappelé dans l'art. 975 du Code de procédure;

---

(1) Une partie de cette discussion s'applique spécialement aux
partages faits avant le Code de procédure ; on n'entendait presque
pas alors la loi des partages, et il faut convenir qu'il était difficile
de l'expliquer. On a voulu par le Code de procédure lui jeter un
peu du jour qui lui manquait; mais combien de pas à l'aveugle on a
fait jusqu'à présent !

Cod. Nap.
Art. 824.

l'autre, *la manière compliquée* prescrite par les articles 824, jusqu'à l'art. 839, qui se rapportent aux articles 976 et suivans du Code de procédure, expressions que j'adopterai ici pour exprimer l'ordre qui règne dans mes idées sur cette matière, et me faire bien entendre.

Actuellement il reste donc à déterminer d'une manière positive les cas où l'on suivra la manière *simple* de faire les partages, et ceux où l'on procédera d'après la forme *compliquée*. Pour distinguer ces deux circonstances, il faut d'abord entendre ce que la loi veut exprimer dans l'art. 975, par le mot de *droit* liquidé.

Si la première opinion prévalait, les neuf dixièmes des partages se feraient de la manière *simple*, parce que il est rare qu'il y ait litige sur quelques dispositions du défunt, et que la loi a posé d'une manière immuable, ce qu'on veut entendre, dans cette opinion, par le *droit* des cohéritiers, c'est-à-dire, la quote-part de l'hérédité, la moitié quand il y a deux enfans, le tiers quand il y en a trois, le quart hors part pour celui qui est donataire de la portion disponible, quand il y en a quatre, etc.

Mais il me semble que pour adopter cette opinion, il faut déchirer deux pages de la loi; et quoi qu'au fond il fût peut-être désirable que le législateur n'eût pas eu d'autre intention, et n'eût pas tant multiplié des formes souvent vaines, il est peu vraissemblable qu'il se fût abandonné à un travail aussi considérable, que la série des articles qui établissent la marche du partage *compliqué* pour un cas infiniment rare, celui d'un litige sur la *quote-part*.

D'ailleurs, quelle nécessité et quelle raison pouvait-il y avoir d'aller hérisser un partage de

nouvelles formes et de nouvelles difficultés, parce Cod. Nap.
Art. 824.
qu'il y aurait une contestation sur la validité d'un
testament ou d'une donation, ou sur l'absence
d'un des cohéritiers présomptifs ? De quelle
manière toutes ces nouvelles entraves pou-
vaient-elles devenir utiles dans une pareille circonstance ? on en eût été quitte pour faire juger
l'incident, et les droits des parties devenant
alors *liquides*, comme on veut l'entendre, il n'y
avait plus qu'à partager, toujours suivant la manière simple.

Convenons donc que les articles 824 et suivans
du Code Napoléon, et 976 et suivans du Code
de procédure, doivent être entièrement rayés, ou
convenons qu'on ne peut entendre par le droit
des parties, que la valeur du lot qui doit leur
échoir après la liquidation de la succession, *quota*
pars bonorum deducto ære alieno, *et non quota*
pars hereditatis.

On peut pousser encore plus loin les argumens
en faveur de la forme compliquée ; et la lettre
même des art. 975 et 976 en fournit un, contre
lequel il paraît difficile de repliquer.

Le premier article porte : « Si la demande
» en partage n'a pour objet *que la division d'un*
» *ou de plusieurs immeubles*, sur lesquels les
» droits des intéressés soient déjà liquidés, les
» experts, en procédant à l'estimation, compo-
» seront les lots ainsi qu'il est prescrit par l'art.
» 466, etc.

(*Forme simple*).

L'article 976 porte : « Dans les autres cas, le
» poursuivant fera sommer les copartageans de
» paraître le jour indiqué devant le juge-com-
» missaire, etc. »

(Forme compliquée).

Il résulte évidemment que toutes les fois qu'il s'agira de partager autre chose que *des immeubles*, la forme simple est écartée ; donc il suffira qu'il y ait *un mobilier* pour qu'on soit obligé d'adopter la forme compliquée ; donc le législateur n'a voulu dispenser des formalités que lorsqu'il s'agira de faire exécuter par un arpenteur une opération purement géométrique, sur une surface de terrain, opération pour laquelle la présence des officiers ministériels serait inutile et même dérisoire ; donc le même législateur a voulu qu'absolument toutes les fois qu'il y aurait *calcul* et *liquidation*, ces opérations fussent faites devant les officiers ministériels, et sur-tout devant les notaires.

C'est ce qu'explique clairement M. Siméon dans l'exposé des motifs qui ont amené la décision du conseil d'état, en faveur des notaires, contre les avoués de Paris, en matière de partage, lorsqu'il dit : « On s'est convaincu que le véritable » esprit du Code civil, est d'appeler les notaires » comme les délégués naturels des tribunaux, » dans tout ce que les partages n'offrent pas de » contentieux.

Le même conseiller d'état décide, au surplus, la question d'une manière assez formelle, dans un autre passage du discours précité, qui précède la présentation de la loi au corps législatif, voici ses termes : « Si le partage n'a pour objet que la » division d'un ou plusieurs immeubles sur les- » quels les droits des parties soient déjà liquidés, » il ne sera besoin ni d'acte, ni de jugement de » partage, les experts formeront des lots à la suite » de l'estimation des biens (art. 975).

» Si le partage embrasse des biens de toute

» nature, exige une composition de succession, des
» distractions, des calculs, des rapports de dons et
» de sommes reçues; en un mot, s'il n'a pas la sim-
» plicité *rare* prévue par l'art. 975, alors il peut
» exiger la décision d'un tribunal pour les ques-
» tions contentieuses, et l'intervention d'un no-
» taire qui rassemble les élémens du partage, les
» classe, les coordonne et en établisse les résultats
» (article 976). »

Ce cas dont parle M. Siméon ne se rencontrera, en effet, presque jamais entre les cohéritiers d'une succession; on peut même dire, peut-être, qu'il n'a réellement pour objet que les immeubles particuliers qui ne font pas partie d'une masse successive; il aura lieu, par exemple, entre deux étrangers légataires purs et simples, d'un immeuble qu'ils ne pourront réussir à se partager amiablement; il aura lieu entre deux acquéreurs d'une propriété indivise, qui ne pouvant s'accorder sur sa division, seront forcés d'avoir recours à la justice.

Ce sera donc, en effet, bien rarement, pour ainsi dire jamais, qu'il arrivera à la suite d'une hérédité.

M. Pigeaud, dans son savant ouvrage sur la procédure civile, ne le trouve que lorsque les cohéritiers *n'ont rien à rapporter à la masse commune, ou si tous ont à rapporter également*, sinon les experts *ne peuvent pas composer les lois, parce que ne connaissant pas les droits de chacune des parties, ils ne peuvent déterminer la part qui doit leur revenir.*

Il paraît donc certain qu'au lieu de faire les neuf dixièmes des partages, suivant la forme de l'article 466, on sera forcé de les faire suivant celle des articles 824 et suivans, puisqu'il faudra

(marginal note:) Cod. Nap. Art. 824.

presque toujours faire liquider par le notaire avant de composer les lots.

Il est sans doute fâcheux pour ceux qui craignent la multiplicité des formes, d'être forcés de se rattacher à l'opinion qui en présente le plus ; mais enfin il faut, ou suivre la loi, ou s'abandonner aux événemens ; et ce que nous énonçons ici, est écrit pour ceux qui veulent ne conserver aucune inquiétude pour l'avenir.

Il faut aussi convenir que cet art. 824 a souvent fait le tourment de ceux qui mettaient la main à l'œuvre des partages, faute de le bien entendre, et sur-tout de bien prendre le sens du mot *parts* dont se sert ici le législateur.

Plusieurs experts ont cru, sur-tout dans les commencemens, qu'il les obligeait, à la suite de leur estimation, à composer *les lots* des cohéritiers ; de-là mille raisonnemens plus ou moins sensés ; les uns disaient, le classement dans la composition des lots chez le notaire-commissaire sera impossible, si le procès-verbal des experts ne présente que des fixations de parts indéterminées ; c'est moins par le prix et la contenance des immeubles, que par le mélange des différentes qualités et nature de fonds qu'on obtient cette parfaite égalité, base de tout partage. Cet assemblage réglé par des nuances qui échappent souvent à l'œil le plus attentif, en opérant même sur les lieux, ne peut se faire dans un cabinet de notaire par l'un des intéressés ou par un nouvel expert, dont la mission est bornée par l'article 979 du Code de procédure, à un simple rapport devant cet officier ; ce n'est qu'en vérifiant et estimant l'ensemble qu'on peut se promettre le résultat voulu par l'art. 832, et enfin le succès de la mission des premiers experts.

Cod. Nap.
Art. 324.

L'article 824, isolément pris, et sans égard à la corrélation, se rapporte aux immeubles et non aux personnes; mais il faut bien qu'il y ait ensuite accord dans l'application, et que la fixation des parts corresponde aux nombres et aux droits des intéressés. Toute autre interprétation est contraire à l'intention du législateur, et il serait extraordinaire qu'il eût voulu donner la préférence à un seul expert sur deux ou trois dans une opération quelconque; soit donc que leur procès-verbal forme l'acte de partage par l'homologation ou entérinement, soit qu'il n'ait pour objet que d'en préparer les matériaux, il doit être en projet ce qu'il sera dans l'exécution; ce n'est point à eux à en préjuger le sort ni la fin; il faut qu'il contienne, avec l'estimation, l'historique des faits, les dires et réquisitions des parties, dont l'art. 317 du Code de procédure leur fait un devoir particulier.

D'autres disaient: Notre mission n'est qu'une opération *indicative*, une voie d'instruction pour les tribunaux. Hors le cas de l'art. 466, jamais des experts ne doivent s'immiscer dans le détail des affaires d'une succession; notre travail légal se borne ici à une estimation matérielle, et on veut qu'à la suite nous fassions des lots; mais quels lots devons-nous donc faire, en nous supposant tels que nous devons être, parfaitement ignorans de la consistance mobilière active et passive de la succession, et du droit de chaque partie prenante? Paraît-il raisonnable d'aller former des lots imaginaires, et qui ne coïncideront point avec le nombre et le droit des cohéritiers? ouvrage vain, ouvrage absolument à refondre après.

Si je n'écrivais pour toutes sortes de personnes, et plus spécialemnt ici pour les experts des campagnes, je m'arrêterais peu à ces observations, et je n'y attacherais pas une importance qui paraîtra puérile aux plus habiles; mais les choses que j'ai sous les yeux me convainquent de la nécessité de m'y arrêter un instant; et parce que je sais que plusieurs de ceux qui se mèlent de partages, n'ont pas encore là-dessus des notions bien claires, c'est pour eux que je note ce qui suit.

L'article qui nous occupe ne dit point de faire *des lots*, comme le disent tous les autres articles qui en parlent; il dit seulement, *fixer les parts* qu'on peut former d'un immeuble, dans le cas qu'il puisse se diviser; or, *faire des lots* ou *désigner des parts* sont, sans contredit, deux choses bien différentes, en ce sens, que les parts ne sont que le morcèlement des différentes parties d'un héritage, et *les lots* sont une portion, un démembrement de cet héritage, composé de plusieurs *parts* ou morceaux. Fixer des parts, c'est instruire le tribunal et déterminer, pour le bien et la commodité de l'agriculture, comment on peut morceler un bien rural sans le déprécier. *Faire des lots*, c'est une opération qui vient après, et qui d'un tout général, en fait trois ou quatre tous particuliers, composés chacun de ses parties ou *parts*. Enfin, ce mot de part est évidemment ici mis à la place de *morceau, fragment, partie*; celui de *lot* est synonyme de *portion*; cependant, pour éviter toute équivoque, à raison de l'acception des mots, on eût mieux fait de préférer l'emploi du mot *partie* à celui *de part*. « La *partie,*
» dit l'abbé Girard, est ce qu'on détache du tout;
» *la part*, ce qui doit en revenir; *la portion*, ce
» qu'on en reçoit; le premier de ces mots a rap-
» port à l'assemblage; le second au droit de pro-
» priété, et le troisième à la quantité.

» On dit *une partie* d'un livre et *une partie* Cod. Nap.
» *du corps* humain, une *part* de gâteau et une   Art. 824.
» *part* d'enfant dans la succession ; une *portion*
» d'héritage et une *portion* de réfectoire.

    » Dans la Coutume de Normandie, toutes les
» filles qui viennent à partager ne peuvent pas
» avoir plus de la troisième *partie* des biens
» pour leur *part*, qui se partage entr'elles par
» égale *portion*. »

    D'après cette distinction, il semble qu'on eût
parlé plus correctement en employant le mot
partie.

    Néanmoins, ce n'est pas dans ce mot de *part*,
qui n'est qu'une ellipse de *partie*, que je découvre
le droit à la propriété, mais bien dans celui de
portion, ou *porsion* qui me paraît formé du latin,
per se ; de l'italien, *per se* ; de l'espagnol, *por si* ;
et du français, *pour soi*; mais laissons la gram-
maire et revenons aux lois.

    En partant de ce point de vue, les experts n'ont
autre chose à faire pour obéir à l'art. 824, qu'à
dire à la suite de l'estimation, que l'immeuble
qu'ils viennent de visiter, peut être divisé en
tant de parts de *telle* manière. Sans éprouver de
détérioration, leur rapport est une simple lumière, il est dicté pour rapprocher des yeux du
juge un objet matériel éloigné qu'il faut qu'il en-
visage ; les experts sont en un mot les *éclaireurs*
du tribunal : en présentant ce tableau, ils doivent
toujours avoir présent à la pensée l'intérêt de
l'agriculture, la commodité de l'exploitation,
l'avantage des familles. Si le tribunal voit que
l'immeuble ne puisse *commodément* (mot qu'il
faut toujours retenir), se partager en autant de
lots qu'il y a de copartageans, c'est à lui d'ordonner la licitation, afin de ne pas permettre la

dépréciation des fortunes particulières, qui cons-
tituent la fortune générale ; il juge, et le fond de
l'affaire, et le rapport lui-même ; mais il n'appartiendra jamais aux experts de s'enfoncer plus
avant, et de prendre l'initiative dans la composition des lots, et les opérations ultérieures du
partage qui sont la voie pour y arriver. L'art. 824
est le premier de la série qui établit la forme compliquée ; il est comme le péristile de l'édifice du
partage. En y entrant, au premier pas nous y
trouvons, « après que les meubles et immeubles
» ont été *estimés* et vendus, s'il y a lieu, le juge-
» commissaire *renvoie les parties devant un no-*
» *taire,* etc.

  » On procède *devant cet officier* aux comptes
» que les copartageans peuvent se devoir, à la
» formation de la masse générale, à la *composi-*
» *tion des lots*, et aux fournissemens à faire à
» chacun des copartageans (art. 828).

  » En avançant, nous y trouvons encore (ar-
» ticle 831) après ces prélèvemens, il est procédé,
» sur ce qui reste dans la masse, *à la composi-*
» *tion d'autant de lots égaux* qu'il y a d'héri-
» tiers, etc.

  » ART. 832. Dans la formation et composition
» des lots, on doit éviter, autant que possible,
» de morceler les héritages, etc. et il convient de
» faire entrer dans chaque lot, s'il se peut, les
» mêmes quantités de meubles, d'immeubles, de
» droit ou de créances de même nature et va-
» leur. »

  Or, comment les experts feraient-ils entrer
dans les lots des valeurs qu'aucune loi ne les autorise à rechercher et connaître ?

  « ART. 834. Les lots sont faits par l'un des co-
» héritiers, etc.

Cod. Nap.
Art. 824.

Tout cela se fait devant le notaire, en l'étude duquel la loi place toutes les parties depuis l'article 828 ; et notez bien que c'est à cet art. 828 que renvoie l'art. 976 du Code de procédure pour la formation des lots, et non point à l'art. 824.

Enfin, il n'y a plus qu'une chose à dire, et l'argument paraît sans replique : si les lots sont faits par les premiers experts qui agissent en vertu de l'art. 824, il faut effacer l'article 834 qui vient après, et l'art. 979 du Code de procédure, ils sont désormais inexécutables.

Au surplus, les tribunaux sachant fort bien que les experts sont rarement assez versés dans le droit, pour débattre eux-mêmes de pareilles questions, et sur-tout pour savoir quand ils doivent suivre l'une des deux formes de partage plutôt que l'autre, ne devraient jamais manquer de leur tracer eux-mêmes, dans la dispositif de leurs jugemens, la route qu'ils doivent suivre : c'est d'eux que doit émaner cette démarcation. On sent combien l'usage contraire entraîne d'inconvéniens et d'abus.

La cour d'appel de Nîmes a eu à se prononcer sur cette matière, le 4 février 1806 ; ce qui prouve au moins que ce dernier commentaire n'est pas aussi futile qu'il aura pu le paraître aux jurisconsultes.

Sur la demande intentée par la demoiselle Boissin, contre son frère, pour obtenir le partage de la succession de leur père commun, intervint le 3 fructidor an 12, jugement du tribunal de l'Argentière, qui ordonne qu'il serait procédé au partage en deux lots égaux, sur l'état qui serait donné par la partie la plus diligente.

Appel pour contravention aux art. 824, 828 et 834 du Code Napoléon.

TRAITÉ

Arrêt Textuel.

LA COUR,

Considérant qu'en mandant aux experts de partager en deux lots égaux les biens dont il s'agit, et d'estimer les fruits de chacun d'iceux, comme en s'attribuant la liquidation des reprises du sieur Boissin, sur les impugnations fournies contre l'état d'icelle, le premier tribunal a violé les dispositions des articles 824, 828 et 834 du Code; qu'en effet, d'après le premier de ces articles, les experts ne doivent pas être chargés de faire un partage, mais bien estimer, vérifier si les biens sont partageables, combien de parts on peut en faire, et déterminer la valeur de chacune d'elles; que d'après le second, ce n'est point devant le tribunal lui-même que les parties doivent revenir pour composer les lots, et régler les fournissemens à faire à chacun des copartageans, mais bien être envoyés devant un notaire de leur choix, ou, à défaut, nommé d'office par le commissaire; que d'après le troisième, ce n'est ni aux experts ni aux juges à former les lots, mais bien aux parties elles-mêmes, si elles peuvent s'entendre à cet égard, ou, dans le cas contraire, à un nouvel expert que le commissaire désigne; que n'étant pas permis aux tribunaux de substituer une forme arbitraire de procédure, à celle que le législateur a prescrite, il s'ensuit que le jugement dont est appel, contraire sur ces divers points aux vœux du Code Napoléon, ne peut être maintenu; et qu'en ordonnant le partage, la cour doit le fonder sur des bases régulières qui ne laissent aucune ouverture à nouveaux recours ou à cassation;

réforme, et ordonne que par experts il sera procédé sur l'état de consistance qu'en donnera la
partie la plus diligente, à l'estimation des meubles
et immeubles de la succession dont il s'agit, lesquels, après les avoir évalués, indiqueront si le
partage peut être fait immédiatement, de quelle
manière, et fixeront, en cas de division, chacune
des parts qui peuvent en être formées, et leur
valeur, pour être ensuite ultérieurement procédé
par les parties, en conformité des articles 828 et
suivans du Code Napoléon.

Enfin, pour dernier effort, ceux qui hésitent
encore sur cette dernière question, objectent l'arrêt de la cour de cassation, du 26 avril 1808, rendu
sur le recours de Savouroux, contre Marie Faure,
et dans lequel Savouroux présentait pour cinquième moyen, que l'arrêt attaqué, ordonnaitque
le partage de la succession serait fait par des experts et non par un notaire, ce qui était violer
l'art. 828 du Code Napoléon.

« Considérant, porte l'arrêt, sur le moyen pris
» de ce que l'arrêt attaqué, a renvoyé les parties
» devant des experts et non pas devant un no-
» taire, pour les opérations du partage ; que l'ar-
» ticle 828 du Code Napoléon *est facultatif* à cet
» égard ; que d'ailleurs rien ne s'oppose au choix
» du notaire ou de toute autre personne pour ex-
» pert, rejette, etc.

Mais l'objection tirée de ce dernier arrêt ne
saurait mériter une réfutation sérieuse ; il est clair
que l'art. 828 *est facultatif*, mais c'est aux tribunaux qu'il l'est, et non point aux particuliers ; et
la cour de cassation, en rejetant ce pourvoi, a
jugé, par-là, que les tribunaux inférieurs, loin de
contrevenir à la loi, avaient au contraire usé
d'une *faculté* qu'elle leur laisse de faire faire les

8.

lots d'un partage par les experts, dans le cas prévu
par la loi.

Il ne me reste plus qu'à rendre compte d'un
arrêt important rendu par la cour d'appel de
Paris, entre M. de Berulle et les frères Cornisset.
Les discussions auxquelles il a donné lieu sont
ici du plus grand intérêt; elles achèveront ce commentaire.

Il s'agit principalement de connaître à fond
l'esprit de la loi, sur l'application rigoureuse et
difficile du tirage au sort, dans les cas où les
lots des copartageans sont inégaux, ce qui a souvent désespéré ceux qui dirigent les partages.

Voici les questions soumises à la cour.

*Quoique la division d'un immeuble en autant
de parties qu'il y a de copropriétaires, soit physiquement et vraisemblablement praticable sans
incommodité, les experts doivent-ils, avant de
former des lots, déclarer indispensablement si
l'objet estimé est ou non susceptible d'être partagé sans inconvénient ? (Res. aff.)*

*Est-il des circonstances où les experts puis-
sent former des lots inégaux qui ne soient pas
tirés au sort, et les juges ordonner ce mode de
partage ? (Res. aff.)*

Quid, *lorsque le partage a lieu du tiers aux
deux tiers ?*

(Résolu qu'il y a lieu à former trois lots tirés
au sort).

*Pour éviter, autant que possible, les retours
en argent ou rentes, peut-il être enjoint aux experts de compenser l'inégalité de valeur des lots
par une plus grande étendue superficielle ? (Res.
aff.)*

Une pièce de bois de cent hectares, appelée
les Chauffours, appartenait indivisément à M. de

Berulle, pour les deux tiers, et aux enfans de *Mauléon* pour un tiers.

Cod. Nap.
Art. 824.

Ceux-ci ont vendu leur tiers indivis aux frères *Cornisset*, contre qui M. *de Berulle* a formé une demande en partage.

Il proposait qu'il fût fait trois lots, dont le tirage au sort lui en donnerait deux.

Les frères *Cornisset* ont adopté ce mode de partage; mais ils ont observé que les experts devaient préalablement indiquer dans leur rapport, si la pièce de bois pouvait se partager commodément, ainsi que le prescrivait l'art. 824 du Code Napoléon; ils demandaient encore que les experts nommés fissent l'arpentage général du terrain, et qu'en cas d'impuissance de composer des lots égaux en étendue et en valeur, ils couvrissent la différence par des retours en argent ou en rente.

M. *de Berulle* a changé alors de système, et a demandé que les experts, après avoir fait l'arpentage de l'étendue superficielle du bois, en composassent deux lots : l'un des deux tiers pour lui, du côté de la commune de Serilly; l'autre du tiers, pour les frères *Cornisset*, du côté de la commune de Berulle; ce qui convenait à toutes les parties qui avaient d'autres propriétés dans ces deux communes, et leur formait des arrondissemens; il requerrait encore, qu'au lieu de retour d'un lot à l'autre, en cas que sa valeur estimative ne s'accordât pas avec une égalité numérique d'arpens, cette différence fût réparée par une plus grande étendue superficielle.

Un jugement du tribunal civil de Paris, du 17 juin 1807, adopte ce mode; il charge les experts d'arpenter, de faire deux lots inégaux, tels qu'ils sont demandés par M. *de Berulle*; et dans le cas où le sol de l'un des lots serait de qualité inférieure, d'y attacher une plus grande étendue superficielle, en sorte que les copartageans se trouvent égalés en valeur, autant que faire se pourra, sans soute ni retour.

Les motifs sont que les lots doivent être faits dans la proportion des droits des copartageans ; que si, aux termes de l'art. 834 du Code Napoléon, les lots doivent être tirés au sort, ce ne peut être suivant les dispositions de l'art. 831, que dans ce cas des lots égaux ; que cette disposition est conforme à la raison ; que dans l'espèce où se trouvent les parties, il ne peut y avoir lieu à cette égalité de lots, conséquemment à tirer les lots au sort ; qu'alors chacun des copartageans ayant d'autres propriétés particulières, confinantes au bois des Chauffours, il est de leur intérêt respectif que les portions de bois qui doivent composer leurs lots, soient déterminées du côté de ces propriétés ; qu'il n'est pas moins de leur intérêt que les experts évitent des retours de partages, en ne s'astreignant pas dans la composition des lots à une quantité d'arpens égale en nombre, et en consultant la qualité du terrain, pour compenser, par l'étendue, la différence de valeur.

Les frères *Cornisset* se sont rendus appelans, et ont insisté au partage en trois lots tirés au sort, tel que l'avait proposé d'abord M. *de Berulle*, et qu'ils y avaient eux-mêmes conclu, en exigeant seulement que les experts déclarassent avant tout si le bois des Chauffours pouvait, ou non, commodément se partager.

Cette déclaration, ont-ils dit, est exigée par l'art. 824 du Code Napoléon, où on lit que le procès-verbal des experts estimateurs doit présenter les bases de l'estimation, et indiquer si l'objet estimé peut être commodément partagé, de quelle manière ; fixer enfin , en cas de divi- Cod. Nap.
Art. 824. sion , chacune des parts qu'on peut en former , ainsi que leur valeur.

C'est pourquoi , avant tout , les tribunaux doivent, d'apres le vœu du législateur , s'assurer si les immeubles indivis sont susceptibles de division en autant de parts qu'il y a de copartageans.

Sans doute, chaque copropriétaire a droit de demander sa part en nature des immeubles communs (art. 826) ; mais cette règle est subordonnée dans son exécution aux circonstances qui peuvent la modifier. D'abord il faut que le partage en nature puisse se faire sans détériorer les choses indivises , et sans en diminuer la valeur ou la jouissance d'une manière sensible. En outre les convenances , la situation des parties , les considérations locales influent plus ou moins sur la question de savoir si tel immeuble se partagerait avec commodité ou incommodité, tellement que ce qui serait divisible dans un cas, cesserait de l'être de l'autre.

Le but de la disposition du Code est de prévenir une double opération et une double dépense. En effet, il serait possible que tel objet, qu'au premier coup d'œil on jugeait partageable, offrît, dans sa division, en autant de lots qu'il y aurait de copartageans, des inconvéniens qui n'auraient été ni remarqués ni sentis ; qu'en conséquence plusieurs des parties provoquassent, d'après cela, une licitation à laquelle les autres se refuseraient ; il était donc utile que la loi chargeât les experts d'aviser au mode le plus convenable de faire cesser l'indivision, et d'indiquer ce qui était le plus avantageux , d'une division en nature ou d'une licitation , puisque c'était le moyen de parer à un incident propre à doubler les frais et à éloigner la jouissance de chacun.

Sans doute l'opinion particulière d'un ou de deux experts, souvent dictée par la partialité, ne doit pas faire taire le droit des copartageans, d'obtenir une portion effective d'immeuble, si cela est possible; aussi n'est-ce qu'un avis qu'ils doivent donner, avis dont la justice a le pouvoir d'apprécier le mérite, et que les parties sont libres de combattre. L'essentiel était de mettre sous les yeux des magistrats les motifs d'après lesquels ils pouvaient se déterminer, de leur fournir le moyen de comparer les avantages et les inconvéniens, et de faire pencher la balance vers le parti le plus utile; car, en pareille matière, l'intérêt général est la boussole des tribunaux.

Dès que le rapport des experts est pour eux un renseignement, et non une règle invariable, les premiers juges, quoique les bois dont il s'agit parussent infailliblement partageables en trois parties, n'ont pu dispenser les experts de faire la déclaration qu'exige la loi dans une disposition générale, applicable à tous les partages, sans exception, sauf à n'accorder au rapport que le degré de confiance qu'il mériterait, et à se déterminer d'après la conviction propre qu'ils se seraient formée. En supposant le bois des Chauffours partageable, il doit être fait autant de lots qu'en exigent les droits des parties. Dans l'espèce, les droits des parties dans la chose commune étant des deux tiers au tiers, il faut nécessairement trois lots. C'est le vœu de l'art. 832 du Code Napoléon, qui, après avoir invité les personnes chargées de former les lots à ne point morceler les héritages, ni diviser les exploitations: mais au contraire, à prendre de proche en proche, prescrit dans l'art. 834, le tirage au sort, comme le moyen le Cod. Nap. Art. 824. plus juste, comme la garantie de l'égalité que les soultes ou retours ont dû établir.

Ainsi, par-tout le Code Napoléon veut qu'il y ait autant de parts qu'en demande la nature de la division à faire. La nécessité impérieuse du tirage au sort, quand les parties ne sont pas disposées à s'arranger à l'amiable, ne permet pas aux tribunaux d'adopter une autre forme de lotissement, sous prétexte qu'une des parties aurait le double des autres.

C'est même de la part des premiers juges, tombés dans l'arbitraire, d'assigner le lot de chacun à prendre dans tel ou tel autre point : la loi laissant au sort à déterminer ces lots, à en indiquer les propriétaires, est évidemment violée par une pareille décision, qui ressemble plus à une composition qu'à une disposition judiciaire.

Au reste, une division en trois lots, d'une pièce de terre de deux cents arpens, peut se faire évidemment sans inconvénient, et rien ne s'oppose à ce que le hasard détermine la propriété de chaque part, sur-tout si l'on fait attention qu'elle peut être composée de proche en proche, et qu'il est facile de faire en sorte que, dans tous les cas, le propriétaire des deux tiers ait toujours une issue par-dessus lui, sans être obligé de demander partage à ses copartageans.

Si M. *de Berulle* trouve de l'avantage à ce que sa partie de bois touche ses autres propriétés, ce n'est pas une considération propre à faire fléchir la disposition de la loi, qui n'attache d'importance qu'à la conservation, dans leur entier, des héritages communs, et au rapprochement des parties dont chaque lot est susceptible d'être composé.

Les premiers juges n'ont pas moins enfreint la

la loi, en prescrivant aux experts de ne point rappeler les lots au taux commun de l'estimation par des retours ou soutes, puisque l'article 833 veut que si l'obligation de ne pas morceler et de ne pas diviser les exploitations, celle de faire entrer dans chaque lot la même quantité d'immeubles (1), produisent de l'inégalité dans les lots en nature, cette inégalité soit compensée par un retour, soit en rente, soit en argent.

Il résulte encore de ces dispositions, que, contre ce qui a été décidé par le tribunal de Paris, la loi veut, dans le partage du bois des Chauffours, que chaque lot comprenne le tiers de la surface, sauf à couvrir la différence des valeurs par un rapport numérique.

M. *de Berulle* s'est attaché à établir qu'une pièce de bois de deux cents arpens était essentiellement partageable; que l'article 824 du Code ne s'appliquait qu'à un objet susceptible de présenter des doutes sur la possibilité de sa division en autant de parts qu'il y aurait de copartageans, sur-tout si parmi eux il y en avait dont les droits fussent très-modiques; mais qu'ici ne se trouvant que deux partageans, il était évidemment inutile d'exiger des experts une déclaration de cette nature, d'autant mieux que s'ils eussent opiné pour la licitation et opéré en conséquence, les juges eussent dû passer outre, et ordonner une composition de lots. Le législateur a disposé pour les cas les plus ordinaires: dès que l'on sort de la thèse commune, et que ce qu'il a réglé ne trouve plus d'application, c'est une superfétation de surcharger le travail des

_____

(1) Art. 832 du Code Napoléon.

experts : cela ne peut tendre qu'à entraver l'opéra- Cod. Nap.
Art. 824.
tion et à la rendre plus dispendieuse.

Il résulterait d'ailleurs de-là, que les experts seraient, pour ainsi dire, maîtres de forcer la licitation contre toute évidence, suivant leurs passions ou l'influence qu'ils auraient reçues.

Si les juges peuvent s'écarter de leur avis, lorsque leur conviction est différente, ne peuvent-ils pas également, quand cette conviction est formée d'avance, sans le secours des experts, prononcer qu'il y a lieu de partager ?

Secondement, les rédacteurs du Code ont statué pour le cas où les lots seraient égaux. Ce cas devait arriver journellement, par l'appel de tous les successibles à recueillir, dans une proportion uniforme, les biens d'un défunt ou par tête ou par souche ; mais leur disposition n'est pas tellement limitative, qu'elle exclue les circonstances où les droits des parties seraient inégaux, ce qui arrive pour les sociétés auxquelles ce mode de partage héréditaire s'applique. Il peut se faire que deux particuliers ayent acquis ensemble un même objet dans des proportions très-éloignées ; par exemple, l'un pour un vingtième, et l'autre pour le surplus. Ne serait-ce pas prêter au législateur une absurdité, de prétendre qu'il eût voulu soumettre la chose commune à souffrir une division en vingt parties, dont l'un en prendrait dix-neuf, et son copropriétaire une seulement, le tout par la voie du sort, qui placerait peut-être le possesseur du vingtième au milieu des propriétés de son communiste ?

Dans de telles conjonctures, s'attacher à la lettre de la loi, ce serait en contrarier l'esprit, et vouloir blesser les intérêts respectifs des parties.

A quoi tend le partage ? à faire cesser l'indivision pour la plus grande utilité de tous les copropriétaires. C'est cette utilité, c'est la convenance, c'est la commodité de chacun, qui doivent être l'objet continuel de l'opération. Quand les droits sont égaux, il n'y a point d'inconvénient à ce que les lots soient distribués par le sort; s'ils sont disproportionnés, le sort contrarie l'intérêt commun, il est en opposition avec la règle qui défend de morceler, et qui ordonne que chaque propriétaire réunisse ses propriétés, autant que possible, dans un arrondissement, au lieu de les avoir éparses dans différens lieux; il détruit le plus souvent la convenance, la commodité. Dans l'espèce, il y a utilité et commodité à ce que le lot de M. *de Berulle* soit du côté de Serilly, et celui des frères *Cornisset* du côté de Berulle, puisque les propriétés de l'un et des autres seront contiguës au bois. Cette mesure rentre dans la prohibition générale du morcèlement, et dans l'obligation de lotir de proche en proche; elle est dictée par le même esprit. Il y a encore utilité et commodité, même nécessité, d'après la règle du Code, que les deux parts de M. *de Berulle* ne se trouvent pas séparées, et forment un continent: les isoler, comme peut faire le sort, c'est évidemment opérer contre le vœu de la loi, toujours d'accord avec l'intérêt commun.

Pour s'en convaincre de plus en plus, il suffit de faire attention que, dans le cas où quelques copropriétaires auraient droit seulement à de petites fractions de la masse immobilière, le partage serait impraticable, et qu'il faudrait recourir nécessairement à la licitation contre le texte de l'article 826 du Code, qui attribue à chacun sa part en nature, à moins que l'intérêt général ne s'y oppose, et l'intérêt de la plus petite partie n'est pas l'intérêt général.

En troisième lieu, dès que chacun doit obtenir Cod. Nap.
Art. 824. le plus possible en nature, il résulte que c'est suivre l'esprit de la loi, d'éviter les retours, lorsqu'il y a moyen de rendre les lots égaux, en s'attachant moins, dans leur composition, à l'étendue superficielle qu'à la valeur estimative. L'article 832 ne demande la même quantité d'immeubles dans chaque lot, qu'autant que cela est possible, eu égard à leur valeur, sauf à compenser l'inégalité par des retours ; de manière qu'il y a lieu à retour uniquement lorsqu'on ne peut, en nature, atteindre à une valeur uniforme.

Voilà ce qu'ont décidé les premiers juges, et leur opinion est fondée sur le vrai sens de la loi.

Du 19 janvier 1808, troisième section, présidée par M. *Agier*, plaidant MM. *Gicquel* et *Gayral*. Arrêt par lequel :

LA COUR,

« Sur la première question : attendu que bien
» qu'il soit évident qu'une pièce de bois de cent
» hectares est essentiellement divisible, et qu'il
» soit même très-vraisemblable qu'elle peut se
» diviser commodément, néanmoins il est ab-
» solument possible que, par l'effet des circons-
» tances locales, la division ne puisse pas avoir
» lieu sans inconvénient pour les parties, et sans
» dépréciation de l'immeuble à partager ; que
» c'est pour cela que la loi, article 824 du Code
» Napoléon, statue, par une disposition générale,
» que dans tous les cas de partage, et quel qu'en
» soit l'objet, les experts nommés pour l'estimation
» des immeubles commencent par indiquer, dans
» leur procès-verbal, si l'immeuble estimé peut
» être commodément partagé ; qu'il peut en résulter

» des abus par la complaisance coupable des
» experts, qui, à la sollicitation de quelques-unes
» des parties ou de leurs avoués, et pour donner
» lieu à des licitations, s'aviseraient de décider
» que les objets les plus divisibles ne le sont pas;
» mais qu'ils ne font, après tout, que donner un
» avis dont les magistrats sont les juges, et qu'on
» est maître de ne pas suivre, s'il n'est fondé sur
» des motifs justes et raisonnables.

    » Sur la seconde question: attendu que si le
» Code Napoléon dispose, art. 831, qu'après les
» prélèvemens à faire par les cohéritiers, il sera
» procédé, sur ce qui reste dans la masse, à la
» composition d'autant de lots égaux qu'il y a
» d'héritiers copartageans, c'est qu'il statue dans
» le cas le plus ordinaire, où les droits des
» copartageans sont égaux, et que c'est pour cela
» que dans cet article même, il parle de lots égaux;
» mais qu'il n'a nullement entendu par-là exclure
» la composition des lots dans les autres cas, où
» les droits des copartageans se trouveraient iné-
» gaux; que la règle souveraine, en matière de
» partage, est l'égalité, dont la formation des
» lots, et leur tirage au sort, prescrit par l'ar-
» ticle 834 du Code Napoléon, sont les seuls
» garans incontestables; qu'il faut conséquem-
» ment s'attacher à ce mode, toutes les fois que
» les circonstances ne le rendent pas impraticable,
» comme il pourrait arriver si l'un des coparta-
» geans était fondé dans l'immeuble à partager,
» pour une portion infiniment petite; qu'un mince
» objet nécessiterait des opérations aussi pénibles
» que dispendieuses; qu'un partage du tiers aux
» deux tiers n'entraîne pas cet inconvénient,
» puisqu'il n'exige que la formation des trois lots;
» qu'il peut même se faire avec de justes précau-

» tions, conformément au vœu de la loi, de ma- Cod. Nap.
Art. 824.
» nière à ne pas morceler les exploitations ni di-
» viser l'héritage; qu'à l'égard de la convenance
» des parties, relativement aux immeubles qu'ils
» possèdent, autres que ceux dont il s'agit, elle
» n'est d'aucune considération dans un partage
» judiciaire.

» Sur la troisième question : attendu que les
» premiers juges n'ont point dit impérativement
» que les experts feraient les lots sans soute, mais
» qu'ils ont seulement dit que, dans le cas que
» le sol attribué à l'une ou à l'autre des parties se
» trouverait d'une qualité inférieure, ils indemni-
» seraient cette partie par une plus grande étendue
» superficielle, en telle sorte que les copartageans
» fussent égalés, autant que faire se pourrait,
» en valeur, en proportion de leurs droits, sans
» retour ni soute l'un envers l'autre, ce qui est
» raisonnable, et n'a rien de contraire à la loi.

» Faisant droit sur l'appel interjeté par les
» frères *Cornisset*, du jugement rendu au tri-
» bunal civil de Paris, le 17 juin dernier, dit
» qu'il a été mal jugé aux premier et second chefs,
» sur lesquels porte l'appel des frères *Cornisset*,
» ensemble dans la disposition relative aux dé-
» pens; émendant, quant à ce, décharge les frères
» *Cornisset* des condamnations contr'eux pro-
» noncées; faisant droit au principal, ordonne
» que, par les experts qui procéderont à la visite
» des bois, il sera déclaré avant tout, si dans
» l'intérêt des parties lesdits bois peuvent com-
» modément se partager, comme aussi que, dans
» ce dernier cas, ils partageront le tout en trois
» lots; de manière, s'ils est possible, que chacun
» des lots communique aux deux autres, sans
» être obligé de passer sur le second pour arriver

126 TRAITÉ

Cod. Nap. » au troisième , lesquels trois lots seront tirés au
Art. 824. » sort ; savoir, un par les appelans, et deux par
» l'intimé ; condamne l'intimé aux dépens des
» causes principales, le jugement au résidu ; et
» par les motifs y exprimés, sortissant effet,
» condamne pareillement l'intimé aux dépens de
» la cause d'appel; ordonne que l'amende con-
» signée sera rendue (1). »

Art. 825.   « ART. 825. L'estimation des meubles, s'il n'y
» a pas eu de prisée faite dans un inventaire ré-
» gulier, doit être faite par gens à ce connaissant,
» à juste prix et sans crue. »

La crue, disent les auteurs du Répertoire universel de jurisprudence, et, d'après eux, les auteurs des Pandectes françaises, a été introduite
pour suppléer ce qu'on juge manquer à la juste
valeur des objets mobiliers compris dans un inventaire, sur la prisée qui en est faite dans cet acte.

L'usage d'estimer les meubles au-dessous de
leur valeur, est venu de ce qu'un édit de Henri II,
du mois de février 1556, rendit les apréciateurs
des meubles garans de leur estimation, et défendit
de vendre les meubles au-dessous de la prisée sans
une ordonnance de justice. Il est arrivé de là, que
pour éviter cet inconvénient, on a pris le parti
de faire l'estimation à bas prix, et l'on s'est mis
dans l'usage, quand il n'y avait pas de vente,
d'augmenter la prisée pour porter les meubles à
peu près à leur valeur; c'est cette augmentation
que l'on appelle la crue. En Bretagne on l'appelait
plus value, ce qui est la même chose. C'est aussi
le nom que lui donne Boucher (2).

---

(1) On verra sous l'article 834 le développement d'une nouvelle
jurisprudence à cet égard.
(2) Bibliothèq. du droit français.

Plusieurs commentateurs (1) l'appellent *quint* Cod. Nap.
en sus, ou cinquième denier, parce que suivant Art. 82⁵.
l'usage des provinces sur les coutumes desquels
ils ont écrit, elle était réglée au quart en sus,
ce qui fait un cinquième au total; mais M. Boucher
d'Argis a fort bien observé que ce terme de *quint
en sus*, employé par les commentateurs, pour
exprimer la crue *du quart* en sus, n'était pas
juste; en effet, le *quint en sus* ne forme qu'un
sixième au total, au lieu que le *quart en sus*,
terme dont il fallait se servir, fait un cinquième
au total.

Dans plusieurs coutumes où la crue est aussi
du quart en sus de la prisée, on la nomme indifféremment *parisis* ou *crue*, parce que le terme
parisis signifie cinq sous pour livre, qui font de
même un quart d'augmentation; c'est pour cela
que dans les coutumes où la crue n'est que d'un
huitième, comme dans celle d'Etampes, on l'appelle *demi parisis*; en effet, deux sous et demi
pour livre font un huitième.

On ne connaissait point la crue dans le ressort
des parlemens de Droit écrit, elle était également
inconnue dans le Roussillon, l'Alsace, et dans
les Coutumes de Blois, Normandie, Saint-Quin-
tin, Artois et Lorraine.

Dans la Coutume de Paris, et dans la plupart
des autres, la crue était *du quart* en sus de la
prisée, c'était le taux le plus généralement adopté.

Il y avait certains meubles qui n'étaient pas
sujets à la crue; tels étaient, par exemple, les effets
d'argent appelés vaisselle platte ou argenterie,
qui s'estimaient suivant leur poids à *tant* le marc.

<hr/>

(1) Entr'autres ceux des Coutumes du Poitou et de Bourbonnais.

Telles étaient encore les actions des compagnies de commerce , etc.

Il est inutile d'entrer ici dans plus de détails ; je n'ai voulu que donner une idée de cette matière , pour le passé , à ceux qui peuvent l'ignorer.

Maintenant tout cela n'est plus admis ; une loi uniforme régit la France sur ce point : les deux Codes Napoléon et judiciaire l'ont établi d'une manière positive , l'un par l'article qui nous occupe , l'autre par l'article 943.

Art. 826.

« ART. 826. Chacun des cohéritiers peut de-
» mander sa part en nature des meubles et im-
» meubles de la succession ; néanmoins , s'il y a
» des créanciers saisissans ou opposans , ou si la
» majorité des cohéritiers juge la vente néces-
» saire pour l'acquit des dettes et charges de la
» succession , les meubles sont vendus publique-
» ment en la forme ordinaire. »

Lois anciennes qui ont rapport à cet article.

Argum. ex leg. 26 , ff. famil. eriscund. Leg. 28, ff. eod.

Cet article est conforme à notre ancienne jurisprudence.

On peut demander aujourd'hui si l'un des héritiers pourra empêcher la vente des meubles , en offrant des deniers suffisans pour payer les dettes. Quoique le Code Napoléon ne prévoie point cette question , il semble qu'on ne peut trouver aucune difficulté à décider l'affirmative ; car alors aucune des parties n'a d'intérêt à la vente ; c'est là l'opinion de M. de Malleville , de MM. Delaporte et Riffé-Caubrai.

Mais au cas où la vente est demandée par le plus grand nombre des héritiers , l'un d'eux ne pourrait plus , comme autrefois , exiger qu'il ne fût vendu des meubles que jusqu'à concurrence Cod. Nap.
Art. 826. des dettes, et que quelques-uns des meubles fussent compris dans la vente préférablement aux autres. La loi, dans cette partie, ne fait pas dépendre la vente de l'existence des dettes, mais de la décision du plus grand nombre des héritiers : observez bien les deux cas où les meubles doivent être vendus, l'un s'il y a des créanciers saisissans ou opposans, l'autre si la majorité des héritiers le veut ainsi. Celui qui ne serait pas de l'avis commun, n'aurait que la faculté de se rendre adjudicataire des meubles ou de ceux qu'il lui importerait de conserver.

La vente se fait conformément à ce qui est prescrit par le Code de procédure, art. 945 et suivans.

Ces formalités doivent nécessairement être remplies quand il y a absence ou minorité ; si on les négligeait, les héritiers à la requête desquels on aurait procédé, s'exposeraient à des recours et à des dommages intérêts.

Mais quand tous les héritiers sont présens et majeurs, ils peuvent, étant tous d'accord, faire la vente en la forme que bon leur semble.

« ART. 827. Si les immeubles ne peuvent pas Art. 827.
» se partager commodément, il doit être procédé à la vente par licitation devant le tribunal.

» Cependant les parties, si elles sont toutes
» majeures, peuvent consentir que la licitation
» soit faite devant un notaire, sur le choix duquel
» elles s'accordent. »

Lois anciennes qui ont rapport à cet article.

Edict. perpet., lib. 10, *tit.* 2. *Leg.* 22, § 1. *Leg.* 30 et 55, *ff. famil. eriscund. Leg.* 3, *cod. commau. divid.*

9.

Il faut commencer par bien connaître ce que c'est que *licitation*.

Ce mot vient de *licet*, *il est permis*. C'est une aliénation de biens qui ne peut se faire qu'avec *la permission* de la justice ; neanmoins, en conservant le mot qui semble toujours supposer l'attache d'une autorité supérieure, on en a étendu l'application à des circonstances dans lesquelles on n'a besoin d'aucune autorisation.

Les Romains, presque toujours nos modèles et nos maîtres en législation, nous ont donné des principes sur les licitations : il est vraisemblable qu'ils les tenaient eux-mèmes des Grecs ; on les trouve dans la loi des douze tables, dans l'édit perpétuel, et dans les titres du Digeste et du Code qui viennent d'être cités.

Ces principes peuvent se rendre à six. 1.° La licitation n'est point une vente, mais une maniere de partager un des effets de l'action *communi divid.* ; c'est, en un mot, le complément du partage.

Communi dividundo judicio consiste et ea actione universum prædium, si licitatione viceris, consequeris ; quod si divisio prædii sui cujusquam injuriâ, commode fieri potuerit, portionam suis finibus tibi adjudicatum possidebis (*edit. perpet.*, *lib.* 10).

L'action en partage a, comme on le voit par ce texte, deux fins ou deux objets : la division et la licitation ; l'une et l'autre sont également l'effet du partage, ce sont deux manieres égales de partager.

La licitation a lieu, non seulement entre cohéritiers, mais encore entre codonnataires, colégataires et coassociés, en un mot, entre tous copropriétaires d'une même chose. *Inter coheredes et socios nil interest cum societate vel sine societate,*

res inter aliquos communis sit, societate res
communis est, veluti inter eos qui pariter eam-
dem rem emerunt; sine societate communis est,
veluti inter eos quibus eadem res testamento le-
gata est.

Ainsi, toutes les fois que deux ou plusieurs copropriétaires indivis d'une même chose. vendent cette chose commune pour en diviser le
prix entr'eux, c'est une licitation, et cette licitation est un partage; la vente que font faire deux
conjoints, par un mariage d'un immeuble dépendant de la communauté qu'il s'agit de partager,
est de même une licitation.

Il y a lieu à la licitation toutes les fois que la
chose commune ne peut pas se partager commodément; *cum commode dividi aliquis ager inter*
socios non potest. (Leg. 3 , code comm. div.)

On voit que la disposition du Code Napoléon
est la traduction de ce texte.

On voit par ses propres termes qu'il n'est point
nécessaire que le partage soit physiquement impossible, ou même très-difficile, il suffit qu'il ne
puisse se faire *commodément*; comme si la division occasionnait la dépréciation de chaque partie,
on rendait la possession et la jouissance onéreuses
ou incommodes, c'est ce qui résulte des termes de
la loi, que les experts ne doivent jamais oublier.
(Voy. les observat. sur l'art. 824.)

Quand tous les copropriétaires sont majeurs et
usant de leurs droits, ils peuvent convenir que
la chose commune, quoique la division puisse
s'en faire aisément, sera licitée, *quæ neque di-*
visit, neque dividi voluit.

La licitation est précédée d'une estimation de
la chose qu'on veut liciter *estimatio ne justa*
facta; cette estimation est requise pour éclairer

les licitans sur le prix auquel l'objet doit être porté.

Suivant les lois romaines, la licitation ne pouvait se faire que devant des juges délégués par le préteur, *prætor arbitrios tris datod* (1).

On appelait les étrangers à enchérir (2). Non seulement ces formalités ont été reçues en France, mais elles ont été encore augmentées, plus ou moins, selon la diversité des Coutumes. Dans le ressort du Châtelet de Paris, on suivait, à la rigueur, l'arrêt de réglement du 28 juillet 1708.

Il fallait pour que la licitation fût valable, 1.° qu'une estimation préalable fût faite par experts nommés et assermentés en justice; 2.° qu'une enchère ou mise à prix fût déposée au greffe, avec le cahier des charges et conditions, par le poursuivant; 3.° que trois affiches ou publications eussent successivement eu lieu de quinzaine en quinzaine, et qu'il y eût eu procès-verbal dressé; 4.° que l'adjudication fût faite, audience tenante, aux lieux et heures indiqués.

Maintenant les formes de la licitation sont déterminées par le Code de procédure. Nous aurons occasion d'y revenir sur l'art. 972.

La licitation en justice n'est absolument nécessaire que quand il y a des héritiers mineurs; dans ce cas, les étrangers sont nécessairement admis à enchérir, parce que l'on doit faire ensorte que le prix soit porté au plus haut possible; lorsqu'ils sont tous majeurs, ils peuvent faire la licitation à l'amiable devant un notaire qu'ils choisissent; alors elle peut être concentrée entre les héritiers

---

(1) Texte de la loi des douze tables.
(2) Leg. 3, cod. comm. div.

seulement, et l'objet licité est adjugé à celui qui Cod. Nap.
Art. 827.
en offre le plus.

Cependant si l'un des héritiers n'a pas de deniers suffisans pour se rendre adjudicataire, et
qu'en conséquence il ne puisse pas enchérir, il
peut exiger l'admission des étrangers (1).

Les héritiers peuvent aussi, sans cela, convenir que les étrangers sont admis à enchérir, et
c'est ce qui arrive le plus ordinairement. *Ad licitationem nonnunquam extraneo emptore ad-
misso.*

La licitation étant une manière de partage, il
s'ensuit que, quand l'adjudication est faite à l'un
des copropriétaires, l'effet est le même que si la
chose fût échue dans son lot, sous la charge d'un
retour ou soute en argent; il est censé avoir toujours été propriétaire de la totalité de la chose licitée. Le cohéritier adjudicataire est réputé avoir
succédé au défunt à la totalité de l'héritage ou
immeuble.

Ces principes furent d'abord observés sans difficulté, et il paraît que, même après l'établissement du système féodal, les licitations ne donnèrent lieu d'abord à aucune difficulté.

Mais vers le commencement du seizième siècle,
les seigneurs, comme le remarque d'Argentré (2),
ont prétendu aux droits auxquels les ventes don-
naient ouverture, ils ont d'abord réussi.

Bientôt le savant Dumoulin s'éleva avec force
contre ce système (3). Il établit que la licitation
n'étant qu'une manière de partager, elle ne devait

(1) Leg. 3, cod. commun. divid.
(2) Sur l'ancienne Coutume de Bretagne.
(3) Sur la Coutume de Paris, tit. des fiefs.

point opérer d'autres effets que le partage, et il
fit changer la jurisprudence.

Il alla plus loin encore dans son Traité des cen-
sives : non seulement il décida, comme il l'avait
déjà fait, que la licitation entre cohéritiers ne
donnait ouverture à aucune espèce de droit sei-
gneuriaux, mais il ajouta que le seigneur n'avait
rien à prétendre, même dans le cas où les étrangers avaient été admis à enchérir.

Cette décision conforme aux saines maximes,
fut admise et insérée dans les Coutumes lors de
leurs réformations. C'est d'après les mêmes principes que l'on décidait que l'héritage adjugé à
l'un des cohéritiers, sur licitation, formait un
propre pour le tout.

Ces décisions ne peuvent plus servir pour les
fiefs ou pour les propres qui n'existent plus ; mais
elles doivent faire conclure que quand l'héritage
ou l'immeuble est adjugé à un des cohéritiers,
il n'y a pas lieu aux droits auxquels sont sujets
les actes portant mutation de propriété.

De même que dans un partage fait avec retour
en deniers, le cohéritier auquel est échu le lot le
plus fort, est censé avoir succédé à tout ce qui se
trouve dans son lot, à la charge du retour ; de
même, dans les licitations, le cohéritier adjudicataire est censé avoir été seul saisi de l'héritage,
et n'en tenir aucune part de ses cohéritiers auxquels il est seulement chargé de payer, dans le
prix de la licitation, une somme proportionnelle,
à la part qu'ils ont dans la succession. Cette somme
que le cohéritier adjudicataire doit à chacun des
autres, est considérée comme une soute ou retour
de partage dont il est chargé envers chacun d'eux.

En conséquence, dans la licitation, comme
dans le partage, les hypothèques que les autres

héritiers auraient pu imposer sur l'objet licité s'éva- Cod Nap.
nouissent, et l'adjudicataire n'en est nullement Art. 827.
tenu (1).

Quant aux formalités de la licitation, elles doivent etre exactement observées quand elle se fait
avec un mineur : il était même d'usage autrefois
de lui faire nommer un tuteur *ad hoc* ou spécial,
pour l'assister dans cette procédure. Le Code Napoléon n'exige plus cette nomination pour ce cas
particulier : il ne demande pas même que le tuteur ordinaire soit autorisé par la famille, quand
la licitation est provoquée par un cohéritier majeur : mais l'article 838 que nous examinerons
bientôt, exige cette formalité dès le commencement du partage, quand il y a plusieurs mineurs
qui y ont des intérêts opposés.

Voici maintenant les arrêts les plus importans
qui ont été rendus sur cette matière, depuis
l'émission du Code Napoléon.

Pour ordonner la licitation d'une maison, est-
il nécessaire que le partage ne puisse s'en faire
sans soute ni servitude ?

C'est sur quoi le tribunal d'appel de Lyon a eu
à prononcer le 30 nivôse an 12, dans l'espèce suivante.

Jean-Marie Mandron était propriétaire par
indivis des deux tiers d'une maison située à la
Guillotière.

L'autre tiers appartenait aux mariés Dolora.
Ces derniers voulant sortir de l'indivision, firent

---

(1) Dumoulin, sur la Coutume de Paris, art. 22, et au tit. des
Successions. Lebrun, des Successions, part. 4, chap. 1, n.º 21 et
33. Poth. eod. chap. 4. Brodeau, sur Paris. Pontanus, sur Blois,
art. 88. Mornac ad leg. 1. cod. commun. divid. Loisel en ses institut. coutum., tit des cens, art. 13. Coquill, quest. 32. Boutarie,
des lods, § 4, 9, 16.

assigner Mandron par devant les juges de Lyon, afin de voir ordonner la licitation de la maison, attendu qu'elle n'était pas divisible.

Celui-ci soutient que le partage est possible et qu'il n'y a pas lieu à licitation.

Premier jugement qui « ordonne que les par- » ties sont reçues à nommer et convenir d'ex- » perts, à l'effet de vérifier si l'immeuble indivis » dont il s'agit peut être commodément divisé » en trois lots sans soute, retour, servitude, ni » construction ; et que dans ce cas, les experts » indiqueront les portions dont chaque lot sera » formé. »

L'expert nommé par Dolora a déclaré dans son rapport que la maison n'était point partageable.

Celui de Mandron a reconnu au contraire qu'on pouvait la diviser, mais en imposant une servitude.

Second jugement qui ordonne que l'immeuble sera licité, et que les étrangers seront appelés.

Mandron interjette appel de ces deux jugemens; il soutient que le premier est en opposition directe avec l'article 833 du Code, qui veut que l'inégalité des lots se compense par un retour, soit en rente, soit en argent.

S'il en était autrement, il en résulterait presque toujours une impossibilité absolue de partager un immeuble, parce qu'il en est peu qui soient susceptibles d'une division égale dans toutes les parties. S'il s'agit d'une maison, le premier étage aura plus de valeur que le second, celui-ci que le troisième.

Voudrait-on même bâtir exprès deux corps de logis contigus et de même valeur, sous quelques rapports, l'un d'eux sera toujours préféré.

Souvent une maison n'a qu'une entrée, un es- Cod. Nap.
calier, un puits, une cour, et d'après le jugement Art. 827.
dont est appel, on ne pourrait la partager, parce
que l'un des lots serait nécessairement grevé d'une
servitude envers l'autre. Dans ce systeme, il faudrait également recourir à la voie rigoureuse de
la licitation, chaque fois que plusieurs maisons
indivises ne se trouveraient pas d'une même valeur entr'elles, ni d'un nombre égal à celui des
copropriétaires; il faudrait presque toujours liciter les immeubles ruraux, parce que ils sont rarement d'une même nature et d'un même prix,
ce qui répugne au bon sens, à la raison, et qui
blesse même la justice; le premier jugement doit
donc être réformé.

Les actes qui l'ont suivi ne peuvent pas recevoir
leur exécution. L'expert qui a déclaré la maison
impartageable, ne s'est déterminé à adopter cet
avis que d'après la marche qui lui avait été tracée
par les juges, et la défense qu'ils lui avaient faite
d'imposer une soute, en cas d'inégalité dans la
valeur des lots, ou une servitude à l'un d'eux en
faveur de l'autre. S'il avait pu régler son estimation d'après la loi, et jouir de toute la latitude
qu'elle lui accordait, sans doute il eût émis une
décision contraire.

Ainsi, cet expert contrarié dans sa détermi-
nation et sa volonté, pour le jugement, n'a pu
valablement opérer. Sa décision doit, ainsi que
les deux jugemens, être annullés.

Les mariés Dolora, au lieu de chercher à justifier les motifs adoptés par les premiers juges,
soutenaient que dans le fait le partage était impraticable; qu'aux termes de l'art. 832 on doit
éviter, autant que possible, de morceler les héritages; que c'est pour se conformer à cet article,

que le tribunal civil avait ordonné la licitation, comme offrant plus d'avantages aux copropriétaires, et qu'on ne pourrait s'empêcher d'adopter la marche qu'il avait suivie, et de confirmer le jugement dont est appel.

Jugement textuel.

La question a été de savoir si l'on doit ordonner la licitation ou le partage de l'immeuble indivis.

Considérant qu'à la forme de l'art. 827 du Code Napoléon, si les immeubles ne peuvent pas se partager commodément, il doit être procédé à la licitation ;

Considérant qu'à la forme de l'article 832, pour la formation des lots, on doit éviter le morcellement des héritages ;

Considérant que l'article 835 porte, etc.

Considérant qu'il paraît certain que la maison dont il s'agit est divisible ;

LE TRIBUNAL,

Dit qu'il a été mal jugé par les premiers juges, bien appelé ; émendant, ordonne qu'il sera procédé au partage de la maison dont il s'agit.

J'ai connaissance de deux autres arrêts essentiels sur les licitations. l'un rendu par le tribunal d'appel de Paris, le seize messidor an 11, dans la cause de l'hoirie de la femme Marguet, l'autre émané le 3 prairial an 12, de la cour d'appel de Rouen, pour régler des débats entre les successeurs de la veuve Jubert de Bouville ; mais le Code de procédure ayant tranché les questions les plus importantes qui avaient donné lieu à ces arrêts, il devient inutile d'en rendre compte ici. Du reste on y trouvera la confirmation de la plupart des principes que nous avons déjà établis.

Cod. Nap. Art. 827.

« ART. 828. Après que les meubles et immeu-
» bles ont été estimés et vendus, s'il y a lieu,
» le juge commissaire renvoie les parties devant
» un notaire dont elles conviennent, ou nommé
» d'office, si les parties ne s'accordent pas sur le
» choix.

Art. 828.
—
Voy. les
art. 976
et 977 du
Code de
procéd.

» On procède devant cet officier aux comptes
» que les copartageans peuvent se devoir, à la
» formation de la masse générale, à la compo-
» sition des lots, et aux fournissemens à faire à
» chacun des copartageans.

L'opération du notaire, dit le savant M. Pigeaud, se compose de cinq parties principales, de la formation de la masse, de la déduction des dettes, des prélèvemens, de la composition des lots, de la clôture du partage.

On va développer successivement les règles qui concernent chacune de ces opérations, spécialement dans le cas de la communauté où elles sont le plus compliquées.

PREMIÈRE OPÉRATION.

Formation de la masse.

L'art. 1476 du Code Napoléon dit que le partage des biens de la communauté est soumis aux mêmes règles que celui des biens de la succession; il faut donc procéder d'abord à la formation de la masse.

On compose cette masse des immeubles de la communauté, suivant l'estimation.

Des meubles corporels,

Du mobilier incorporel, comme les créances dues à la communauté;

Et enfin de tout ce dont les conjoints sont débiteurs envers la communauté, à titre de récompense ou d'indemnité (1468).

Ces récompenses ou indemnités sont au nombre de quatre principales :

La première est des amendes encourues par le mari, pour crime n'emportant pas mort civile (1424), et payées par la communauté si le crime emporte mort civile ; la condamnation ne frappe que la part du mari, dans la communauté, et ses biens personnels (1425). Ainsi, comme la communauté ne la paye pas, il ne lui en est pas dû récompense.

Quant aux amendes encourues par la femme, comme l'article 1424 dit que les condamnations ne peuvent s'exécuter que sur la nue propriété des biens de la femme pendant la communauté, il n'en est pas dû récompense à la communauté, puisqu'elle ne les paye pas.

La seconde est des sommes prises sur la communauté pour acquitter les dettes personnelles à l'un des deux époux (1437).

La troisième espèce de récompense est des sommes tirées de la communauté pour l'utilité personnelle d'un des conjoints.

Telles sont, 1.º les sommes payées pour le rachat de services fonciers (1437). Ainsi, pendant le mariage, la communauté a payé une somme pour libérer d'une servitude l'héritage d'un conjoint ; celui-ci profitant de la libération doit rendre la somme ;

2.º Les sommes données pour recouvrer l'immeuble d'un conjoint (*ibid*), comme si le conjoint avait aliéné avant le mariage un immeuble à réméré, et qu'on y fût rentré pendant le mariage ;

3.º Celles données pour conserver cet immeuble

(1437) ; comme si le conjoint étant poursuivi hy-
pothécairement , la communauté avait payé pour
empêcher l'éviction ; si la propriété étant contestée par un tiers , on avait été obligé de transiger
avec lui , et de lui payer une somme pour avoir
son désistement ; enfin , s'il avoit été fait de grosses
réparations , parce que la communauté ne doit
que celles d'entretien ;

4.º Celles payées par l'amélioration des biens
personnels d'un conjoint (1437) , comme pour
déssécher , défricher , planter un terrain , bâtir
dessus , etc. ;

5.º Toutes celles dont il a tiré un profit per-
sonnel (*ibid.*) , comme si une donnation lui avait
été faite personnellement sous des charges ac-
quittées par la communauté , etc. ;

6.º La dot fournie à l'enfant commun dans le
cas ci-après :

Si la dot est fournie en biens de la communauté
par le père , comme chef de la communauté , il
n'est dû aucune récompense par le mari ni par
la femme , puisque suivant l'article 1422, le mari
peut la donner pour l'établissement des enfans
communs ; que l'art. 1439 dit que la dot constituée
par le mari seul à l'enfant commun , en effets
de la communauté , est à la charge de la communauté , et que la femme acceptant , doit supporter
moitié de la dot. Cependant si la dot était inégale ;
par exemple , s'il était dit que le père dote pour
deux tiers et la mère pour un tiers , et que néanmoins la dot eût été fournie entièrement par la
communauté , la mère aurait droit de demander
récompense pour ce qu'on aurait payé pour elle
au-delà de ce tiers (1439) ; de même s'il était dit
que le père se charge entièrement de la dot , la
femme aurait droit à une récompense de la moitié

tirée de la communauté pour acquitter cette dot (*ibid.*) ; mais il faut pour cela que la dotation soit inégale ; car lorsque les pères et meres ont doté conjointement sans exprimer la portion de chacun, ils sont censés avoir doté chacun pour moitié (*ibid.*), et alors il n'y a pas de récompense. Lorsque la dot a été constituée personnellement à l'un des époux, à un enfant commun, et fournie par la communauté, celui qui a constitué la dot et en était seul débiteur, doit récompense à la communauté qui a acquitté la dette (1469);

7.° Les sommes ou biens pris dans la communauté pour doter un enfant d'un autre lit (*ibid.*)

La quatrième espèce de récompense est composée des intérêts des récompenses dues par les époux à la communauté ; ils courent de plein droit du jour de la dissolution de la communauté (1473).

DEUXIÈME OPÉRATION.

Déduction des dettes.

Comme les biens de la communauté consistent seulement en ce qui reste, les dettes payées après la formation de la masse, il faut pour déterminer le *quantum* de la communauté, faire la déduction des dettes dont elle est chargée. Il n'entre point dans le plan de cet ouvrage d'indiquer toutes les dettes qui sont à déduire sur la masse, seulement nous observerons qu'elles sont différentes, suivant que la communauté est légale ou conventionnelle, qu'on déduit lorsque la communauté est légale, à l'exception de celles que les époux ont exclues par la clause de séparation des dettes insérées dans leur contrat de mariage, et qui sans cela, serait à la charge de la communauté. Ainsi, pour ne laisser aucun doute sur ces deux pre- Cod. Nap. Art. 828. mières opérations, supposons que la masse soit de 100,000 fr., et que les dettes à déduire soient de 25,000 fr., il ne restera plus à partager entre les ayans droits que 75,000 fr.

Les dettes à déduire étant connues, il faut indiquer le mode de déduction.

Les dettes sont de sommes à payer une fois, ou de rentes.

Si elles sont de sommes, on prend l'un de ces trois partis :

1.° Ou de payer la dette sur les biens,

2.° Ou de charger chacun des conjoints de payer sa part ;

3.° Ou enfin de charger un des lots de les acquitter, en y ajoutant des biens égaux aux dettes.

Si les dettes sont de rentes, il faut distinguer ;

1.° Si elles ne sont pas hypothéquées, chacun est tenu pour sa part ;

2.° S'il y a des immeubles et qu'ils soient hypothéqués à ces rentes, comme ceux à qui ils écherraient seraient tenus de payer pour l'autre conjoint qui ne payerait pas, chacun peut exiger que l'on prenne l'un des deux partis suivans :

Le premier, que les rentes soient remboursées et les immeubles rendus libres avant la formation des lots (872) ; en conséquence on les rembourse avec le mobilier, et s'il ne suffit pas on vend les immeubles ;

Le second est si l'on partage la communauté dans l'état où elle se trouve, de demander que l'immeuble grevé soit estimé au même taux que les autres immeubles : on fait déduction du capital de la rente sur le prix total. Celui dans le lot duquel tombe cet immeuble, demeure seul chargé du service de la rente, et il doit en garantir l'autre (827).

TROISIÈME OPÉRATION.

Prélèvement.

On appelle prélèvement le droit de lever sur la masse une somme ou un objet avant que les interressés partagent cette masse.

Chacun des époux a droit de prélever sur la communauté les indemnités et récompenses qui lui sont dues par elle (1470).

Ces récompenses et indemnités sont au nombre de cinq principales : La première est des sommes prises sur le patrimoine particulier de l'un d'eux, pour payer la dette commune, comme si l'on avait payé cette dette avec une somme ou des objets mobiliers propres à celui de qui ils provenaient, ou si, pour payer cette dette, on avait aliéné un de ses immeubles, ou imposé dessus un droit qui en diminuât la valeur. La deuxième est des sommes mobilières et des objets mobiliers qui n'entrent pas en communauté, et qu'elle a cependant reçus pendant le mariage.

La troisième est des sommes et objets reçus par la communauté, provenant de l'aliénation d'un immeuble appartenant à l'un des époux, s'il n'en a pas été fait de remploi (1433 et 1470).

La quatrième est des sommes et objets reçus par la communauté, provenant du rachat de services fonciers dus à des héritages propres à l'un d'eux, et dont il n'a pas été fait remploi (1433). Exemple : si l'héritage de ma femme a droit de servitude sur un autre, et que le propriétaire s'en soit rédimé moyennant un prix versé dans la communauté,

Ces troisième et quatrième récompenses ne sont dues qu'autant qu'il n'a pas été fait de remploi du prix de l'immeuble ou des services fonciers.

Les règles concernant ce remploi ne sont pas les mêmes pour les deux époux ; à l'égard du mari, le remploi est censé fait, toutes les fois que, lors d'une acquisition, il a déclaré qu'elle était faite de deniers provenus de l'aliénation de son immeuble, et pour lui tenir lieu de remploi (1434). S'il n'est pas fait, le mari a droit de prendre le prix sur la masse de la communauté seulement, et nullement sur les biens de la femme, si cette communauté ne suffit pas (1436).

A l'égard de la femme, pour la validité du remploi, deux conditions doivent concourir :

1.º Que dans l'acquisition le mari ait déclaré qu'elle est faite des deniers provenus de l'immeuble vendu par la femme, et pour lui tenir lieu de remploi (1435) ;

2.º Que la femme ait formellement accepté cette déclaration (*idem*). Il n'est pas nécessaire qu'elle le fasse lors du contrat, elle le peut après, pourvu que ce soit sans fraude, c'est-à-dire, que ce ne soit pas à la veille d'une augmentation de valeur de cette immeuble, ou après.

Si le remploi n'a pas été fait, la femme peut demander le prix sur la communauté ; et, si elle ne suffit pas, sur les biens du mari (1436).

Quel que soit celui des époux dont on a vendu l'immeuble, deux observations relatives à ce remploi.

La première est que, s'il est fait valablement, l'immeuble appartient au conjoint pour qui il est acquis ; il augmente et périt pour lui.

La deuxième est que, s'il n'est pas fait, la

récompense n'a lieu que sur le pied de la vente, quelque allégation qui soit faite touchant la valeur de l'immeuble aliéné (1436).

La cinquième espèce de récompense due par la communauté, est des intérêts des sommes ci-dessus, lesquels courent de plein droit du jour de la dissolution de la communauté (1473).

Les prélèvemens de la femme s'exercent avant ceux du mari (1471), parce que le mari répond des reprises de sa femme, et que si la communauté ne suffit pas pour les remplir, il le doit sur ses biens personnels (1472).

Les prélèvemens de la femme s'exercent :

1.º Pour les objets qui sont encore en nature, sur ces objets mêmes (1471).

Si donc elle a des objets mobiliers qui n'entrent pas en communauté, par exemple, une rente qui lui a été donnée pour lui être propre, elle la reprend ;

2.º Pour les objets qui n'existent plus en nature, elle en reprend la valeur d'abord sur l'argent comptant.

S'il n'y en a pas, ou s'il est insuffisant, sur le mobilier ;

S'il n'y en a pas, ou s'il ne suffit, sur les immeubles de la communauté ; dans ce dernier cas, le choix des immeubles est déféré à la femme et à ses héritiers (1471), estimation préalable de ses biens.

Et enfin, si les biens de la communauté ne suffisent pas, elle exerce les reprises sur les biens personnels du mari (1472).

Les prélèvemens du mari s'exercent après ceux de la femme, sur les biens de la communauté seulement (1471), et dans le même ordre que ceux de la femme, parce qu'il y a même raison.

QUATRIEME OPÉRATION.

Composition des lots.

L'article 1476 renvoit au titre des successions pour tout ce qui concerne le partage des biens de la communauté; il faut donc, pour cette quatrième opération, appliquer les articles 828, 831, 832, 833, 834, 835 et 837 du Code Napoléon, qui règlent la marche à suivre pour la composition des lots lors du partage des biens de la succession.

La première partie de cet article est purement réglémentaire ; elle semblait, au premier coup d'œil, n'exiger aucun commentaire, cependant elle a donné lieu, le 14 fructidor an 12, à une contestation aussi importante que nouvelle, et par la nature de la cause, et par la qualité des parties intéressées. Il ne s'agirait de rien moins que de poser les limites entre la juridiction des notaires et celle des tribunaux : de décider devant qui les citoyens doivent procéder pour partager leur patrimoine ; de dire quel officier public la loi a investi de sa confiance pour devenir le dépositaire des secrets des familles, et l'arbitre des biens indivis des héritiers.

Quoique le Code de procédure ait, depuis, tranché les principales difficultés qui donnèrent lieu à cette contestation, elle n'en a pas moins encore un intérêt piquant pour MM. les notaires et les avoués, d'autant mieux qu'elle a indubitablement influencé la rédaction du chapitre des partages dans ce Code, et qu'il est bon de connaître, pour saisir l'esprit de la loi, par quelle filière les idées sont parvenues au point qui les a fixées.

Ceux qui ne connaissent pas cette cause, que

la solemnité des discussions et l'attention par-
ticuliere dont S. M. l'Empereur daigna l'honorer,
ont placé parmi les causes célèbres de ce siècle,
en liront avec plaisir l'analyse dans le tome 4.me
de la jurisprudence du Code Napoléon.

Cet article, disent MM. de Laporte et Riffé-
Caubray, nous fournit l'occasion de faire quelques réflexions sur les droits que peuvent avoir
les enfans naturels dans les partages, de conférer
l'art. 337 du titre de la paternité et filiation, avec
les art. 757 et suivans du titre des successions.

On nous a fait sur ces dispositions les questions
suivantes :

Pierre, garçon, a eu, trente ans avant la promulgation du Code civil, d'une fille, un enfant,
qui en conséquence est né hors de mariage, *ex
soluto et soluta*. C'est un bâtard simple.

Depuis, Pierre s'est marié à une autre femme
que la mère de cet enfant, et en a eu une fille légitime qui existe encore.

Dans les premières années de la révolution,
Pierre a révélé par lettres, à son enfant naturel,
le secret de sa naissance ; mais il ne l'a point reconnu d'une manière authentique ; ce n'est qu'au
mois de messidor an 11, que Pierre a fait, à la
municipalité de son domicile, et sur les registres,
une déclaration portant qu'il avait deux enfans,
l'un naturel, l'autre légitime ; Pierre vient de décéder, laissant une succession extrèmement riche
qui appartient à sa fille unique et légitime.

On nous a demandé quels pouvaient être, dans
ces circonstances, les droits de l'enfant naturel
dont il s'agit, dans la succession de Pierre, et s'il
devait être entièrement écarté pendant que le
Code Napoléon accorde des alimens aux bâtards
adultérins et incestueux.

Pour répondre à cette question, il faut conférer Cod. Nap,
Art. 828. ensemble toutes les dispositions du Code Napoléon relatives aux enfans naturels.

D'abord il défend la recherche de la paternité, il ferme la bouche à tout individu qui, en demandant à prouver qu'il est fils d'un tel, ne pourrait parvenir qu'à l'état de bâtard. La reconnaissance du père doit être parfaitement libre. Il n'est pas permis de le contraindre à la donner : s'il ne la pas faite spontanément, rien ne peut la suppléer (1).

Premier principe.

Cette reconnaissance, pour opérer quelque effet, doit être légale, c'est-à-dire authentique ; si elle n'existe pas dans l'acte même de naissance, elle doit être consignée dans un acte public (2).

Deuxième principe.

Dans l'espèce proposée, l'enfant naturel a-t-il été légalement reconnu ?

Il ne faut pas parler des lettres que son père lui a écrites, et dans lesquelles, dit-on, la paternité est avouée ; elles ne sont point un acte authentique.

Reste la déclaration faite à la municipalité, c'est, sans contredit, un acte authentique. Mais, suivant l'exposé, le père supposé ne nomme pas l'enfant dont il s'agit, il dit seulement qu'il a un enfant naturel, sans désigner et spécifier l'individu qui est cet enfant, sans dire que c'est Paul ou Jacques.

Il faudra donc que celui qui voudra profiter de cette déclaration, et se l'appliquer, prouve que c'est lui qu'elle concerne ; qu'il établisse qu'il est

(1) Cod. Nap., tit. 7, section II. art. 340, autrefois 334.
(2) Code Nap. eod., art. 334, autrefois 328.

né de son auteur : voilà bien la recherche de la paternité, et c'est ce qui est défendu par la loi.

Il faut donc répondre que cet acte n'est pas la reconnaissance d'un tel, et par conséquent, que l'enfant dont il s'agit n'est pas reconnu.

Supposons maintenant la reconnaissance constante et légale, aura-t-elle l'effet de donner à celui qu'elle concerne, les droits que le Code Napoléon attribue aux enfans naturels légalement reconnus, sur les biens de leurs père et mère, par les articles 757 et 758, autrefois 47 et 48 de la loi sur les successions ?

Il faut, pour se décider ici, rapprocher de ces articles le 337.me, autrefois 33,^{me} du titre de la paternité et de la filiation.

Il est ainsi conçu :

« La reconnaissance faite pendant le mariage, « par l'un des époux, au profit d'un enfant na-» turel qu'il aurait eu avant son mariage, d'un » autre que de son époux, ne pourra nuire ni » à celui-ci, ni aux enfans nés de ce mariage. »

» Néanmoins elle produira son effet après la » dissolution de ce mariage, s'il n'en reste pas » d'enfans. »

La reconnaissance du père, dans l'espèce proposée, en la supposant régulière et légale, aurait été faite postérieurement au mariage contracté avec une autre femme que la mère de l'enfant naturel, et il existe un enfant légitime issu de ce mariage.

Il en résulte, aux termes de l'article 337, que la reconnaissance ne peut nuire ni préjudicier à cet enfant légitime, et par conséquent, que le bâtard en question ne peut absolument rien prétendre à la succession du père contre l'enfant légitime existant.

Il ne peut y avoir aucun doute à cette décision, car le paragraphe unique de l'art. 337 porte : « Néanmoins elle (la reconnaissance) produira » son effet après la dissolution de ce mariage, » s'il n'en reste pas d'enfans. »

Donc elle n'en produira aucun s'il y en a, *qui dicit de uno negat de altero.*

De cette discussion, résultent des principes et des distinctions qu'il est bon d'exposer.

Le Code Napoléon n'accorde des droits aux enfans naturels, sur les biens de leurs père ou mere, qu'autant qu'ils ont été légalement reconnus.

Mais cette reconnaissance, quoique légale, ne suffit point encore pour qu'ils puissent les exercer indistinctement. Si elle a été faite depuis le mariage contracté avec une autre personne, que le père ou la mère de l'enfant naturel reconnu, elle ne peut nuire, ni à l'autre époux de qui elle n'émane pas, ni aux enfans qui peuvent être provenus du mariage.

Pour bien entendre ce principe, et faire la juste application de l'art. 337, combiné avec les articles 757 et 758, il faut considérer l'enfant naturel vis-à-vis des époux, et vis-à-vis des enfans légitimes.

A l'égard des époux, la reconnaissance faite par l'un d'eux depuis le mariage, ne pourra nuire en aucune manière aux avantages et donations faits à l'autre par le contrat. Si cet époux, par exemple, est donataire en propriété de tous les biens du prédécédé, l'enfant naturel reconnu depuis le mariage, ne pourra pas demander le retranchement de cette donation pour prendre la portion qui lui est attribuée par les art. 757 et 758.

Si l'époux n'est donataire qu'en usufruit, l'enfant naturel aura sa portion dans la nue propriété;

Cod. Nap.
Art. 828.
car, en cela, il ne nuit pas à l'époux usufruitier ; mais il ne pourra pas prétendre à jouir de cette portion avant la fin de l'usufruit.

Quant aux enfans issus du mariage, il est évident que le bâtard reconnu postérieurement, ne peut avoir aucune sorte de droit vis-à-vis d'eux, puisqu'il ne peut en exercer aucun sans leur nuire, en leur ôtant une portion de biens auxquels ils sont appelés, et dont la loi suppose qu'ils sont saisis par le seul fait de leur naissance.

Que faudrait-il décider si l'enfant légitime avait été réduit à sa légitime par une donation faite à un étranger ? L'enfant naturel pourrait-il exercer ses droits contre le donataire ?

On peut dire, pour la négative, qu'il nuirait par cette action à l'enfant légitime, parce que la portion légitimaire de celui-ci étant réglée à une quotité de biens, elle se trouverait diminuée par le retranchement que le bâtard ferait sur la donation.

Nous répondons, en nous fondant sur le principe même qui sert de base à l'objection.

La légitime étant d'une certaine part de biens, l'enfant naturel n'exercera son droit que contre le donataire ; en conséquence il ne nuira point à l'enfant issu du mariage, et rien ne l'empêche de nuire à l'étranger donataire. Cette décision nous paraît conforme à l'esprit du Code Napoléon, suivant lequel le père ou la mère ne peut pas diminuer de plus de moitié la part affectée à l'enfant naturel. Il aurait donc, dans notre hypothèse, au moins la moitié contre le donataire étranger. Mais comme la volonté du père ou de la mère, de réduire l'enfant naturel à la moitié de la part qui lui est attribuée, doit être manifestée, nous pensons que dans notre supposition il devrait avoir sa portion entière.

Si les enfans issus du mariage, postérieurement Cod. Nap. Art. 828. auquel la reconnaissance a été faite, viennent à décéder avant la dissolution du mariage, ou avant la mort du père ou de la mère du bâtard, cette reconnaissance reprend son effet en vertu de l'art. 337, parce qu'elle ne nuit plus aux enfans légitimes.

Si les enfans légitimes ont survécu à leurs père et mère, et ayant recueilli leur succession, décèdent ensuite sans postérité, le bâtard reconnu depuis le mariage, pourra-t-il exercer ses droits sur les biens provenant de son père ou de sa mère, qui se trouveraient dans la succession?

Il faut décider que non; la loi n'accorde de droits aux enfans naturels que sur les biens de leurs père ou mère; or, ces biens, dans le cas proposé, ne sont plus ceux des père et mère, mais les biens de l'enfant qui y a succédé, et sur lesquels l'enfant naturel n'a rien à prétendre.

Enfin, il faut appliquer l'article 337 à la reconnaissance que le père aurait faite d'un bâtard simple, quoiqu'après la dissolution du mariage qu'il aurait contracté depuis avec une autre femme que la mère de ce bâtard, s'il restait des enfans issus de ce mariage.

En effet, l'esprit de la loi est que la reconnaissance faite postérieurement au mariage, ne puisse en aucune manière nuire aux droits des enfans qui en sont issus, et dont elle regarde les droits comme fixés d'une manière invariable par le mariage, en sorte que le père ne peut y porter atteinte en se donnant d'autres enfans; or, cet inconvénient existerait par la reconnaissance faite après la dissolution du mariage dont il reste des enfans, comme par celle faite pendant sa durée. Il faut donc décider de la même manière dans l'un et l'autre cas. *Ubi eadem est ratio, idem jus esse debet.*

C'est ainsi que l'homme qui a un enfant légitime
ne peut adopter. Or, la reconnaissance d'un enfant naturel est une sorte d'adoption, elle ne peut
être faite au préjudice des enfans légitime exis-
tans.

On voit par-là que l'article 337 avait été plus
correctement rédigé, si on eut dit, « la reconnais-
» sance faite postérieurement au mariage . . . . »
Mais l'intention du législateur est évidente, et
l'expression, quoique moins exacte qu'elle aurait
pu l'être, ne donne lieu à aucune difficulté sérieuse.

L'argument que l'on a voulu tirer dans l'espèce
que nous avons rapportée, de ce que le Code
Napoléon accorde des alimens aux bâtards adultérins et incestueux, s'écarte aisément.

Il est certain, continuent les mêmes auteurs, que
la loi ne donne pas à ces enfans la faculté de rechercher la paternité; mais elle peut être constatée par un acte authentique, comme la présence
et la signature du père, en cette qualité, à l'acte
de naissance. Dans ce cas, l'enfant adultérin ou
incestueux aura droit à des alimens, mais ce sera
toujours sous l'exception portée par l'article 337
qui leur est applicable, à bien plus forte raison
encore qu'au bâtard simple.

Si donc un homme marié a un enfant bâtard
depuis son mariage, quoiqu'il paraisse à l'acte
de naissance, et le signe comme père, ce bâtard
adultérin ne pourra point demander des alimens.

Le bâtard simple reconnu depuis le mariage,
aura-t-il au moins cette ressource ?

Il est incontestable qu'en se tenant strictement attaché aux termes de la loi, elle lui est
interdite par la disposition de l'art. 337, prise à
la lettre.

Mais n'est-ce point le cas de s'écarter ici de la sévérité de l'expression, pour concilier l'équité avec la rigueur du précepte. Cod. Nap. Art. 828.

L'obligation du père, de fournir des alimens à son enfant, est une dette naturelle; il n'y a que la loi civile qui considère la qualité de l'union qui a donné naissance à l'enfant, la nature ne fait pas cette distinction; la loi défend bien, quand le père n'a pas reconnu, de rechercher s'il y a lieu à cette obligation, mais elle ne la détruit pas; donc, quand la paternité est constante, le devoir existe.

Sans doute il ne faut pas, en ce cas, donner à l'enfant naturel les droits qui lui sont attribués dans une autre hypothèse; mais nous pensons qu'on peut lui donner ce que l'on appelle des alimens. Si le père ou la mère lui eût fait une donation, un legs modique, qui ne contînt que ce qui est nécessaire pour subvenir à l'existence, on ne l'annulerait certainement pas, parce que le testateur ou le donateur n'aurait fait que ce que la nature lui prescrit; le juge peut donc suppléer, en ce cas, à ce que le père ou la mère aurait dû faire.

Il est possible que les premiers jugemens qui adopteront notre opinion soient infirmés ou même cassés; mais l'équité, l'humanité finiront par l'emporter et fixer la jurisprudence.

Revenons maintenant à la matière qui nous occupe, c'est-à-dire au partage.

Observons, avant de passer à un autre article, que l'enfant naturel, suivant les principes du Code Napoléon, ne peut pas donner l'action de partage.

La loi lui refuse la qualité d'héritier, par conséquent il n'est pas copropriétaire des biens de la succession avec les parens qui y sont appelés; or,

l'action en partage n'appartient qu'aux propriétaires d'une chose indivise, donc elle ne peut appartenir à l'enfant naturel.

Ses droits, sur la succession de son père ou de
sa mère, ne sont pas, comme on l'a fort bien remarqué lors des discussions au conseil, une part
héréditaire, mais seulement une créance. Il ne
peut, en conséquence, exercer contre les héritiers
qu'une action afin de payement, mais non afin
de partage.

Le compte que les copartageans peuvent se
devoir, et dont il s'agit dans la seconde partie
de l'art 828, est relatif aux prestations personnelles que les héritiers peuvent avoir à répéter
les uns contre les autres.

Un des principes, par exemple, qui s'y rapportent, est que chaque cohéritier doit faire raison aux autres de tout ce qu'il a reçu de la succession. Delà il suit que si l'un des cohéritiers
a reçu les loyers d'une maison, les fermages d'un
domaine héréditaire, ou le montant d'une créance
qui appartenait au défunt, il doit faire raison à
chacun des cohéritiers de ce qui leur revient dans
ces loyers, dans ces fermages ou dans cette
créance.

Quid, s'il n'a reçu que portion de ce qu'il était
dû par les locataires, les fermiers ou les débiteurs,
et que cette portion soit égale à la part que ce
cohéritier a dans la succession ?

Il faut distinguer : si le cohéritier a reçu, en sa
qualité de commun, et a donné quittance au nom
de la succession, il a agi alors pour tous les héritiers, et il doit leur faire raison de ce qu'il a
reçu.

Que s'il a donné quittance en son nom person-
nel, et déclaré qu'il entendait recevoir sa part,

il n'est tenu à aucun compte, c'est aux autres Cod. Nap. cohéritiers à se faire payer les portions qui leur Art. 828 reviennent, et si les débiteurs deviennent insolvables, ils n'auront aucun recours contre lui qui a reçu ce qui lui revenait.

La raison est, que la division des créances mobilières actives se fait de plein droit, et par la seule force de la loi, comme celle des dettes passives entre les cohéritiers. En conséquence, celui qui a touché sa part, a pu le faire sans qu'il y eût de partage, et n'a reçu que ce qui lui appartenait réellement et légalement (1).

Si l'un des cohéritiers devait quelque chose au défunt, le montant de sa dette entre aussi dans ce compte, déduction faite de sa portion, qu'il confond sur lui-même.

Cette confusion est évidente ; le cohéritier débiteur du défunt à la succession duquel il est appelé, devient débiteur envers lui-même pour la part qu'il a dans la succession ; et comme les qualités de débiteur et de créancier ne peuvent pas concourir en la même personne (2), il se fait nécessairement confusion.

Observez néanmoins que cette confusion ne se fait réellement que lors du payement ; car pour former la masse, on couche la somme entière due par le cohéritier débiteur, autrement il prendrait au partage plus qu'il ne lui revient, puisqu'il partagerait alors dans ce qui est dû aux autres. Si on met cette somme dans son lot, ce qui arrive ordinairement, la confusion s'opère naturellement ; s'il paye, alors il ne donne à chacun des autres cohéritiers que la part qui leur

---

(1) L. 38, ff. famil. eris.
(2) ff. de régul. jur.

revient, et confond encore celle qui lui revient à lui-même et qu'il ne paye à personne.

Un autre article de prestations qui doit entrer au compte mobilier, est pour raison des dégradations que l'un des cohéritiers a pu occasionner dans les choses héréditaires, ou du préjudice qu'il a pu faire éprouver par sa faute à la succession.

Si, par exemple, il a joui d'un héritage ou d'une maison dépendante de la succession, et qu'il ait négligé de faire des réparations d'entretien, en sorte que l'héritage ou la maison soit considérablement dépérie, il est tenu de faire raison aux autres, chacun pour sa part, de la dépréciation arrivée par sa négligence.

De même, si ayant été chargé des recouvremens de la succession, il a négligé de suivre le payement des créances, et que quelques-unes soient perdues, soit par l'accomplissement de la prescription, soit par l'insolvabilité des débiteurs, il est obligé d'en tenir compte.

Il faut remarquer cependant que le cohéritier, dans ce cas, n'est tenu que de la faute lourde et légère, et non de la faute la plus légère, *non de levissimâ* (1).

La raison est que, dans ces cas, le cohéritier est à la vérité procureur des autres, mais dans sa propre chose, *procurator in rem suam* : d'où il suit qu'il n'est tenu que des soins d'un père de famille ordinaire.

L'un des cohéritiers peut aussi avoir des prestations à prétendre contre les autres.

Par exemple, s'il a fait quelques dépenses pour la conservation, l'augmentation ou l'entretien des

_____

(1) L. 25, § 16, ff. famil. erisc.

choses héréditaires, il doit lui en être fait raison; il doit etre remboursé par les autres héritiers, chacun pour sa part.

Il faut aussi que la dépense faite fût utile, autrement il n'aurait rien à demander.

Pour juger de cette utilité, il faut se reporter au temps où la dépense a été faite; et si cette utilité était constante à cette époque, elle doit être remboursée, quand même, par l'effet d'un accident survenu depuis, cette dépense serait devenue inutile, par la perte de la chose pour laquelle elle a été faite. Si, par exemple, un des cohéritiers a nourri les chevaux de la succession, la dépense qu'il a faite doit lui être remboursée, quoique les chevaux soient morts depuis; car la dépense était utile au temps où elle a été faite. A l'égard des réparations faites aux héritages ou bâtimens de la succession, il faut distinguer entre les nécessaires et celles qui ne sont qu'utiles.

Les réparations nécessaires doivent être remboursées indistinctement, soit que les héritages ou bâtimens soient ou non augmentés de valeur.

Quant à celles seulement utiles, il faut se conformer à la disposition du Code Napoléon (1).

Les cohéritiers sont obligés de tenir compte de ces réparations, chacun pour sa part, jusqu'à concurrence de ce que l'héritage s'en trouve augmenté de valeur, quand même cette augmentation excéderait le prix des matériaux et les frais de construction.

Un autre objet de prestation, que l'un des cohéritiers peut avoir contre les autres, concerne les droits personnels qu'il peut perdre à l'occasion

_____

(1) Liv. 3, tit. 2, ch. 2, sect. 1, art. 555, § 2.

de la succession. Ses cohéritiers doivent lui faire raison, chacun pour sa part, de la valeur de ses droits.

Supposé que le défunt ait vendu une maison qui appartenait à l'un de ses héritiers présomptifs, celui-ci, en acceptant la succession, perd le droit de la revendiquer; car s'il exerçait cette action, il serait repoussé par l'exception de garantie, suivant la maxime, *quem de evictione tenet actio eumdem agentem repetit exceptio* (1).

En effet, cet héritier est, en sa qualité, tenu de garantir l'acquéreur; il doit donc être remboursé par les autres cohéritiers de la valeur de ce droit de revendication qu'il perd à l'occasion de la succession, laquelle en profite. Cela est évident; car, si cet héritier, en renonçant à la succession, eût donné la demande en revendication, les autres eussent été obligés de garantir l'acquéreur.

Lebrun enseigne que, dans ce cas, l'héritier à qui appartenait la maison vendue, pourra exercer la revendication pour les parts dont il n'est point héritier (2).

C'est une erreur, car il y aurait alors un circuit d'actions qui serait vicieux. L'acquéreur évincé, reviendrait sur les autres héritiers, qui eux-mêmes reviendraient sur le demandeur en revendication, en vertu de la garantie de partage.

Aussi, l'avis de Lebrun n'a-t-il pas été suivi.

Chaque héritier a, pour raison de ce qui lui est dû dans ces prestations, une hypothèque privilégiée sur les immeubles qui tombent au lot des autres.

_____

(1) ff. de regul. jur.
(2) Des Succes., liv. 4, chap. 2, sect. 4, n.° 27.

La raison est, que le cohéritier à qui sont dues Cod. Nap. ces prestations, doit avoir son lot entier. En con- Art. 828. séquence, il n'importe de quelle manière il éprouve quelque diminution sur la part qu'il doit avoir, soit en meubles, soit en immeubles. C'est tou- jours une lésion qui donne lieu à la garantie de partage, et par conséquent à l'hypothèque qui en est l'accessoire (1).

« ART. 829. Chaque cohéritier fait rapport à Art. 829.
» la masse, suivant les règles qui seront ci-après
» établies, des dons qui lui ont été faits, et des Voyez
» sommes dont il est débiteur. » l'art. 978
du cod. de
proéed.

Le Code ne parle ici des rapports que par oc- casion, et relativement à la composition de la masse de la succession. C'est dans la section sui- vante qu'il pose les règles relatives à cet objet.

Il ne s'agit, en cet endroit, que de l'opération matérielle du partage, et c'est à quoi je borne en ce moment mon travail; c'est principalement la forme que je désire de bien entendre et de bien expliquer, et cette tâche est déjà assez pénible.

La matière des rapports est très-importante, et mérite d'être traitée avec une attention par- ticulière; comme elle a avec le partage une con- nexion intime, ou plutôt qu'elle fait partie né- cessaire de la science des partages, je m'en oc- cuperai dans une seconde partie que je donnerai à cet ouvrage, si celui-ci mérite quelque accueil.

On sent que pour déterminer la part qui ap- partient à chaque héritier dans les biens dont la succession se compose, il faut en connaître la masse. Il est donc nécessaire de la former; les objets que les héritiers sont tenus de rapporter,

_____

(1) L. unic. cod. Si comm. res, pignor. L. 19, cod. famil. erise. Lebrun, des Successions. liv. 4, chap. 1.

Cod. Nap.
Art. 829.
les sommes dont ils sont débiteurs, soit à la succession, soit aux autres héritiers, comme dans
le cas des prestations dont nous venons de parler,
doivent entrer dans cette masse.

Quand la masse est ainsi formée, et que l'on
connaît le montant des biens qui sont à partager,
on la divise en autant de parts qu'il y a de têtes
au partage, en observant que quand il y a lieu
à la représentation, chaque souche fait une tête,
indépendamment du nombre d'individus entre
lesquels doit être subdivisée la portion qui lui
écherra.

Art. 830.

Voyez
l'art. 978
du cod. de
procéd.

« ART. 830. Si le rapport n'est pas fait en
» nature, les cohéritiers à qui il est dû, prélèvent
» une portion égale sur la masse de la succession.
» Les prélèvemens se font, autant que pos-
» sible, en objets de même nature, qualité et
» bonté que les objets non rapportés en nature. »

Cet article concerne la manière de faire le
partage après que la composition de masse est
achevée ; il contient une des règles du rapport :
il eût donc été mieux placé dans la section suivante du Code. Je ne m'y arrêterai point ici, je
renvoie à la seconde partie de cet ouvrage.

Art. 831.
—
IDEM.
et 979.

« ART. 831. Après ces prélèvemens, il est pro-
» cédé, sur ce qui reste dans la masse, à la com-
» position d'autant de lots égaux qu'il y a d'hé-
» ritiers copartageans, ou de souches coparta-
» geantes. »

Chaque souche représente une tête ; il faut
conférer cet article avec les articles 978 et 979
du Code de procédure auxquels il se rapporte ;
voyez-les ci-après.

Art. 832.

« ART. 832. Dans la formation et composition
» des lots, on doit éviter, autant que possible,
» de morceler les héritages et de diviser les ex-

» ploitations, et il convient de faire entrer dans
» chaque lot, s'il se peut, la même quantité de
» meubles, d'immeubles, de droits ou de créances
» de même nature et valeur »

Cod. Nap.
Art. 832.

Lois anciennes qui ont rapport à cet article.

Leg. 55 . *ff. famil. eriscund. Leg.* 7 et 21 , *ff.
commun. divid. Leg.* 11 , *cod. communia utriusque. Coutume de Bretagne, art.* 566.

On appelle lots, en matière de partage, disent
les Pandectes françaises, *une division des choses
à partager, dans laquelle on fait entrer une
certaine quantité des objets dont la masse est
composée, soit en meubles, soit en immeubles;*
mais cette définition est trop vague, elle me paraît mieux convenir au mot indéfini *de parts*
ou parties (voyez la dissertation sur l'art. 824).
En effet, les lots ne sont pas une simple division
ou formation de parties, de fragmens, mais bien
une fixation de la partie qui doit revenir à un
cohéritier suivant son droit ; la formation d'un
des *touts* qui doivent être enfantés par le *tout
général.* Cette distinction pourra paraître subtile,
mais elle paraît nécessaire pour l'éclaircissement
des difficultés que ces mots avaient causés dans
les commencemens. Au reste, les auteurs des
Pandectes corrigent le défaut de précision de
leur définition, en ajoutant que l'on forme autant de ces divisions qu'il y a de têtes au partage;
il fallait seulement faire entrer cette explication
dans le corps de la définition.

Lorsqu'il y a représentation, soit à l'effet de
succéder, soit à l'effet de partager, chaque souche
forme une tête, et l'on ne fait qu'un lot pour elle.
En effet, tous les individus qui se trouvent dans

11 *

chacune de ces souches, ne prennent tous ensemble qu'une portion qu'ils subdivisent ensuite
entre eux.

On tâche, autant que l'on peut, de faire entrer
dans chaque lot la même quantité de chaque espèce de biens, tant immeubles que meubles, soit
corporels, soit incorporels. Cet usage remonte
aux lois romaines.

Cette disposition, néanmoins, n'est pas toujours
praticable, et ne peut être qu'un conseil. Comme
il arrive souvent qu'il est impossible de s'y conformer exactement, la loi restreint son précepte
par les termes, *s'il se peut.* En conséquence, son
exécution est toujours à l'arbitrage du juge, parce
qu'elle dépend des circonstances ; cela est très-
facile lorsqu'il n'y a que des effets mobiliers ou des
rentes foncières ou constituées à partager ; mais
lorsqu'il y a des maisons, des terres ou autres
choses de cette nature, qu'on ne peut pas diviser
également, la chose est plus difficile. Pour y
remédier, on peut mettre des maisons dans un
lot, des terres dans l'autre, des rentes constituées,
et même des deniers et effets mobiliers dans le
troisième, ce qu'on ne doit pourtant faire que
rarement ; car l'égalité des lots se doit rencontrer
aussi bien dans la qualité que dans la quantité des
effets qui les composent ; mais quelque chose que
l'on puisse faire, il est presque impossible, pour
faire les lots commodes aux uns et aux autres,
lorsqu'il y a des maisons et des terres à partager,
qu'il n'y ait toujours quelques lots plus forts ou
plus faibles les uns que les autres, et quand cela
se rencontre, on charge le lot le plus fort de payer
une somme aux plus faibles : c'est ce qu'on appelle soute de partage.

Il y a quelquefois des effets très-difficiles ou

très-incommodes à partager dans des successions; par exemple, s'il y a deux héritiers, et qu'il n'y ait dans toute la succession qu'une seule maison qui ne puisse pas être divisée sans incommodité, il faut nécessairement en venir à une licitation (voyez les observations sur l'art. 827); c'est-à-dire, qu'il faut mettre aux enchères l'immeuble, qui ne se peut commodément diviser, l'adjuger à celui qui en donnera le plus, et en partager le prix. La licitation doit se faire en justice, à moins que les parties étant toutes majeures, ne s'accordent à la faire devant un notaire qu'elles désignent : elles peuvent également convenir d'y admettre ou d'en exclure les étrangers ; mais quand des absens ou des mineurs sont intéressés dans le partage, les étrangers sont toujours admis à enchérir dans les licitations.

Cette admission est même toujours nécessaire, quand il y a des cohéritiers qui ne sont pas en état d'enchérir, pour empêcher que l'héritage ne soit adjugé aux autres à trop vil prix.

Lorsqu'il n'y a pas une incommodité très-sensible dans la division d'un héritage, on ne doit jamais en ordonner la licitation, à moins que tous les héritiers n'y consentent, s'ils en ont la faculté ; car il n'est pas permis de priver un des cohéritiers de sa part, malgré lui, ni de l'obliger à en recevoir la valeur en argent quand elle peut lui être livrée en nature.

La composition des lots devait, en général, autant que possible, être faite en présence de tous les copartageans, d'après la loi 1, *in fin. ff. de quib. reb. ad eund. jud.* Les lois actuelles ne contiennent rien de contraire à cette disposition.

Cod. Nap.
Art. 832.

Lors même que le partage se fait en justice,
si les copartageans peuvent s'accorder, et s'accordent sur la manière de former les lots, le juge
doit se conformer à leur volonté. *Leg.* 21, *commun. dividund.* D'ailleurs, en tout état de cause,
les copartageans majeurs peuvent abandonner les
formalités commencées, et terminer le partage à
l'amiable. Ce n'est que quand ils sont divisés sur
la formation de ces lots, ou que l'absence ou la
minorité de quelqu'un des intéressés y force, que
les lots doivent être faits suivant la forme de la
loi.

Si la succession est échue en ligne directe, et
que le père ou la mère, par un testament, ayent
eux-mêmes réglé les lots de leurs biens, il faut
se conformer à ces dispositions, si elles ne contiennent rien de contraire à l'équité et à la saine
justice. *L.* 10, *cod. famil. eriscund. L. L.* 16,
21 et 26. *Cod. Nap. art.* 1075.

La disposition de cet article, qui porte que
l'on doit, autant que possible, faire entrer dans
chaque lot la même quantité de droits *et créances*
de même nature et valeur, semble, au premier coup
d'œil, contraire à la règle de la loi des douze tables,
qui porte que les créances et les dettes se divisent
naturellement entre tous les héritiers, règle qui
se trouve répétée dans plusieurs autres textes;
mais on sent que le maintien de cette division
légale, par rapport aux droits et créances, serait
souvent incommode; elle n'empêche pas d'ailleurs qu'une seule créance ne puisse être mise
dans un lot, et une autre créance entière dans
un autre lot; il suit seulement du principe, que
jusqu'au partage consommé, chaque héritier peut
recevoir, comme nous l'avons déjà dit, sa part

dans chaque créance, et alors il ne reçoit que ce qui lui appartient, parce qu'à cet égard il n'y a pas d'indivision (1).

Quant aux dettes, la règle de la loi est que chaque héritier en soit tenu pour sa part; et quoique l'un d'eux puisse au partage être chargé seul d'acquitter une certaine dette, ou même toutes les dettes (2), cela ne nuit point aux créanciers qui peuvent, sans s'arrêter à ce qui a été réglé par le partage, donner leur action contre chacun des héritiers, et les forcer au payement de leurs parts, sauf le recours de ceux-ci contre celui qui a été chargé de les acquitter (3).

Les fruits provenus des choses héréditaires sont aussi des meubles qui entrent dans la masse, et dont la division doit se faire de la même manière (4). En effet, les fruits que produisent les choses héréditaires appartiennent à la succession, ils l'augmentent, et appartiennent à chaque héritier pour la part qu'il a au total (5).

Il en est de même des fruits de toutes les choses communes, à l'égard des copropriétaires, à quelque titre que ce soit (6).

A l'égard des immeubles, régulièrement chaque héritier a le droit d'avoir, dans chacun d'eux, une portion égale à celle qu'il a dans la succession, et l'on suit ordinairement cette règle à l'égard de ceux qui peuvent aisément se partager

---

(1) B. L. 6. cod. famil. erisc.
(2) Leg. 3, ff. famil. erisc. Quia sæpe et solutio, et exactio partium, non minima incommoda habet.
(3) L. 23, cod. famil. erisc. L. 2, § ult. ff. eod.
(4) L. peu ult. ff. famil. erisc. L. L. 9 et 17, cod. eod.
(5) L. 20, § 3, ff. de hered. petit. Leg. 9, cod. famil. erisc.
(6) L. 4, § 3, ff. comm. divid. L. 25, in princip. et L. 38, § 14. ff. de usur. Instut. de oblig. que ex quasi delict. nasc., § 3.

de cette manière (1); mais comme cela n'est pas toujours possible, on donne à chaque héritier des corps entiers, en cherchant, autant qu'on peut, à les égaliser relativement à la valeur, la nature et la bonté des choses qu'on range dans chaque lot (2).

C'est relativement à cette manière de composer les lots que le Code Napoléon impose l'obligation de ne point morceler les héritages, et de ne point diviser les exploitations autant que possible. Cette disposition est conforme à plusieurs dispositions du droit (3). Diverses Coutumes de France s'y conformaient aussi.

Son objet est principalement relatif à la manière dont les terres se cultivent; elles ne peuvent pas rapporter tous les ans, ni toujours donner la même espece de production, elles s'épuiseraient; il faut donc chaque année laisser reposer une partie des terres dont se compose un domaine; c'est ce que l'on appelle *jachères*. D'autre part, un corps de domaine se compose de plusieurs natures de fonds, terres ensemencées de diverses qualités de grains, prés, vignes, bois, chenevis, etc.

Il est évident que, si dans un lot de partage, on mettait toutes les terres qui sont en jachères, il y aurait inégalité, de même que si l'on y mettait trop de bois ou de prés relativement aux terres, trop de vignobles relativement aux grains, trop de bons fonds relativement aux mauvais. C'est donc avec raison qu'il faut avoir soin de ne pas diviser les exploitations, mais de faire entrer

---

(1) L. 1, commun. divid. Inst. de off. jud. § 5.
(2) L. 55, ff. famil erisc.
(3) L. 16, Delegat. 1.º L. 25, L. 41 ff. famil. erisc.

dans chaque lot des fermes entières quand la succession est importante, ou une quantité relative convenable de diverses natures de fonds dans les subdivisions.

Cela est conforme aux principes des jurisconsultes romains, à qui aucune des règles de l'équité n'est échapée (1).

C'est d'après cela que l'usage a toujours été de composer, autant que possible, les lots d'héritage de proche en proche, c'est-à-dire, de ceux qui sont les plus voisins, parce que les terres rapprochées sont d'une exploitation plus avantageuse que disséminées. La Coutume de Normandie en avait une disposition précise (2); mais elle ne faisait qu'exprimer une règle de droit commun, qui a toujours été généralement observée, à moins qu'il n'y eut impossibilité (3).

« ART. 833. L'inegalité des lots en nature se » compense par un retour, soit en rente, soit en » argent. »

Lois anciennes qui ont rapport à cet article.

Leg. 55, § 2. *Leg.* 55, *ff. famil erisc. Instit. de off. jud.*

C'est ce retour qu'on nomme soute de partage.

Le précepte renfermé dans cet article est conforme à la justice et à l'équité, de quelque manière que l'on opère, en se conformant à la règle de ne point morceler les héritages et de ne point diviser les exploitations. Il est difficile que les lots se trouvent exactement égaux les uns aux

---

(1) L. 26, § ult. et L. 27, ff. de leg. 1.º
(2) Art. 353.
(3) Lebrun, des Successions, liv. 4, chap. 1, n.º 44.

TRAITÉ

Cod. Nap. Art. 833.

autres. On efface cette inégalité en chargeant les lots les plus forts d'un retour envers les plus foibles.

Cela a lieu quelque soit le titre des copartageans : ainsi cela se pratique dans le cas de la société, dans celui de la communauté conjugale, et dans tous les cas où une chose commune et indivise se partage entre différens copropriétaires, comme dans celui de la succession (1).

La loi dit que ce retour consiste dans une rente ou dans une somme d'argent.

A l'égard de la rente, il faut bien prendre garde en quels termes elle est établie, car ils influent sur sa nature.

Si la rente est assignée sur le lot même, c'est-à-dire, sur les choses qui le composent, comme s'il était dit qu'un tel lot fera retour à un autre, d'une rente de tant, dix, vingt ou trente francs, cette rente est foncière. Tous les héritages compris en ce lot en sont chargés, à moins que l'on n'ait assigné la rente sur un de ces héritages distinctement.

Le cohéritier à qui échoit le lot envers lequel celui grevé de la rente en a été chargé, a, relativement à cette rente, tous les droits et priviléges du propriétaire de rente foncière.

Cette rente, en conséquence, est un immeuble comme toutes les rentes foncières : autrefois elle n'aurait point été rachetable, maintenant elle le sera en vertu de la disposition du Code Napoléon, à cet égard ; mais on pourra stipuler qu'elle ne sera pas rachetée avant un certain temps, et cette

---

(1) Instit. de off. jud. § 5. Automn. ad leg. 22, ff. famil. erise. et ad leg. 55, eod. Corbin en ses plaidoyers, chap. 71.

convention sera valable pour le terme porté par la loi (1).

De son coté, le cohéritier, à qui sera échu le lot chargé de la rente, jouira de tous les droits attribués à tout débiteur de rente foncière, et en subira les obligations.

La rente étant foncière, il s'ensuit que ce sont les héritages compris aux lots, ou celui sur lequel la rente a été affectée, qui en sont tenus plutôt que la personne de l'héritier à qui le lot est échu. Celui-ci, en conséquence, ne doit cette rente que comme détenteur de ces héritages. S'il les aliène, il en est déchargé. La rente est due par l'acquéreur. Le cohéritier qui a aliéné n'en est pas même garant vis-à-vis du créancier, à moins que par le partage il n'ait contracté l'obligation de fournir et faire valoir. Cette convention alors l'oblige personnellement à faire que cette rente soit toujours payée (2).

Peut-il, dans ce cas, forcer l'acquéreur au rachat ou le faire lui-même, et en répéter les deniers contre lui ? Il faut décider que non, si par le titre d'aliénation il n'a point imposé cette charge à l'acquéreur. (3)

La raison, est que le rachat d'une rente foncière est une faculté dont le débiteur peut user ou ne pas user, suivant qu'il le juge à propos. Le vendeur ne peut pas, pour son intérêt, aggraver sa condition; l'héritier grevé de cette rente foncière, avec l'obligation de fournir et faire valoir, et qui a aliéné les héritages compris en son lot; doit

---

(1) Cod. Nap., art. 530.
(2) Pothier, des Success., chap. 4, art. 5, § 2,
(3) Loyseau, Traité du déguerpissement. Pothier, du contrat de bail à rente.

Cod. Nap. prendre les précautions nécessaires pour assurer
Art. 833. le payement de la rente; mais il ne peut pas contraindre l'acquéreur au rachat.

La clause de fournir et faire valoir, consentie
par le cohéritier grevé de rente foncière, qui
depuis a aliéné les héritages qui y sont assujettis,
ne donne pas au créancier le droit de s'adresser
à lui pour se faire payer de la rente, c'est au détenteur des héritages qu'il doit la demander, parce
que c'est lui qui en est le débiteur direct. La
clause de fournir et faire valoir, ne donne au
créancier qu'une action en garantie contre celui
qui l'a souscrite, dans le cas où il ne pourrait
pas se faire payer par le détenteur (1).

S'il est dit, par le partage, que tel lot étant plus
fort que tel autre, il sera chargé envers ce dernier
d'un retour d'une somme de tant, pour laquelle
il lui fera une rente de tant, alors cette rente
n'est point foncière, c'est une simple rente constituée, qui peut toujours être remboursée par le
capital, qui est l'objet véritable du retour ou de
la soute.

Cette rente est meuble, suivant la disposition
du Code Napoléon, qui déclare telles toutes les
rentes constituées (2).

En conséquence de la nature de cette rente,
le cohéritier qui en est chargé, la doit personnellement; l'aliénation qu'il ferait des héritages
compris dans son lot, ne le déchargerait point
de cette obligation; il reste débiteur de la rente,
quand même il aurait chargé son acquéreur de
l'acquitter; le créancier peut même, en ce cas,

_____

(1) Loyseau, Traité du déguerpissement. Pothier, Traité du
contrat de bail à rente.
(2) Art. 529.

continuer de s'adresser à ce cohéritier pour être
payé de la rente, sauf son recours contre l'acquéreur (1).

Du reste, ces difficultés seront d'autant plus
rares, que l'on usera plus souvent de la faculté
laissée par l'art. 872 du Code Napoléon, qui porte
que *lorsque les immeubles d'une succession sont
grevés de rentes par hypothèque spéciale, chacun des cohéritiers peut exiger que les rentes
soient remboursées, et les immeubles rendus
libres avant qu'il soit procédé à la formation
des lots.* Beaucoup de personnes ont une forte
répugnance à se charger de servir des rentes,
et ces sortes de propriété sont, tant de part que
d'autre, tombées dans une telle défaveur, que
la plupart des cohéritiers exigeront qu'on en dé-
barrasse la succession avant de la partager, et
les créanciers ne le verront pas avec peine.

Lorsque le retour ou la soute de partage est
purement et simplement d'une somme d'argent;
si l'acte ne porte aucun terme pour le payement,
il doit être fait incontinent, dans l'un comme
dans l'autre cas; cette soute porte intérêt, à
compter du jour du partage consommé jusqu'au
payement, sans qu'il soit besoin de les stipuler (2).

La raison est, que ces intérêts représentent les
fruits de la portion des héritages qui excède celle
des autres lots : si celui à qui échoit le lot le
plus faible, ne recevait pas les intérêts de la soute,
tandis que l'autre perçoit les fruits, il y aurait
inégalité.

Le cohéritier à qui est due la soute, a une hy-

_____

(1) Poth., des Success., chap. 4, art. 5, § 2.
(2) Poth. eod. Duplessis, sur la Coutume de Paris, tit. des Successions.

Cod. Nap.
Art. 833.

pothèque privilégiée sur les immeubles compris au lot qui en est chargé.

Ce fut autrefois une question de savoir si ce privilége frappait sur tous les héritages compris au lot ; on devait être restreint à la part de l'héritier, par exemple, au quart, s'il n'était héritier que pour un quart.

Les auteurs les plus estimés ont répondu que le privilége affectait la totalité des héritages qui se trouvent au lot chargé du retour (1) ; leur sentiment a été adopté par la jurisprudence (2), et le principe ne fait plus aucune difficulté.

Art. 834.

ART. 834. Les lots sont faits par l'un des co-
» héritiers, s'ils peuvent convenir entr'eux sur
» le choix, et si celui qu'ils avaient choisis ac-
» cepte la commission : dans le cas contraire, les
» lots sont faits par un expert que le juge com-
» missaire désigne.

» Ils sont ensuite tirés au sort. »

Cet article est conforme à la jurisprudence du parlement de Paris, qui ordonnait toujours, quand les parties ne s'accordaient pas, la composition des lots par experts ; lors même que les lots étaient faits par un des héritiers, l'usage étaient de tirer au sort (3).

Il y avait, au reste, à cet égard, beaucoup d'usage différens. Lebrun dit (4), que les Coutumes comme le droit rendent la condition des

---

(1) Dumoulin. sur Paris, art. 22, gl. 2, n.º 74, et sur l'art. 208 de la Coutume de Tours. Coquille, sur celle de Nevers.
(2) Arrêt du Parlement de Paris en la deuxième des enquêtes du 27 mai 1689. Lebrun, des Success., liv. 4, chap. 1, n.º 36, en rapporte plusieurs autres.
(3) Voyez Despeiss., de la Société, part. 1, sect. 4, distinct. 3, n.º 8, tome 1. Duplessis, Renusson, sur la Coutume de Paris, tit. des Success. Bourjon. Droit commun de la France.
(4) Des Successions, liv. 4, chap. 1, n°. 42.

enfans égale pour la composition des lots ; il cite Cod. Nap. Art. 834.
la loi *amplius*, en quoi il se trompe, c'est la loi
non amplius, qui est la 26.me du tit. *de legatis*
primo, § dernier, au digeste ; il cite encore la
loi 2, au code, tit. *quando et quibus quarta pars.*

Il est certain, disent les auteurs des Pandectes,
que ces deux lois ne disent pas un mot ni des lots
ni de la personne qui doit les former. La première
loi est dans le cas du legs d'une portion indivise
des biens du testateur ; elle porte que l'héritier
n'est par obligé de délivrer au légataire une portion dans chacun des corps héréditaires ; qu'il
peut former la portion léguée par un seul héritage, ou même en argent. La loi du Code est
encore plus étrangère à l'objet qui nous occupe.

C'était de la part de nos anciens auteurs une
sorte de manie de vouloir trouver dans les lois
romaines le fondement de tous nos usages, même
de ceux qui sont les plus opposés à leur esprit et
à leurs dispositions. Le paragraphe *si familiæ*,
qui est le quatrième aux instituts *de officio judi-*
cis, que Lebrun cite aussi, est encore sans analogie avec la formation des lots ; il porte que dans
le cas où un héritage ne peut pas commodément
se diviser, le juge doit l'attribuer à un seul des
héritiers, et que si l'égalité s'en trouve blessée,
il faut charger l'héritier adjudicataire d'un retour en argent envers les autres.

Presque toutes les Coutumes étaient également
muettes sur celui des héritiers par lequel les lots
devaient être faits ; quelques-unes seulement ac-
cordant à l'aîné une très-grande part dans les
biens nobles, comme celle d'Anjou, le chargeait
de composer la part des puînés.

Il n'y avait donc à cet égard que des usages
et aucune loi écrite.

L'usage le plus général étant que l'aîné fît les lots, et que le plus jeune choisît; c'est ce qu'on exprimait par cette maxime, *major dividat, minor eligat.*

On a préféré, dans le Code Napoléon, la jurisprudence particulière du parlement de Paris (1).

Au reste, l'origine de cet usage paraît fort ancienne. On voit dans l'Histoire sainte (genes. chap. 13), qu'à l'occasion des querelles qui s'élevaient entre les pasteurs de Loth, et d'Abraham son oncle, celui-ci divisa leurs possessions en deux parts, et dit à Loth choisissez; si vous prenez la partie qui est à droite, j'irai à gauche; et si vous prenez celle-ci, je me contenterai de celle qui est à droite. *Recede à me obsecro si ad sinistram ieris, ego dexteram tenebo; si tu dexteram elegeris, ego ad sinistram pergam.* Aussi cet usage était-il très-répandu; il était adopté par les parlemens des pays de droit écrit, ainsi qu'on le voit par plusieurs arrêts de ceux de Grenoble, de Toulouse (2) et de Bordeaux (3).

Il était aussi observé dans les tribunaux étrangers, en Allemagne et en Italie (4).

En collatéral, l'usage général était de faire composer les lots par des experts, et ensuite de les faire tirer au sort (5).

Cet article s'exprime d'une manière fort simple

_____

(1) Voyez Ferrière, sur la question 289 de Guypape. La Peyrère, lettre P, n.° 7. Faber, liv. 3, tit. 27, déf. 4. Duranti, quest. 37. Maynard, liv. 9, chap 52. Ranchin, part. 2, conclus. 499. Cujac. ad leg. 2, § 37, ff. de orig juris.
(2) Guypape, quest. 289. Ferrer, sur Guypape, eod. Laroche en ses arrêts, liv. 6, au mot division et partage.
(3) Automn. ad leg. 15, ff. famil. erisc.
(4) Mynsenger, cent. 4, observ. 37. Faber in suo codic. lib. 3, tit. 27, défin. 4.
(5) Pisard et Bonnet, sur Guypape, quest. 289. Laroche, loc. sup. tit. Duranti, quest. 37, n.° 5.

Col. Nap. Art. 834.

sur la formation des lots que doit faire le qua-trième expert ; mais l'exécution présente une difficulté qui devait sauter aux yeux, et qui, ce me semble, n'a pas été prévue.

Il arrive presque toujours, même dans les suc-cessions qui s'ouvrent depuis le Code Napoléon, que l'un des enfans est avantagé sur les autres. Supposons qu'un père, en mourant, laisse à l'un de ses fils une portion d'enfant en préciput ; jusqu'au nombre de trois enfans tout ira bien, et l'expert n'aura qu'à former trois lots pour deux enfans, et quatre lots pour trois ; son travail sera simple. Mais au-delà de trois enfans, comment s'y pren-dra-t-il ? S'ils sont quatre ou cinq, par exemple, et que l'un soit héritier du quart en préciput, il faut commencer par extraire ce quart, après quoi il s'agit de subdiviser les autres trois quarts par quarts ou par cinquièmes ; mais comment faire cette subdivision, puisque le préciput, objet d'un premier lotissement, n'ayant point encore été tiré au sort ni adjugé, on ignore de quels lots restans seront composés les trois quarts qu'il faut subdiviser ? L'expert est donc arrêté au premier pas. Fera-t-on, dans ce cas, double procédure ? Commencera-t-on par faire homologuer le pre-mier lotissement ? Fera-t-on ensuite un premier tirage au sort, après quoi une seconde composi-tion de lots, pour la soumettre de nouveau à l'ho-mologation et à un second tirage ? mais la loi ne prescrit point cette duplicité d'opérations, et cet accroissement de frais, d'autant plus considé-rable, qu'il faut assigner chaque fois, et que les copartageans demeurent souvent dans des dé-partemens divers : à quoi se trouverait alors réduite la succession d'un pauvre laboureur ? cependant il faut ou laisser le partage ou exécuter la loi. Il ne

se présente qu'un moyen, qui est encore un véritable signe de détresse, c'est que le quatrième
expert fasse d'abord son premier lotissement pour
la fixation du préciput; après quoi, sans désem-
parer, il fera, pour la subdivision, son thème
en quatre façons, et il dira, dans le cas où le premier lot des quatre échoira en préciput, le partage du reste sera ainsi fait. Dans le cas où ce
sera le second qui échoira, le partage du surplus
se composera ainsi; dans le cas où ce sera le
troisième, on divisera le reste de cette manière;
enfin, si c'est le quatrième, le surplus sera sub-
divisé comme suit; en sorte que cet expert fera
cinq lotissemens pour un; et si un père ayant onze
enfans, donne le douzième à l'un d'eux, l'expert
en fera douze, c'est-à-dire cent quarante-quatre lots.

Vous voyez par-là, qu'il convient que le jugement intervenu modifie les généralités de cet
article, l'applique toujours à l'espèce, et trace la
marche du tirage, lorsque des lots inégaux néces-
sitent des exceptions, et ces exceptions sont
maintenant autorisées par l'arrêt de la cour de
cassation, du 11 août 1808, qu'on peut voir dans
le journal de Sirey, an 1808, page 529, et par
lequel il est décidé que l'art. 834 ne peut être
exécuté que lorsqu'il y a une égalité parfaite de
droit entre les copartageans; c'était porter une
décision juridique sur une vérité mathématique;
mais entre deux écueils il fallait tendre la main :
funeste nécessité !

Depuis que ceci est écrit, d'autres que moi ont
également senti ces difficultés, et ont fait leurs
efforts pour les aplanir. Je lis dans un journal
du 14 juillet 1810, un article ainsi conçu, extrait du Mémorial de jurisprudence:

Dans le partage d'une succession où il existe

des mineurs, lorsque les droits des copartageans
sont inégaux en quotité, comme s'il y a des enfans de deux lits, peut-on faire le partage par
attribution ? La loi s'oppose-t-elle à l'homologation du rapport des experts qui ont proposé un
pareil partage ?

« Le conseil de jurisprudence résout ainsi ces
» deux questions : Le partage de l'hérédité entre
» cohéritiers n'est que l'exercice du droit réci-
» proque qu'ils ont de prendre chacun une por-
» tion séparée, égale à leurs droits sur la masse
» indivise entre eux; droits qu'ils exercent par
» suite du principe, que nul ne peut être con-
» traint à rester dans l'indivision, et que toute
» stipulation prohibitive du partage, est regardée
» comme non écrite, telle est la disposition de
» l'article 815 du Code Napoléon. Jusque-là
» point de difficulté; mais l'article 834 veut que
» les lots, soit qu'ils soient faits par l'un des
» cohéritiers ou par experts, soient tirés au sort;
» l'inégalité qui existe entre les cohéritiers, ap-
» portant de l'inégalité dans les lots, il serait im-
» possible d'exécuter cette disposition de la loi,
» étant sur-tout forcé de procéder à la licitation
» prescrite par l'art. 827, en cas que le partage
» ne puisse se faire commodément.

» Non, c'est dans l'ensemble des dispositions
» de la loi, qu'il faut en saisir l'esprit. Que veut
» le législateur ? que le propriétaire ne puisse
» être forcé de rester en société, il veut qu'il
» obtienne divisément sa part, et n'ordonne la
» licitation que dans les cas où le partage ne
» pourrait se faire commodément; mais la lici-
» tation, sur-tout en cas de minorité de l'un des
» copartageans, ne peut être ordonnée qu'apres
» qu'on a épuisé tous les moyens de donner au

12 *

» mineur sa portion en nature même ; et, comme
» le dit la loi, à moins qu'il ne soit évident que
» c'est pour le plus grand avantage du mineur.
» Aussi l'article 834 du Code Napoléon veut-il
» que l'estimation soit faite par experts, que leur
» procès-verbal présente les bases de cette esti-
» mation, qu'il indique de quelle manière l'objet
» peut être commodément partagé, et qu'il fixe
» chacune des parts qu'on peut en former.

» Ainsi, dans le cas de partage, concurrem-
» ment avec des mineurs, et dans l'hypothèse
» où il y a inégalité de droit entre les coparta-
» geans, les experts, après avoir fait l'estima-
» tion générale des immeubles, peuvent attribuer
» à chacun des lots les fonds qui doivent y en-
» trer, d'après les droits des parties ; fixer, en
» un mot, chacune des parts qu'on doit en for-
» mer, et l'attribuer à celui des cohéritiers au-
» quel elle appartient pour la remplir de ses
» droits. Le partage fait dans cette forme ne
» pourra jamais être attaqué par les mineurs,
» puisque c'est pour l'intérêt de leurs droits et
» pour leur conserver leur propriété, qu'on pro-
» cédera au partage par portions inégales, afin
» de leur attribuer celle qui leur appartient.
» Ainsi, dans l'espèce soumise à la décision du
» conseil, point de doute que le procès-verbal
» des experts, qui attribue aux mineurs des
» immeubles de l'hérédité, proportionnellement
» à la part qu'il leur appartient dans la masse
» commune, ne doive être homologué, l'attri-
» bution qui leur est faite du lot étant la suite
» nécessaire de l'inégalité de partage.

Cet avis du conseil de jurisprudence prouve
combien la loi sur les partages a besoin d'éclair-
cissemens, et combien il est difficile d'en saisir

la pratique, puisqu'il est vrai que ces jurisconsultes, en établissant un principe nécessaire, com-
mettent une grande erreur dans son application.

On a bien reconnu maintenant que lorsque
les lots sont inégaux, le tirage au sort devenant
impraticable, il ne reste que la voie d'attribution.
Mais d'abord les premiers experts ne peuvent jamais se mêler du lotissement que lorsque le tribunal qui les a commis, leur a prescrit cette
opération établie sur l'article 466, dans les cas
infiniment rares où cette forme simple peut être
adoptée pour le partage. (Voyez le commentaire
sur l'article 824). D'autre part, le quatrième
expert, chargé seul du lotissement, dans les cas
ordinaires, ne pourra jamais faire aucune attribution sans y être aussi formellement autorisé
par le tribunal qui l'aura commis, parce que ce
pouvoir n'est point dans la ligne de ceux dont
il est investi. C'est donc, je le répète aux avoués
et à ceux qui dirigent les demandes en partage,
à présenter toujours des conclusions analogues
à la nature du partage, afin que les jugemens
s'y rapportent aussi. Il faut raisonner la procédure et ne pas suivre aveuglément cette rou-
tine qui vous met dans la main des formules
générales qu'on applique indifféremment à toutes
sortes de cas. Il est bien vrai que l'homologation
du tribunal validerait l'attribution des lots faite
par le quatrième expert, et lui fournirait, après
coup, cette autorisation indispensable pour sortir
ainsi des bornes de son ministère ; mais puisque
les tribunaux sont les seuls régulateurs des partages, n'est-il pas plus convenable, plus régulier,
que leurs jugemens tracent toujours d'avance,
aux experts, qui ne sont que des officiers su-
balternes, la marche qu'ils doivent tenir ?

Une loi inexécutable en quelques points, doit être au moins exécutée en tout ce qu'il est humainement possible de faire. C'est en quoi, toutes les fois que le partage se fait d'après les articles 815 et suivans, le quatrième expert pourra seul lotir et attribuer, et non point, comme l'avance le conseil de jurisprudence, les trois premiers, dont les fonctions sont bornées à la lettre de l'article 824. Si ces premiers experts formaient et attribuaient les lots, non seulement ils commettraient un excès de pouvoir, qui rendrait le partage susceptible d'être annullé, mais encore ils couperaient cours au reste de la procédure, et il n'y aurait plus, ni notaire, ni composition de masse, ni comptes respectifs, ni référés, etc (1). La dernière observation à ajouter, c'est qu'après le lotissement et l'attribution faite par le quatrième expert, et l'homologation du tribunal, à la suite des observations, que les parties pourront faire contre ce lotissement, il faut, pour achever d'exécuter la loi, que les parties soient renvoyées devant le notaire pour faire *la délivrance* des lots attribués (Cod. procéd., art. 982), ou tout au moins pour faire la remise des titres (Code Napoléon, art. 842).

Les termes de cet article nous mettent dans le cas d'examiner une autre question : il y est dit que les lots sont faits par l'un des cohéritiers, s'ils *peuvent convenir* entre eux sur le choix.

L'article 828 avait dit qu'après que les meubles et immeubles ont été estimés et vendus, s'il y a lieu, le juge commissaire renvoie les parties

---

(1) Parce qu'il faut que les droits des parties soient connus, liquidés et établis, avant de pouvoir faire leurs lots, et que les experts ne peuvent se livrer à ce travail, qui n'est jamais de leur compétence.

devant un notaire dont elles *conviennent*, ou nommé d'office si les parties *ne s'accordent* pas sur le choix. Enfin, l'article 976 du Code de la procédure a fini par dire que dans tous les cas où le partage ne se ferait pas suivant la forme simple de l'article 466 du Code Napoléon, le poursuivant ferait sommer les copartageans de comparaître au jour indiqué devant le juge commissaire, qui renverrait les parties devant un notaire, dont elles conviendront si *elles peuvent et veulent en convenir.*

Or, maintenant, dans un partage judiciaire où des mineurs sont intéressés, leur tuteur a-t-il le droit de concourir à la nomination, soit de l'expert du premier article, soit du notaire des deux suivans?

Il s'agit de comprendre cette distinction de *pouvoir et vouloir.*

Relativement au tuteur, range-t-elle ici la faculté de nommer l'expert ou le notaire, à côté de l'impuissance générale et absolue où il est de compromettre?

Mais, d'autre part, l'art. 465 du Code Napoléon permet au tuteur de répondre, par lui-même, à toute demande en partage.

Or, *répondre*, est-ce faire librement tous les actes qu'exige le partage, ou s'y refuser, dans certains cas, et se retrancher dans sa qualité de tuteur, lorsque par des dispositions générales d'autres lois semblent vous interdire l'un de ces actes?

Observez encore que l'article 827 semble établir clairement que dans le cas de licitation, les parties ne pourront, si elles ne sont majeures, convenir du notaire.

Or, l'article suivant doit-il être entendu différemment à cause de la différence de l'objet?

L'opinion de Lepage, l'un des commentateurs du Code de la procédure, est que le notaire ne peut point être nommé par un mineur; il s'exprime ainsi à la page 816 sur l'article 976 : « Si » elles (les parties devant le commissaire) ne » s'accordent pas, ou s'il y a des mineurs ou » des interdits ou des absens, le juge dresse » procès-verbal des dires respectifs : sur son » rapport, le tribunal nomme d'office un notaire. »

Voilà néanmoins une disposition qui, si elle est adoptée, multiplie les frais sans but et sans utilité, et l'on peut dire qu'elle ôte véritablement au tuteur le pouvoir *de répondre* d'une manière efficace à une demande en partage, et ne lui laisse que celui de répondre grammaticalement et par la parole, comme ferait un écolier à la demande d'un régent, et de venir devant le juge commissaire déclarer simplement qu'il est tuteur (chose connue et constatée dès l'origine de la procédure), et qu'en cette qualité il ne peut nommer, etc.

Et voilà sans doute une faible matière à procès-verbal pour le juge commissaire ; mais il paraît que c'est là la rigueur des principes.

Voyez au surplus la fin de l'article 824, et notamment les détails de l'arrêt de Berulle sur le tirage des lots. Diverses considérations m'ont engagé à rendre compte de cet arrêt à la suite de cet article 824, avec lequel il a aussi des rapports essentiels.

« ART. 835. Avant de procéder au tirage des » lots, chaque copartageant est admis à proposer » ses réclamations contre leur formation. »

Pour donner à cet article toute son exécution, il faut donner aux parties le temps de réfléchir; c'est pourquoi le juge commissaire doit ordonner

que dans un certain délai les copartageans com-
paraîtront devant lui pour contester ou adopter
la formation des lots. Si les réclamations sont
sérieuses, il faut renvoyer à l'audience. Du reste
elles sont recevables tant que le tirage n'est pas fait.

« ART. 836. Les règles établies pour la division
» des masses à partager, sont également obser-
» vées dans la subdivision à faire entre les sou-
» ches copartageantes. »

Au partage général, chacune des souches,
comme nous l'avons déjà dit, ne fait qu'une tête;
on leur adjuge donc à chacune une portion dans
la masse générale. Les biens qui composent cette
portion se trouvent indivis entre les individus
qui composent cette souche. Il y a donc lieu à
un nouveau partage entre eux.

Il peut encore y avoir entre eux des souches
secondaires. Par exemple, si de plusieurs enfans
du frère du défunt prédécédé, l'un est mort
laissant aussi plusieurs enfans, ceux-ci ne prendront tous ensemble, dans la portion affectée
à la souche principale, que la part de leur père;
ils fourniront donc une nouvelle souche dans
la subdivision, et il y aura encore un nouveau
partage entre eux.

C'est dans toutes ces subdivisions que, conformément à notre article, il faut observer les
règles prescrites pour le partage principal.

Il n'est pas douteux que tous ces partages peuvent être faits par un seul et même acte.

S'il ne se trouve des mineurs que dans ces souches secondaires, faut-il absolument faire le
partage en justice ?

L'affirmative ne peut pas être la matière d'une
difficulté. Tous les héritiers, quoique de différentes souches, et devant par conséquent avoir

Cod. Nap.
Art. 836.

des parts inégales, sont néanmoins appelés à la même succession. Le partage principal doit être fait avec eux tous. Les mineurs, quoique dans une souche secondaire, sont incontestablement parties au partage. Il est donc à faire avec des mineurs. Il faut donc observer les formalités prescrites pour les partages dans lesquels il y a des mineurs.

Art. 837.

« ART. 837. Si dans les opérations renvoyées
» devant un notaire, il s'élève des contestations,
» le notaire dressera procès-verbal des difficultés
» et des dires respectifs des parties, les renverra
» devant le commissaire nommé pour le partage;
» et au surplus, il sera procédé suivant les formes
» prescrites par les lois sur la procédure. »

Le notaire n'est pas juge : ses fonctions se bornent à constater les conventions des parties ou les causes de leurs différends, et les raisons qu'elles allèguent à l'appui de leurs prétentions. Le juge commissaire lui-même ne peut pas prononcer. Il doit en référer à la chambre, qui elle même ne statue que provisoirement, dans les cas qui en sont susceptibles, et renvoie sur le fonds à l'audience.

Il en est de même, lorsque le partage a été commencé à l'amiable devant un notaire, et qu'il s'élève des contestations, le notaire doit dresser procès-verbal, et renvoyer les parties à se pourvoir.

Faut-il, dans ce cas, citer au bureau de paix, et le défaut de cette formalité opérerait-il la nullité de la procédure ?

Je ne le pense pas. La loi n'ordonne ni ne doit rien ordonner d'inutile. La citation au bureau de paix a pour but de tâcher d'amener une conciliation entre les parties et d'éviter un

procès. Or, dans le cas supposé, quand le notaire a dressé un procès-verbal, il est clair que
les parties n'ont pu se concilier ; le juge de paix
ne pourrait que répéter le procès verbal du notaire.
La formalité de la citation est donc alors inutile.

Je conseillerai néanmoins au demandeur de
l'observer, pour éviter toute réclamation ; mais
s'il l'avait négligée, je ne pense pas que l'on
dût déclarer la procédure nulle sur ce fondement.

« ART. 838. Si tous les cohéritiers ne sont pas
» présens, ou s'il y a parmi eux des interdits ou
» des mineurs, même émancipés, le partage
» doit être fait en justice, conformément aux
» règles prescrites par les articles 819 et suivans,
» jusques et compris l'article précédent. S'il y
» a plusieurs mineurs qui aient des intérêts op-
» posés dans le partage, il doit leur être donné
» à chacun un tuteur spécial et particulier. »

La non présence d'un des héritiers, soit que
la résidence étant connue, on ne puisse avoir
de ses nouvelles qu'après un temps très-long,
comme s'il est dans les colonies, soit que son
existence étant incertaine, son absence ne soit
pas encore déclarée, ne peut pas être une raison
de forcer les autres à demeurer dans l'indivision. Alors, après avoir fait les opérations avec
un notaire qu'on a fait commettre par le juge
du lieu de l'ouverture de la succession, pour le
représenter, les héritiers présens peuvent provoquer le partage, dans lequel le notaire commis
doit nécessairement être partie, et qui doit être
fait en justice.

Si, postérieurement au partage, l'absence est
déclarée, les cohéritiers de l'absent doivent-ils
se faire envoyer en possession de la part qui a
été faite à l'absent, ou appartiendra-t-elle aux

héritiers présomptifs de l'absent qui auront obtenu l'envoi en possession de ses biens ?

Je crois qu'il faut répondre négativement à
l'une et à l'autre question.

Ces héritiers envoyés en possession ne peuvent
pas prétendre à la part qui lui a été faite dans la
succession à laquelle il était appelé ; car suivant
les principes du Code Napoléon, l'absent ne la
recueille point ; ainsi elle ne fait pas partie de
ses biens, à moins que ses héritiers ne prou-
vassent son existence lors de l'ouverture.

Quant à ses cohéritiers dans la succession échue,
ils n'ont pas besoin d'envoi en possession pour
avoir sa part, puisqu'en vertu des dispositions du
Code Napoléon, au moyen de l'absence déclarée,
la succession se trouve leur être dévolue entière.

A l'égard du précepte qui prescrit la nomination de tuteurs spéciaux, il demande quelques explications pour être bien entendu.

Il faut prendre garde d'abord que la loi n'ordonne cette nomination que quand il y a plusieurs mineurs qui ont des intérêts opposés. De-là
il résulte que s'il se trouvait dans une des souches plusieurs mineurs, il ne serait pas nécessaire de faire cette nomination pour le partage
principal ; car ces mineurs ne devant prendre
tous ensemble que la part de la personne qu'ils
représentent, n'ont pas d'intérêts contraires ;
mais il faudra leur en donner pour la subdivision, car alors ils se trouvent opposés.

Lorsque des enfans mineurs d'un même père,
lesquels n'ont qu'un seul tuteur, partagent sa
succession, il y a lieu de leur donner à chacun
un tuteur *ad hoc* ; car il y a entre eux division
d'intérêts, que si les enfans mineurs de deux
frères, ayant chacun leur tuteur, partagent la

Cod. Nap.
Art. 838.

succession d'un autre frère, cette nomination n'est pas nécessaire, car ils ont chacun un défenseur légal.

De même, si de plusieurs mineurs, l'un étant émancipé, n'a pas pour curateur le tuteur de ceux qui sont restés en pupullarité, cette nomination n'est pas requise, car ils sont tous suffisamment défendus.

Il résulte de cette discussion, que la dernière disposition de cet article ne s'aplique qu'au cas où plusieurs mineurs ayant des intérêts opposés, ont le même tuteur, parce qu'alors ce tuteur se trouve n'avoir pas de contradicteur, et qu'il serait à craindre qu'il ne favorisât quelqu'un de ses pupilles aux dépens des autres.

Sur quoi j'observerai que M. de Malleville semble énoncer une opinion différente de celle-ci, qui est conforme à celle des auteurs des Pandectes françaises. « La seconde partie de l'ar-
» ticle, dit-il, s'entend des mineurs qui ont le
» même tuteur, comme c'est le cas ordinaire de
» plusieurs frères ou sœurs qui ont cependant
» des intérêts opposés ; *comme si l'un deux est*
» *avantagé sur les autres*, il faut alors leur
» nommer, pour le partage, des tuteurs *ad hoc* ;
» mais si chacun avait déjà son tuteur, il ne serait
» pas nécessaire de leur en nommer d'autres. »
Ainsi, M. de Malleville considère que les mineurs n'ont un intérêt opposé qu'avec celui d'entre eux qui a un avantage sur les autres; mais cet avantage ne fait que lui donner un surcroît d'intérêt opposé, et n'empêche pas que n'ayant tous qu'une simple portion égale, ils ne soient également tous opposés entre eux d'intérêts. Cette opposition n'est autre chose que le droit particulier qu'à chacun des cohéritiers mineurs, de tirer à soi une

Cod. Nap.
Art. 838.
portion de l'hérédité ouverte ; or, chacun ayant intérêt de faire son lot plus fort, les autres ont intérêt de s'opposer à tout envahissement. Il paraît donc certain que, dans tous les cas, les mineurs copartageans doivent être séparément pourvus d'un tuteur spécial ; car quelque fussent les dispositions du défunt, un tuteur unique pourrait toujours être soupçonné de porter quelque préférence et de procurer quelque avantage à l'un de ses pupilles, et c'est ce que la loi et l'équité reprouvent.

Il nous reste à observer que toutes les fois qu'on donne à un mineur un tuteur *ad hoc* ou spécial, ses fonctions finissent avec l'affaire pour laquelle il a été nommé. S'il y a lieu à un compte, il le doit rendre au tuteur, sous l'administration duquel le mineur rentre, ou au mineur lui-même, s'il est émancipé.

Art. 839.
« ART. 839. S'il y a lieu à licitation, dans le » cas du précédent article, elle ne peut être faite » qu'en justice, avec les formalités prescrites » pour l'aliénation des biens des mineurs. Les » étrangers y sont toujours admis. »

Voyez les observations sur l'article 827.

Cette disposition se trouve déjà pour les mineurs dans l'art. 460. Les mêmes motifs ont dû la faire étendre aux cohéritiers non présens, pour prévenir la lésion de leurs intérêts.

Art. 840.
« ART. 840. Les partages faits conformément » aux règles ci-dessus prescrites, soit par les tu- » teurs, avec l'autorisation d'un conseil de fa- » mille, soit par les mineurs émancipés, assistés de » leurs curateurs, soit au nom des absens ou non » présens, sont définitifs ; ils ne sont que provi- » sionnels, si les règles prescrites n'ont pas été » observées. »

Cet article, comme on le voit par la manière
dont il est conçu, n'est relatif qu'aux partages,
dans lesquels il se trouve des parties non présentes, mineurs ou interdits. Ceux faits entre
majeurs, soit en justice, soit autrement, dans
lesquels on n'aurait point observé les formalités
prescrites en général pour les partages, n'en
seraient pas moins définitifs, sauf l'action en rescision, dans le cas où elle peut avoir lieu.

A l'égard des cohéritiers absens, il faut bien
faire attention aux expressions de notre article,
absens ou non présens, cela veut dire que le
terme *absent* ne s'entend pas du déclaré absent,
et qui par cela seul, n'est pas admis à la succession,
mais de celui qui n'est pas présent, ou qui est
absent dans le langage ordinaire.

Quant aux mineurs, suivant l'ancienne jurisprudence, dont le fondement se trouvait dans
les lois romaines, quoique toutes les formalités
eussent été remplies, ils pouvaient toujours être
restitués, même pour la lésion la plus légère. On
admettait même pour principe que le mineur était
lésé, par cela seul qu'il avait aliéné; on le restituait
en conséquence tres-facilement, en sorte qu'il était
toujours très-dangereux de traiter avec un mineur.

Cet article change heureusement cette jurisprudence; il en résulte que quand les formes
prescrites par la loi auront été fidèlement exé-
cutées, les non présens, mineurs ou interdits,
ne pourront être restitués que comme les majeurs
et pour les mêmes causes. Si les formalités n'ont
point été observées, le mineur n'a pas besoin de
l'action en restitution pour demander un nouveau
partage. Dans ce cas, le partage n'est que provisionnel, et l'on peut en demander un autre sans
avoir besoin de prouver de lésion.

Cet article, dit M. de Malleville, donne lieu
à deux questions qui ne sont pas aisées à résoudre.

1.º il dit que les partages faits par les tuteurs,
avec l'autorisation d'un conseil de famille, conformément aux règles ci-dessus prescrites, sont
définitifs.

Cependant l'article 465 dit que l'autorisation
du conseil de famille est bien nécessaire au tuteur pour provoquer un partage, mais non pour
y répondre lorsqu'il est provoqué contre le mineur; et l'article 466 dit, qu'en observant les
formalités qu'il exprime, et qui sont les mêmes,
quoique moins détaillées que celles prescrites dans
le titre actuel, le partage sera définitif.

N'y aura-t-il, d'après cet article 840, que les
partages faits avec l'autorisation du conseil de
famille qui seront définitifs? Je crois qu'il faut
se tenir à la disposition des articles 465 et 466,
qui sont dans un titre fait exprès pour les mineurs,
et que les expressions ci-dessus rappelées, doivent être restreintes, au cas où l'autorisation du
conseil de famille est en effet exigée, mais non
lorsqu'elle ne l'est pas.

2º. L'article dit que les partages faits toujours
avec les formes prescrites par les mineurs émancipés, assistés de leur curateur, sont définitifs.
On demande si ces partages seront définitifs,
quoique le mineur émancipé n'y soit pas autorisé
par une délibération du conseil de famille?

Je suis pour l'affirmative, parce que notre article y est formel, et qu'aucun autre article du
Code ne dit positivement le contraire. L'art. 484
dit bien que le mineur émancipé ne pourra vendre
ni aliéner ses immeubles ni faire aucun acte,
autre que ceux de pure administration, sans observer les formes prescrites aux mineurs non

émancipés. Mais un partage, comme je l'ai déjà Cod. Nap.
dit, n'est pas une aliénation; cet article ne dit pas Art. 840.
que le mineur émancipé, assisté de son curateur,
ne puisse pas faire un partage valide, et notre
article dit expressément qu'il le peut; enfin,
M. Treillard l'a répété en mêmes termes, dans
son discours au corps législatif.

L'art. 817 dit en général, que l'action en partage
peut être exercée, à l'égard des cohéritiers mineurs
ou interdits, par leur tuteur, spécialement autorisés par un conseil de famille; mais l'art. 840,
est l'exception de celui-là; et quelle crainte peut-
on donc avoir, que le mineur émancipé soit
lésé, en observant toutes les formalités que la loi
prescrit?

Telles sont les propres expressions de M. de
Malleville; et comme ma tâche est de conférer
ensemble les opinions des meilleurs écrivains,
de recueillir la lumière qui doit jaillir de leur
opposition, et de la chercher par moi-même,
lorsque ceux qui m'ont devancé ne la produisent
pas, je ferai remarquer ici que dans la dernière
de ces questions délicates, les auteurs des Pandectes sont encore en contradiction avec l'auteur
qu'on vient de citer; mais cette fois leur avis me
paraît devoir être écarté en faveur du premier;
voici leurs expressions:

« Les mineurs émancipés auront-ils besoin de
» l'autorisation de leur famille pour provoquer
» un partage ou une licitation?

» La négative semble résulter de la contexture
» de cet article à leur égard; mais, d'une part,
» l'article 817 de ce titre exige cette autorisation,
» à l'égard de tous les mineurs indistinctement.
» D'un autre côté, l'article 484, au titre de la
» tutelle, les assimile aux mineurs non éman-

Cod. Nap. » cipés pour tous les actes d'aliénation de leurs
Art. 840. » immeubles ; *or , on a toujours tenu que le par-*
» *tage contient une sorte d'aliénation.* Il faut
» conclure de-là que le mineur émancipé doit
» être autorisé par sa famille pour provoquer le
» partage d'une succession , dans laquelle il se
» trouve des immeubles. Cet article ne doit s'ap-
» pliquer qu'au cas où il est provoqué ; mais
» alors aussi le tuteur du mineur non émancipé
» n'a pas besoin d'être autorisé (art. 465).

» Il résulte encore de cet article, qu'il n'est plus
» nécessaire , comme autrefois, de nommer au mi-
» neur émancipé un tuteur *ad hoc* , pour l'assister
» au partage ou à la licitation ; il est suffisamment
» défendu par son curateur. Il n'y a lieu à cette
» nomination que dans les cas prévus par l'ar-
» ticle 838. »

La différence de ces deux opinions vient principalement, comme on l'aura déjà remarqué, de
ce que ces derniers auteurs considèrent en ce
moment le partage comme renfermant une aliénation ; mais j'ai déjà répété souvent , et ces mes-
sieurs en conviennent dans plusieurs autres endroits de leur ouvrage , que tout acte de partage
n'est plus que déclaratif , et non attributif de
propriété ; ce principe généralement reconnu et
adopté , fait tomber toute leur argumentation.

La loi ne parle point de ceux à qui il a été
nommé un conseil.

Il n'est pas douteux que ces personnes ne peuvent ni provoquer un partage , ni y assister, ni
procéder à une licitation , soit à l'amiable , soit
en justice, sans l'assistance du conseil, et que les
actes faits sans lui seraient nuls.

Faut-il absolument que le partage ou la licitation soit faite en justice ?

On doit décider que non. Ces personnes sont Cod. Nap. Art. 840. capables de tous les actes, avec l'assistance de leur conseil ; elles peuvent, en conséquence, avec lui agir et procéder comme les majeurs, et dans la même forme.

Voici maintenant ce que la jurisprudence a établi relativement à cet article.

1.º Un partage provisionnel, ou fait sans formalités, avec un mineur, peut être rescindé sur la demande de celui-ci, même avant sa majorité.

2.º La rescision de ce partage doit être accordée plutôt pour cause de minorité que pour lésion.

3.º La réserve légale doit demeurer intacte ; c'est au légataire universel à payer les legs particuliers.

Tels sont les principales difficultés résoutes dans l'espèce qui s'est présentée devant la cour d'appel d'Aix, le 22 frimaire an 14, entre les hoirs de Silvestre Drogoul, décédé antérieurement au Code Napoléon.

« ART. 841. Toute personne, même parente Art. 841.
» du défunt, qui n'est pas son successible, et
» à laquelle un cohéritier aurait cédé son droit
» à la succession, peut être écartée du partage,
» soit par tous les cohéritiers, soit par un seul,
» en lui remboursant le prix de la cession. »

Lois anciennes qui ont rapport à cet article.

Argum ex leg. 22 *et* 23, *cod. mandati vel contra.*

Lebrun, des Successions, liv. 4, chap. 2, sect. 3, nº. 66.

« Cette disposition est neuve ; nous n'en trou-
» vons l'origine nulle part, disent les auteurs
» des Pandectes, déjà si souvent cités. »

13 *

Mais c'est une inadvertance; elle est conforme
aux lois *ab anastasio et perdiversas, cod mandati*,
lesquelles étaient constamment observées dans la
jurisprudence, comme on peut le voir dans Louet
et Brodeau, lettre c., n.° 13, et dans Rousseau,
verb. Transport.

Avant le Code Napoléon, on avait prétendu
que ce droit des cohéritiers était aboli par les
décrets multipliés qui ont supprimé toutes les
espèces de retraits; on voulait faire regarder ce
droit d'offrir comme étant de la même nature
que le retrait successoral, abrogé par le décret
du 19 floréal an 2; mais cette prétention avait
été rejetée par plusieurs arrêts de la cour de cassation, dont l'un même rendu par toutes les sec-
tions réunies, qui avaient décidé que le droit
dont il s'agit, n'avait rien de commun avec les
retraits: le dernier de ces arrêts est du 8 frimaire
an 12.

Au reste, cette disposition est infiniment salutaire. Rien, en effet, ne jette plus d'embarras
dans les affaires, et ne donne lieu à plus de contestations que cette introduction des étrangers
dans les successions; ils y viennent avec une
avidité que rien ne peut satisfaire; comme ils
ne connaissent pas l'état de la succession, ils sont
toujours hérissés de difficultés, et leurs prétentions n'ont point de bornes.

Comme ces raisons ne militent pas contre les
héritiers du défunt; que d'ailleurs ils sont nécessairement admis au partage, et que la portion
plus ou moins grande qu'ils doivent y prendre,
ne peut être le sujet d'aucun embarras, la loi
n'admet la faculté dont il est question en cet article, que contre les cessionnaires étrangers; elle
considère comme tels, et avec raison, les parens

du défunt qui ne sont pas appelés à sa succession ; ils sont en effet étrangers relativement à elle. <remark>Cod. Nap. Art. 841.</remark>

Il suit de cet article que les héritiers ne peuvent point user de cette faculté les uns contre les autres. Le cessionnaire de l'un d'eux qui serait en même temps héritier, ne pourrait point être évincé par les autres. La raison est que la cession lui donne bien un plus grand droit dans la chose commune, mais ne lui attribue pas un titre qu'il n'avait point ; cette conséquence était également admise dans l'application des deux lois précitées. *Cod. mandati.* Rousseau. *Loc. cit.*

De même, deux cessionnaires étrangers pourraient bien être écartés tous deux par les héritiers, sous la condition de cet article ; mais l'un ne pourra point évincer l'autre, parce que cette faculté n'est établie qu'en faveur des héritiers.

Reste maintenant à savoir comment il faut entendre la disposition de cet article, relativement au remboursement qu'il prescrit du prix de la cession. Suffira-t-il de rembourser le prix stipulé au contrat, ou faudra-t-il ajouter les frais et loyaux coûts ?

Cet article n'ayant point été discuté, le procès-verbal ne nous fournit aucune lumière à cet égard.

Cet article se trouvait dans le premier projet du Code civil (1) ; il était le 129.me du projet de la section de législation, et le 131.me de la loi sur les successions, telle qu'elle fût d'abord arrêtée et promulguée. Les orateurs, soit au corps législatif, soit au tribunat, n'ont rien dit, en particulier, sur cet article. Ainsi nous n'avons

(1) Tit. des Success., chap. 7, sect. 1, art. 45.

aucun moyen de connaître l'intention précise du législateur à cet égard.

La loi étant muette, la question reste dans les termes du droit, et il faut décider suivant les règles de la justice et de l'équité.

Or, toutes les fois que la loi permet à quelqu'un de contraindre un tiers à lui abandonner sa propriété, non-seulement elle l'oblige à lui en restituer le prix, mais encore à le rendre indemne, c'est-à-dire, à lui rembourser les frais qu'il a faits pour l'acquérir.

C'est ainsi que les coutumes qui admettaient le retrait lignager, obligeaient le retrayant à rembourser à l'acquéreur, outre le prix principal de la vente, les frais et loyaux coûts; cette faculté, en effet, doit être exercée avec le moins de dommage possible, pour le tiers qui y est assujetti, et ses frais et loyaux coûts forment une partie du prix de sa propriété, puisqu'il a été forcé de les débourser pour l'acquérir.

Le droit que cet article donne aux héritiers contre le cessionnaire étranger, acquéreur des droits de l'un d'eux, est une sorte de retrait lignager, qui doit être soumis aux règles d'équité qui gouvernaient le retrait lignager coutumier.

Je pense, en conséquence, que l'héritier qui veut écarter le cessionnaire étranger, doit lui rembourser, non-seulement le prix principal de la cession, mais encore les frais et loyaux coûts.

Il faut entendre par frais et loyaux coûts, ceux dont l'acquisition a été la cause prochaine et immédiate. Tels sont les droits d'enregistrement et les frais raisonnables de l'acte de cession. Si ces frais étaient trop forts, ils seraient taxés en la manière accoutumée;

Car l'héritier ne doit pas souffrir de ce que

l'acquéreur aurait consenti à donner au notaire
un salaire exorbitant (1).

Si pour éviter l'application de cet article, on
a porté au contrat un prix fictif, excédant celui
qui a été véritablement payé, et que l'héritier
soit en état de prouver cette fraude, il peut l'opposer, et faire réduire le prix à la somme qui a
été véritablement payée. On lui opposerait vainement que les actes publics font foi jusqu'à inscription de faux. Ce principe est incontestable,
sauf le cas de fraude proposée par un tiers non
partie au contrat. Il n'a pu prendre aucune précaution pour en constater la preuve, et il serait
impossible en aucune occasion de l'acquérir, si
on s'en tenait indistinctement à ce principe ; dans
ce cas, l'héritier qui ayant démontré la fraude
aura fait réduire le prix, ne devra rembourser les
droits d'enregistrement que proportionnellement
à la somme véritablement payée. Le surplus a
bien été payé à l'occasion de l'acquisition, mais
non nécessairement pour elle. L'acquéreur ne les
a payés que pour couvrir la fraude ; et comme il
les perd par sa faute, il ne peut pas s'en plaindre ;
il n'est pas même véritablement lésé. *Qui damnum suâ culpâ sentit, damnum sentire non in-
telligitur.*

L'article que nous discutons, introduisant, au
surplus, en France, un droit qui n'y était pas
régulièrement et généralement établi, et formant
en quelque sorte une institution nouvelle, est
déjà devenu la matière de bien des contestations.
J'ai recherché avec un soin laborieux toutes celles

---

(1) L. 26, §6, ff. MANDAT. Tiraqu. AD EUMDEM TITUL. ff. 29, gl.
4, n.° 15. Pothier, des retraits, part. 1, chap. 9, art. 3, n.° 309
et suivans. Décret impérial sur la taxe des dépens, art. 173.

qui s'étaient élevées avec quelqu'importance devant les tribunaux, et je vais donner ici le texte
des arrêts remarquables rendus sur cette matière, avec l'analyse des débats qui les ont pré-
cédés, ce qui instruira mieux que le meilleur
commentaire.

Dès le 9 ventôse an 12, le tribunal civil de
Paris a prononcé sur les questions suivantes :

Lorsqu'un héritier n'a vendu que sa part dans
des immeubles restés indivis, et non tous ses
droits successifs, ses cohéritiers peuvent-ils la
retraire ?

Dans le cas où ceux-ci sont mineurs, le retrait
peut-il être exercé par le tuteur sans l'autorisation d'un conseil de famille ?

Celui qui vend ses droits successifs, investit
son acquéreur du droit de figurer dans toutes
les opérations de la succession, de connaître
comme lui tous les titres, papiers, effets mobiliers ou immobiliers qui la composent; il leur
donne, pour ainsi dire, un nouveau cohérititier,
à qui tous les secrets de la famille seront nécessairement révélés. Il vend des droits incertains,
embrouillés, et plus difficiles encore à régler
quand ils sont exercés par un étranger.

C'est pour prévenir ces inconvéniens que furent
rendues les lois si connues sous les mots : *per diversas* , *et ab anastasio* , *cod. mandati vel cont.* ;
lois qui permettaient d'écarter l'étranger acquéreur, ou cessionnaire de droits successifs, en lui
remboursant le prix de son acquisition.

En France, où l'on avait pour principe de
conserver les biens dans les familles, ce qui avait
donné lieu à cet adage: *paterna paternis*, etc, le
retrait y fut reçu avec une faveur qui n'eut pas
de bornes. L'on sent bien que les dispositions

des deux lois citées y furent universellement reçues.

La révolution amena avec elle de grands changemens à cet égard.

Les lois des 17 et 19 juillet 1790, 13 mai 1792, abolirent tout *retrait* lignager, demi-denier, etc. Celles des 2, 30 septembre 1793, et 19 floréal an 2, ajoutèrent encore à ces premières dispositions.

Alors on éleva la question de savoir si l'héritier était fondé à rembourser l'acquéreur des droits de son cohéritier, et à ce faire subroger à son acquisition, si les lois nouvelles ne s'appliquaient qu'aux retraits qui avaient pour but de favoriser la féodalité, de contrarier l'égalité civile, ou de gêner la liberté commerciale.

Les inductions qu'on tirait des lois des 17 nivôse, art. 60, et 9 fructidor, art. 28, semblaient tendre à l'affirmative de cette question ; elle fut embrassée par le tribunal de cassation, suivant qu'on l'infère de son jugement du 11 germinal an 10, rapporté dans le Bulletin, n.º 7, page 263.

Le Code Napoléon accorde, de la manière la plus expresse, à l'héritier le droit d'écarter, en le remboursant, tout étranger qui aurait acquis d'un cohéritier son droit à la succession.

La difficulté est de savoir si cet article s'applique au cas où l'héritier n'a vendu que sa part dans *un ou plusieurs immeubles déterminés*, et si le tuteur, qui veut exercer le retrait pour ses mineurs, doit se faire autoriser du conseil de famille.

La dame Lafontaine avait laissé en mourant une succession assez considérable.

Cod. Nap.
Art. 841.

Elle avait des dettes. On convint de vendre le domaine de Gagny pour les acquitter : mais l'adjudicataire ne s'étant point exécuté, les héritiers de la dame Lafontaine se rétablirent dans ce domaine le 21 fructidor an 11, etc. Le 13 pluviôse an 11, il fut convenu et consigné dans l'acte de partage de ses biens, que le domaine de Gagny resterait indivis, et qu'il serait vendu pour acquitter, avec le prix qui en proviendrait, les charges de la succession.

Le 28 floréal an 11, le domaine est adjugé à l'audience des criées, à la chaleur des enchères.

Mais l'adjudicataire n'ayant point rempli une condition qui lui avait été imposée dans le cahier des charges, les héritiers de la dame Lafontaine se rétablirent dans le domaine.

Le 21 fructidor an 11, la demoiselle Lafontaine cède à Pillion un huitième qu'elle avait dans le domaine indivis, et un quart qui lui appartenait dans un autre immeuble.

Lafontaine père, tant en son nom qu'en celui de ses enfans mineurs, déclare à Pillion qu'il entend racheter ces deux portions de biens ; il fait offre d'en rembourser le prix.

De son côté, le sieur de Lamarlière, créancier hypothécaire de l'acquéreur, poursuit la vente définitive du domaine.

Le père y forme opposition.

Dans cet état, la cause est portée à l'audience.

Lafontaine père et ses enfans prétendaient que la part vendue à Pillion devait leur être restituée.

La loi ne distingue point, disaient-ils, entre le cas ou *tout*, ou seulement *une partie* des droits successifs ont été cédés ; son unique but est d'éloigner les étrangers, qui, au moyen d'un Cod. Nap. Art. 841. titre vrai ou simulé, viendraient s'immiscer dans le partage d'une succession : elle n'atteindrait pas ce but si le cessionnaire pouvait conserver la part vendue, sous prétexte qu'il l'aurait acquise à *titre singulier* : il ne manquerait jamais d'acheter à ce titre, en faisant l'énumération de plusieurs ou de tous les objets compris dans la part de son vendeur : ainsi, la loi et les sages motifs qui ont déterminé l'article 841, seraient toujours facilement et impunément éludés.

Dans la forme, il est évident que l'autorisation du conseil de famille n'était point nécessaire au père pour intenter l'action en sa qualité de tuteur ; il exerce un droit *légal*, un droit qui n'offre que des avantages aux cohéritiers, puisqu'il tend à agrandir leur domaine, et que, d'ailleurs il leur importe toujours de prévenir les difficultés, et d'en étouffer le germe.

Pillion répondait que, n'ayant acheté qu'une partie des immeubles composant le lot de la demoiselle Lafontaine, l'art. 841 ne lui était point applicable : l'objet de cet article est, comme on l'a dit, que les papiers domestiques ne soient point trop indiscrettement mis en évidence, que les secrets des familles ne soient pas imprudemment dévoilés. Ici cet inconvénient ne peut exister, puisque le mobilier ne fait point partie de la cession.

D'ailleurs, vendre quelques immeubles de la portion héréditaire, ce n'est point aliéner *son droit à la succession*, ni se dépouiller de la qualité d'héritier. Le cessionnaire, à *titre singulier*, n'a rien à démêler avec les cohéritiers de son cédant ; il ne représente point celui-ci : s'il y a un droit d'accroissement à recueillir, s'il faut répondre à une action en garantie, acquitter une charge commune, tout cela lui est étranger. Ainsi, les craintes comme la demande des héritiers Lafontaine sont mal fondées.

Ils ont également tort de soutenir que l'autorisation du conseil de famille ne leur est point nécessaire ; elle est requise chaque fois que des mineurs veulent introduire *une action immobilière*. Or, un retrait, une revendication d'immeubles est bien, sans doute, une action de cette espèce.

L'offre faite par les héritiers Lafontaine serait, au besoin, déclarée nulle, en matière de retrait ; il faut, non seulement offrir, mais encore *réaliser*; il faut que les sommes soient comptées et mises à découvert ; il faut que le défendeur soit mis à même de *toucher*, formalité essentielle qui n'a point été observée, et qui les rend encore non recevables sous ce rapport.

Jugement textuel.

LE TRIBUNAL,

Considérant que la cession faite par la demoiselle Lafontaine ne s'étend pas à une *universalité de droits, successifs* dans la succession de sa mère, mais seulement à son *huitième* dans le domaine de Gagny, et à son quart dans un autre immeuble à elle attribuée par l'acte de partage :

D'où il suit que l'art. 841 du Code Napoléon, invoqué par Lafontaine, n'est point applicable à la cause ;

Considérant, au surplus, que le jugement d'adjudication n'est point attaqué; que, dans l'origine, c'est Lafontaine seul qui n'est point cohéritier

qui a fait des offres ; que ni lui ni ses enfans n'ont
réalisé ni effectué lesdites offres, pour lesquelles
les mineurs n'ont point été *autorisés*, conformément aux dispositions de l'article 464 du Code,

Ordonne que, nonobstant l'opposition formée
à la requête dudit Lafontaine. il sera passé outre
à la vente et adjudication définitive du domaine
dont s'agit.

Autre question soumise le 8 germinal an 12,
au tribunal civil de Versailles, au sujet des droits
d'enregistrement du retrait successoral, objet
qu'il importe de connaître.

Lorsque l'héritier vend sa part d'immeubles
indivis dans la succession, la régie de l'enregistrement peut-elle percevoir un droit de mutation,
au cas où un cohéritier exercerait un retrait sur
l'objet vendu ?

Moudion décède, laissant trois enfans pour
héritiers.

Un moulin et ses dépendances faisaient partie
de sa succession.

Deux héritiers vendent à Duhamel leur part
indivise dans ce moulin.

Raphaël Moudion, troisième héritier, prétend
avoir le droit, en vertu de l'article 841 du Code,
de retirer, des mains de Duhamel, les portions
par lui acquises.

Celui-ci ne conteste pas ; il accepte le remboursement offert par le retrayant, et restitue
la chose vendue.

L'acte de *rétrocession* présenté à la régie, le
receveur perçoit les mêmes droits que pour une
revente ordinaire.

Moudion s'est pourvu, contre la régie, devant
le tribunal civil de Versailles, pour obtenir la restitution du droit proportionnel qu'elle avait perçu.

Jugement textuel.

Attendu que les frères Moudion n'ont point vendu au citoyen Duhamel leurs droits indivis dans la succession de feu Moudion leur père, mais seulement leur portion indivise dans un corps certain dépendant de cette succession ; que l'article 841 du Code Napoléon, d'après les termes dans lesquels il est conçu, ne doit s'entendre que de l'héritier qui investit un étranger d'une universalité de ses droits successifs, et non de celui qui dispose seulement, à titre singulier, de sa part, dans un immeuble déterminé, et confère, à la vérité, à son acquéreur, le droit de demander le partage ou la licitation de cet immeuble, mais non celui de s'immiscer dans les affaires de la succession, et d'en demander un partage général : d'où il suit que le délaissement fait par Duhamel, ne peut être regardé comme la suite de l'exercice du retrait successoral, qu'il doit être considéré comme une véritable revente ou rétrocession ;

Le tribunal déboute Raphaël Moudion de sa demande, et le condamne aux dépens.

Autre arrêt de la cour d'appel de Dijon, du 20 thermidor an 12, important à recueillir sur cette question :

Lorsque des héritiers ont vendu leurs *parts indivises* dans des *immeubles désignés*, le cohéritier non vendeur est-il fondé à exercer le retrait, en demandant à être *subrogé* au lieu et place de l'acquéreur ?

En cas de négative, ce cohéritier peut-il se refuser à procéder au partage *avec l'acquéreur* ?

D'après la disposition de l'article 841, il est

évident que celui-là seul qui a acquis des droits successifs, et non le cessionnaire à titre singulier, peut être écarté par les cohéritiers de son vendeur ou cédant. Les motifs de cette disposition sont clairement développés dans le rapport de M. le tribun Chabot (de l'Allier). « Les étran-
» gers, dit-il, qui achètent des droits successifs,
» apportent presque toujours la dissention dans
» les familles, et le trouble dans les partages. Le
» projet de loi donne le moyen de les écarter.
» L'article 841 dispose que toute personne, même
» parente du défunt, qui n'est pas son succes-
» sible, et à laquelle un cohéritier aurait cédé
» *son droit à la succession*, peut être écartée du
» partage, soit par tous les cohéritiers, soit par
» un seul, en lui remboursant le prix de la ces-
» sion.

» Cette disposition infiniment sage, est con-
» forme aux lois *per diversas*, *et ab anastasio*,
» qui avaient été généralement admises dans
» notre jurisprudence.

» Il est de l'intérêt des familles qu'on n'admette
» pas à pénétrer dans leurs secrets, et qu'on n'as-
» socie point à leurs affaires des étrangers que
» la cupidité ou l'envie de nuire, ont pu seule
» déterminer à devenir cessionnaires, et que les
» lois romaines dépeignait si énergiquement par
» ces mots, *alienis fortunis inhiantes.* »

C'est aussi dans ce sens que l'ont décidé les tribunaux de Paris et de Versailles.

Le premier a solennellement reconnu le principe que l'article 841 ne s'appliquait pas à une cession, « qui ne s'étendait pas à *une univer-*
» *salité de droits successifs*, *voy. pag.* 304 *du*
» *premier vol de la jurisprudence du Code Na-*
» *poléon.* »

Le second, que cet article « ne doit s'entendre
» que de l'héritier qui investit un étranger d'une
» *universalité de ses droits successifs*, et non
» de celui qui dispose seulement à titre singulier,
» de sa part dans un immeuble déterminé (pag.
» 429, ibid). »

C'est encore un des points décidés par la cour
de Dijon, dans l'arrêt que je vais rapporter.

Mais, si la cession d'une universalité avait été
faite à *titre gratuit*, le donataire pourrait-il être
écarté ?

Raison de douter.

D'abord, les termes, *en remboursant le prix*,
n'excluent pas le donataire de l'application de
l'article; car bien qu'il n'ait rien payé, on ne sera
pas moins tenu de lui rembourser le prix ou la
valeur, d'après experts, ou ensuite de ventilation
de la chose donnée.

D'ailleurs le législateur a dit : « Toute personne
» à laquelle un cohéritier aurait *cédé son droit.* »
S'il eût voulu restreindre la faculté de retraire, à
la seule aliénation à titre onéreux, il n'eût pas
manqué d'employer le terme *vendu;* mais il s'est
servi du mot général *cédé*, qui s'entend d'une
donation comme d'une *vente;* la cession pouvait
être onéreuse ou gratuite.

Le cohéritier du donateur a les mêmes raisons
pour écarter un donataire qu'un acquéreur ; c'est
toujours un étranger auquel on ne peut confier
les secrets domestiques ; il vaut mieux l'éloigner
en lui payant la valeur de sa chose ; c'est d'ailleurs ce qu'a pensé le tribunal de Paris, en son
dixième considérant, à l'égard de la mineure
Ducray, (voyez page 16 du premier vol. de la
jurisprudence du Code Napoléon).

Tous les autres motifs, si l'on en excepte le dernier, s'appliquent au cas d'une donation ou d'un legs, comme lorsqu'il s'agit d'une vente ; de sorte qu'en résultat, l'on doit décider que le donataire peut, comme l'acquéreur, être écarté du partage.

Raison de décider.

Les mots *en remboursant le prix*, ne peuvent point s'appliquer au cas d'une donation dont *l'essence* est d'être *sans prix* ; elle à une *valeur*, mais le législateur ne s'étant point servi de ce mot, on ne peut l'y ajouter. Qui ne voit d'ailleurs que pour *rembourser le prix*, il faudra que le donataire connaisse le montant et la quotité de tout ce qui lui à été donné, pour en faire ensuite une juste évaluation ? Afin d'arriver à cette connaissance, et pour assurer son droit, il devra assister à toutes les opérations de la succession, aux scellés, à l'inventaire, etc. Par là, toute la force de la succession lui sera connue, et tous les secrets de la famille lui seront dévoilés ; ainsi, le motif principal de la loi, combattra avec le même avantage, le système de remboursement de la valeur estimative des objets donnés.

D'un autre côté, il n'est pas vrai de dire que le mot cession, s'entend aussi bien d'une donation que d'une vente. Un acte à *titre purement gratuit*, n'a jamais été une *cession* ; il n'a jamais reçu que le nom technique *donation* : et si dans l'art. 841, on y lit le mot *cession*, plutôt que celui de *vente*, c'est parce que le législateur faisait passer dans le Code, les termes même de la loi romaine. Animé du même esprit, il a dû, en arrivant au même résultat, employer

presque les mêmes mots , ou ceux qui s'en ap-
prochaient le plus. Aussi , voit-on que les lois
romaines n'ont principalement en vue que de
réprimer la cupidité des spéculateurs , et qu'elles
se servent par-tout du mot *cession* qui ne peut
nullement s'appliquer au donataire.

Cumperimus quosdam alienis rebus fortunis-
que inhiantes , CESSIONES aliis competentium
actionum in semet (ipsos) exponi properare... Nec
enim dubium est redemptores litium alienarum
videri eos esse , qui tales CESSIONES in se confici
cupiunt. Ita tamen , ut si quis , datis pecuniis ,
hujusmodi subierit , CESSIONEM , usque ad
ipsam   tantummodo   solutarum   pecuniarum
quantitatem..... Licet instrumento CESSIONIS ,
venditionis nomet insertum sit : Ces derniers
mots montrent bien que la loi Romaine *per*
diversas , attachait un autre sens au mot *cession*
et au terme *vente* ; elle continue toujours à se
servir du mot *cession* , et excepté , comme l'a
fait notre Code Napoléon , celles qui sont passées
entre cohéritiers , *exceptis scilie et cessionibus ,*
quas inter coheredes ; proactionibus hereditariis
fieri contigit.

Il y a plus : c'est que cette loi prévoit spécialement le cas ou la cession est faite par forme
de donation ; elle décide textuellement que le
retrait n'a pas lieu : *Si autem per donationem*
cessio facta est , sciant omnes hujus modi legi
locum non esse ; sed antiqua jura esse servanda.
La loi suivante *ab anastasio* , s'occupe presque
entièrement du cas ou il y aurait donation ,
dans tout en partie de la cession ; elle déclare
encore partout, qu'elle ne s'oppose pas aux cessions
de cette espèce : *sed undique puram et non dis-*
simulatam facere donationem , hujus modi enim

donationibus non adversamur. Et comme il est certain qu'on s'est absolument conformé en ce point, au droit romain, il faut en conclure, que dans l'une comme dans l'autre législation, *il n'y a pas lieu* à exercer le retrait, lorsque les droits successifs ont été transmis à *titre gratuit.*

Quid juris. Du cas ou la cession est faite à *titre onéreux et universel*, mais seulement d'une partie ou d'une quotité des droits successifs ?

Quoique les mots de la loi, *aurait* vendu son droit *à la succession*, ne semblent s'appliquer qu'au cas ou la cession embrasse la *totalité* du droit, il ne faut rien en conclure, parce qu'on tire aussi cette autre induction, qu'en ne pas énonçant *tout son droit*, la loi n'a pas entendu exclure *la vente (a titre universel) d'une portion.*

De ces versions contraires, il faut conclure que la question n'est pas prévue en termes exprès par l'article. Toutes les raisons qui militent contre le cessionnaire de la totalité, repoussent avec le même avantage, celui à qui il n'a été cédé qu'une partie ; car les acquéreurs ne manqueraient jamais d'employer ce dernier moyen ; deux, trois ou plus, se réuniraient toujours pour n'obtenir chacun qu'une portion, et parce qu'ils seraient plus nombreux, ils ne doivent assurément point être plus favorisés, (bien entendu que le retrait doit être exercé *avant le* partage, car l'article décidant que le cessionnaire peut *être écarté du partage*, il en résulte bien que si cet acte est *consommé*, le cohéritier est *non recevable à retraire.*

Dans l'espèce suivante, comme la vente avait pour objet une portion de bois *indivis*, il s'élevait encore une difficulté sur le point de savoir si les acquéreurs pouvaient avant que le partage

définitif eut été fait entre les cohéritiers, demander celui de la part qu'ils avaient acquise.

Voici les faits :

Munier décède, laissant trois enfans égaux en
droits.

Le 23 pluviôse an 12, deux d'entr'eux vendent à Labruère, Picard et Brochot, deux tiers
indivis de la superficie de trois cantons de
bois, dépendant de la succession de leur père.

Les acquéreurs assignent Françoise Munier,
troisième cohéritier non vendeur, afin d'obtenir
partage.

Françoise s'y refuse et demande, moyennant
les offres d'indemniser, tant du prix principal,
que de tous frais légitimes, à être subrogée au
lieu et place des acquéreurs en vertu de l'art. 841
du Code.

Jugement du Tribunal d'Autun, qui déclare
ces offres suffisantes, et admet la demande en
subrogation.

Appel par Labruère et consorts. Balland leur
avocat, soutenait que l'art 841, permet à la
vérité le retrait, dans le cas où un étranger
aurait acquis la portion, ou une quotité *indéterminée* de la part afférante à un cohéritier,
dans toute la succession ; mais qu'il n'autorise
point la subrogation à une cession *partielle*,
d'objets déterminés dans les droits successifs.

La raison de cette différence est sensible.

Dans le premier cas, le cessionnaire *à titre
universel*, à le droit de s'immiscer dans toutes
les affaires, de demander compte de tous les
biens, de se faire représenter tous les titres et
papiers de la succession ; il est maître de provoquer le partage, de l'effectuer à l'amiable,

ou d'élever une foule d'entraves, pour retarder cette opération et la rendre aussi difficile que dispendieuse.

Dans le second cas, au contraire, l'acquéreur d'un effet *déterminé* ne peut porter aucun préjudice au cohéritier de son vendeur. Si l'objet acquis, comme dans l'espèce, est immeuble, tout le mobilier reste aux héritiers ; il n'y a plus à craindre que les secrets de la famille, soient divulgués ; et le partage ne présente pas plus de difficulté avec le cessionnaire qu'avec le cédant.

Ainsi dans ce dernier cas, on n'est point fondé à invoquer le privilége accordé par l'art. 841 ; ce privilége étant une dérogation aux principes généraux de la vente ; il ne faut l'appliquer que dans le seul cas spécialement prévu par la loi.

Les tribunaux de Paris et de Versailles ont entendu l'article 841 en ce sens, dans leurs jugemens rapportés pages 300 et 429 de la jurisprudence du Code Napoléon. La décision attaquée est donc contraire aux principes ; elle doit être réformée.

L'intimé répondait que le but de la loi n'était pas seulement d'empêcher la publicité des secrets de la famille, mais encore de maintenir la paix entre cohéritiers. Qui ne sait combien il est plus facile de prendre des arrangemens à l'amiable avec des frères ou des parens, qu'avec des spéculateurs avides, qui n'ont acheté un objet *indivis*, que dans le dessein de s'enrichir au préjudice du vendeur ou de nuire à ses cohéritiers ? Refuser la subrogation à ceux-ci, c'est les mettre aux prises avec des hommes puissans, qui peuvent toujours susciter d'interminables difficultés.

Ainsi, la distinction proposée par les appelans n'est qu'une vaine subtilité ; l'acquéreur
à titre singulier peut causer autant d'embarras
aux cohéritiers du vendeur, que l'acquéreur *à
titre universel*. Il est maître de susciter des procès
injustes, pour sortir de l'indivision. Et c'est
pour éviter un tel inconvénient, que les romains
avaient porté les lois, *per diversas et ab anastasio*,
et que l'article 841 qui n'en est qu'une traduction, à été rédigé. Ainsi, soit que la vente
embrasse tous les droits successifs du vendeur,
ou une portion indéterminée, soit qu'elle ne
comprenne qu'un objet fixe et déterminé dans
ces droits ; c'est le cas d'admettre la demande
en subrogation de l'héritier ; ou il y a même
écueil à craindre, il y a même nécessité de
porter du secours.

On ne peut tirer aucune induction des jugemens rapportés dans la jurisprudence du Codé
Napoléon, car ils sont rendus tous deux dans
des circonstances différentes. Devant le tribunal
de Versailles, il s'agissait de fixer les droits de la
régie de l'enregistrement ; devant celui de Paris, la
la vente était postérieure au partage entre cohéritiers.

D'ailleurs, toute aliénation antérieure au partage est contraire aux principes ; une vente se
compose de trois élémens, du *consentement* de
la *chose* et du *prix* : ici, comment remplir la
seconde condition ? Un des héritiers ne sait pas
quels meubles, quels immeubles lui écherront
lors du partage ; il est possible que ceux qu'il
aliéne *à titre singulier*, tombent à ses cohéritiers, et dans ce cas la vente est frappée de nullité.

Au surplus, si l'on admettait la distinction
des appelans, et que l'on bornât la faculté de

retraire aux seules ventes *à titre universel*, il en résulterait souvent, comme dans l'espèce, que les héritages seraient *morcelés*, car les acquéreurs voudraient toujours avoir leurs parts dans les objets acquis, tandis que le cohéritier pour se conformer aux articles 832 et 833, eût eu sa portion sur la totalité d'un immeuble ; en changeant le droit de l'héritier non vendeur, on violerait encore les deux articles cités.

Enfin il est évident, que, dans le cas même ou la subrogation aux droits du cessionnaire serait refusée, les acquéreurs ne seraient jamais fondés à demander partage aux cohéritiers du vendeur, parce qu'il pourrait arriver que la portion qu'ils obtiendraient, ne tombât pas dans le lot de leur vendeur, et qu'échéant à Françoise, elle n'eut qu'un lot dépouillé à la place de celui qu'elle eut soigneusement conservé.

Ajoutons que chacun des acquéreurs voulant figurer au partage, on augmente par là le nombre des personnes entre lesquels il doit s'opérer, et de ce surcroît du copartageans, naît encore une contravention à l'article 841.

Arrêt textuel.

LA COUR,

Considérant que les appelans ne se présentent point dans la cause comme cessionnaires d'un droit à la succession, mais comme acquéreurs d'un objet déterminé, que le partage qu'ils en provoquent n'a rien de commun avec le partage d'une succession, qu'ils ne représentent pas l'héritier, et que ce serait seulement dans ce cas qu'on pourrait leur appliquer l'article 841.

Que les premiers juges en ayant fait l'application, il est évident qu'ils se sont trompés, et que dès-lors il y a lieu à réformer leur décision sur ce point.

Considérant, sur la seconde question, que la succession dont il s'agit, étant encore indivise, il est clair que les acquéreurs ne peuvent encore former leur demande en partage des bois par eux acquis: qu'ainsi, c'est le cas de renvoyer *quand à présent l'intimé.*

Par ces motifs, la cour, prononçant sur l'appellation interjettée par Simon Labruère, Jean Picard, Jean Brochot, de la sentence rendue par le tribunal de première instance d'Autun, le 22 floréal an 12, à mis ladite appellation et ce dont est appel au néant, en ce qu'on aurait déclaré qu'il y avait lieu à subrogation ; et par nouveau jugement renvoie quant à présent Françoise Munier, de la demande en partage formée par les appelans, sauf à ceux-ci à se pourvoir en la forme de droit.

Observations.

La solution sur la seconde question, n'est pas sans difficulté. Si elle ne résulte pas ouvertement de notre Code, elle pourrait être appuyée de la loi 12 *ff. de alien. jud. nuit. caus.* par laquelle l'héritier avait droit de se refuser à partager avec celui qui avait acheté la portion indivise de son cohéritier : — *Is vero, qui emit, si experiri velit, exillâ parte edicti vetatur, quâ cavetur, ne que alienatio judicii mutanda fiat.* La loi avait pour but d'empêcher que la condition de l'héritier devint plus dure avec un autre adversaire, que le copartageant naturel.

Omnibus modis proconsul id agit, ne cujus Art. 840.
dcterior causa fiat, ex alieno facto. Et cum Cod. Nap.
intelligeret judiciorum, exitum interdum du-
riorem (nobis) constitui, opposito nobis alio
adversario, in eam quoque rem prospexit. L.
ff. eod.

Par exemple, si l'étranger était un homme puissant qui eut acquis pour obtenir le tout par licitation à vil prix, *verbi graciâ ut potentior emptor per licitationem vilius eam accipiat. l. 12. eod.*, ou si c'était un individu disposé à vexer le cohéritier partageant, *aut alium qui vexaturus sit adversarium. l. 2 eod.*

Néanmoins, comme ces lois n'ont été faites que pour les *cas de fraude*, suivant que l'indique le texte même de la loi première, au titre cité, dans laquelle se trouve toute la *substance* des dispositions renfermées sous la *rubrique : ut si quis alienando rem alium nobis adversarium, suo loco substituerit, id que data opera in FRAUDEM nostram fecerit, tanti nobis in factum actionne teneatur, quanti nostra intersit, alium adversarium nos non hobuisse.* Les autres lois raisonnent toutes dans le sens ou il y a *fraude ou préjudice* envers le cohéritier.

Il en serait assurement bien résulté, contre Françoise Munier, si l'on l'eut forcée à partager, et s'il eut été possible, qu'en faisant ensuite le partage décisif, elle eût eu dans son lot, *sans indemnité.*, ce qui avait été donné aux acquéreurs : elle eût été encore lésée, si on l'eût obligée à prendre part dans chacun des cantons de bois, au lieu d'en obtenir un entier ; il y aurait même eu dans ce cas, comme on l'a dit, une violation des articles 832 et 833 du Code. Mais ces torts, cette crainte ne sont que chimériques.

Le cohéritier en vendant, n'a put transmettre que les droits qu'il avait lui-même ; vouloir que par cette vente il eut empiré le sort des autres cohéritiers, c'est précisément se placer dans le cas des lois romaines citées. Pour s'y soustraire, il suffit de se renfermer dans un principe incontestable, que le cessionnaire est au lieu et place du cédant, et ne peut exercer que les droits que celui-ci eût exercé lui-même ; il faut répéter avec les lois romaines, *proconsul agit*, *ne cujus deterior causa fiat*, *ex alieno facto*. Mais ces principes sont et seront toujours sans application, lorsque l'acquéreur ne partagera que comme son vendeur l'eût fait lui-même.

C'est envain que le cessionnaire, pour obtenir délivrance dans chacun des cantons de bois, dira qu'il a spécialement acquis une portion dans tous : le cohéritier lui répondra ; il n'a pû vous vendre que ce qu'il avait, ni vous céder son droit que *tel qu'il était ;* comme il n'embrassait pas une portion déterminé dans chaque immeuble, vous ne pouvez la réclamer. Si votre contrat reçoit quelqu'atteinte, pourvoyez-vous contre votre vendeur pour le faire exécuter, il est votre garant naturel ; c'est à lui que vous devez tenir le langage que vous venez m'adresser.

Qu'on sente l'inconvénient du système de l'arrêt. Si le vendeur fut décédé, ses cessionnaires ne pourraient se faire délivrer ce qu'ils ont acquis, ou en partageant, on leur accordera deux cantons de bois au lieu de deux portions dans les trois, et alors rien ne s'opposait à ce que l'on prit tout de suite cette voie.

D'ailleurs, refuser à l'acquéreur le droit de demander ce qu'il à acquis, c'est restreindre le droit de propriété du vendeur, c'est entraver ou rendre plus difficile les mutations à titre singulier, que le législateur à cependant voulu favoriser. C'est, en un mot, pour éviter un inconvénient supposé, aller contre l'esprit et le texte de toutes nos lois.

La cour de Grenoble à consacré en principe, le 11 juillet 1806, que le cohéritier qui veut user du bénéfice de l'art 841, peut s'assurer, par tous les moyens légaux, de la sincérité du prix porté dans la cession.

En conséquence, il a droit d'exiger le serment du cessionnaire.

Il existe encore un arrêt rendu dans le même sens par la cour d'appel d'Anger, le 25 pluviose an 12, entre les frères et sœurs Jamet.

La cour d'appel de Colmar à, par un arrêt du 11 mars 1807, porté la décision suivante.

L'exercice du retrait successoral doit être précédé d'offres intégrales. — Ces offres doivent être réalisées.

Enfin je noterai encore un arrêté de la cour d'appel de Rouen, du 21 juillet 1807, par lequel il a été décidé que *lorsqu'une succession est dévolue aux deux lignes paternelles et maternelles, la cession faite par l'héritier d'une ligne à l'héritier de l'autre, n'est pas susceptible de retrait successoral de la part des cohéritiers qui sont de la même ligne que le cessionnaire.*

« ART. 842. Après le partage, remise doit être » faite à chacun des copartageans, des titres par- » ticuliers, aux objets qui lui seront échus. »

« Les titres d'une propriété divisée, restent » à celui qui à la plus grande part; à la charge » d'en aider ceux de ses copartageans qui y auront » intérêt, quand il en sera réquis.

« Les titres communs à toute l'hérédité, sont
» remis à celui que tous les héritiers ont choisi
» pour en être le dépositaire, à la charge d'en
» aider les copartageans, à toute réquisition.
» S'il y a difficulté sur le choix, il est réglé
» par le juge. »

Lois anciennes qui ont rapport à cet article.

*Leg. 5, cod communia utriusque, leg, 4, § 3;
leg. 5 et 6, ff; familiæ. erise. leg. ultim. ff. de
fide instrumentorum.*

La première disposition de cet article ne fait
qu'exprimer une axiome de la simple raison
naturelle, il est évident que les titres appartiennent à celui à qui échoit la propriété. Ils
en sont la base et la preuve. Ils doivent donc
être réunis dans la même main.

La seconde disposition est conforme aux principes du droit romain. Ces lois voulaient aussi
que les titres communs des propriétés fussent
réunis à celui des héritiers qui avait la plus
grande part. C'est lui en effet qui doit en avoir
le plus fréquemment besoin. Il est juste qu'il
aide ceux qui ont de moindre parties, toutes
les fois qu'ils pourront leur être nécessaires.

On a vu plusieurs fois, dans ce cas, lorsque
l'héritier dépositaire des titres, refusait cette
communication, ordonner qu'il serait délivré
des expréditions des titres à ses frais (1).

Quant à la dernière disposition de cet art.,
elle change quelque chose à l'ancien droit, autrefois c'était à l'aîné que l'on fesait la remise des

---

(1) Bouvot, en ses arrêts au mot partage. — Brillon, au mot
titres.

titres communs. Cette règle même était adoptée par les lois romaines. *Semper seniorem juniori, et amplioris honoris inferiori et marem fœminæ preferemus* (1). Cette règle néanmoins n'était pas sans exception. On avait égard à la conduite et aux mœurs de l'aîné, et à la commodité des autres héritiers; si l'aîné par exemple, était trop éloigné, on déposait les titres à un autre qui était indiqué par le juge du partage (2).

On suivait généralement ces règles dans notre ancien droit (3).

On sent qu'elles ne pouvaient guère être observées qu'en succession directe descendante en collatérale, on remettait ordinairement les titres communs à l'héritier mâle qui avait le plus de connaissances en affaires, le plus de probité, et le plus de fortune (4).

Le Code Napoléon remet aux héritiers, le choix de ce dépositaire; et il le remet au juge, en cas qu'ils ne s'accordent pas; mais ce doit toujours être l'un d'eux.

---

(1) L. ult. ff. de fide instrum.
(2) L. 5, cod. commun. utr. jud. — L. 1, §. 9, cod. de caduc toll.
(3) Duranti quest: 37, n.º 8. — Maynard, liv. 7, ch. 96. — Ferrière, sur Guypape, quest. 289.
(4) Le Brun, traité des successions. liv. 4, chap. 1, n.º 46.

CODE DE PROCÉDURE CIVILE.

Soit que les effets mobiliers et les titres de la succession ayent eu besoin d'être conservés par les scellés et décrit dans un inventaire, disent les orateurs du conseil d'état, soit qu'il ait été nécessaire de vendre tout ou partie des meubles et des immeubles ; soit qu'on ait pu s'abstenir de tous ces préalables, la succession doit être partagée. Le Code Napoléon contient, dans le titre important des successions, un chapitre de l'action *de partage et de sa forme.* Le Code de procédure vient y ajouter ce qui lui appartient : la marche de cette action, celle de l'instance, et la manière de la terminer.

Ce qui concerne les partages et licitation est donc réglé quand au fond par le Code Napoléon, on ne s'est occupé, dans le Code judiciaire que de certaines formalités qui devenaient nécessaires pour l'exécution de ce que la première de ces lois avait ordonné. C'est aussi ce qu'observent MM.rs les avoués de Paris dans leur travail sur l'application de ce nouveau Code.

Les articles que nous allons successivement parcourir, ne statuant que sur certains points, purement de forme, que le Code Napoléon n'avait point déterminés, et n'étant, en quelque sorte, que le remplissage des lacunes que ce Code avait laissées, nous aurons beaucoup moins d'explications à donner sur ces derniers articles que sur ceux qui composent la première partie de cet ouvrage ; et d'autant mieux que les

questions les plus importantes que nous allons
rencontrer ont été traitées sous les articles du
premier Code qui se rapportent à ceux du second qui donneraient ouverture à ces questions.

« ART. 966, dans les cas des articles 823 et
» 838 du Code Nap., lorsque le partage doit être
» fait en justice, la partie la plus diligente se
» pourvoira. »

Les articles 823 et 838 font partie de la série
des articles qui concernent le partage d'une
succession ; et c'est aussi un tel partage que
les législateurs ont eu spécialement en vue dans
les articles qui vont nous occuper. Mais il faut
observer que les articles 1476 et 1872 du Code
Napoléon soumettant aux mêmes formalités le
partage d'une communauté, ou d'une société,
et l'art. 984 du Code de procédure, que nous
rencontrerons ci-après, ordonnant d'une manière
générale que tous partages judiciaires seront exécutés dans ces mêmes formes ; il s'en suit que ces
formes s'appliquent a toute action tendante a
faire cesser l'indivision entre copropriétaires
d'une même chose, de quelque nature qu'elle
soit et à quelque titre qu'elle soit possédée.

Lorsque l'actif d'une succession a été constaté
par un inventaire, et aussitôt après sa clôture,
chacun des ayant droit est fondé à en demander
la liquidation et le partage, pour obtenir la
partie qui lui est dévolue, soit par la loi, soit
par la volonté du défunt. Ainsi, tous ceux qui
ont été partie dans l'inventaire, comme héritier, donataires ou légataires universels, ou
à titre universel, ont qualité pour provoquer le
partage ; et c'est cette qualité que la loi recon-
nait en admettant pour demandeur celui qui
exerce l'action en premier.

On se rappellera que nous avons déjà remarqué, que la loi nouvelle, conforme en cela à la jurisprudence ancienne, a accordé au tuteur le droit de provoquer, pour son mineur le partage d'une succession à laquelle ce dernier est appelé ; mais en ce cas, elle veut qu'il y ait été autorisé par délibération du conseil de famille.

« ART. 967. Entre deux demandeurs la poursuite appartiendra à celui qui aura fait viser » le premier l'original de son exploit par le » greffier du tribunal : ce visa sera daté du jour » et de l'heure. »

C'est un moyen simple d'arrêter tous débats en cas de concurrence. Par la disposition de la loi, la priorité est constatée autant que possible. On observe que ce visa est donné soit sur l'exploit de citation en conciliation, soit sur l'exploit d'ajournement : ces deux pièces sont également introductives de l'instance ; la première est nécessaire quand les défendeurs sont majeurs et qu'ils ne sont pas plus de deux ; la seconde suffit sans préliminaire de conciliation quand les défendeurs sont plus nombreux ou que les mineurs sont intéressés dans l'affaire. (article 49 de Code de procédure.)

Mais comme il peut s'élever des difficultés sur cette concurrence, parce que le visa du greffier aura été donné à plusieurs demandeurs, le même jour et à la même heure, ou parce que l'un des demandeurs prétend avoir une qualité qui lui donne droit à la poursuite, ces difficultés sont jugées par le président du tribunal en la chambre du conseil. Du reste rien de particulier n'est prescrit sur la forme de cette demande, elle est rédigée à l'instar des autres ajournemens, les conclusions varient seulement suivans les diverses positions de la succession.

Si elle n'est composée que de deniers mobiliers,
si les masses actives et passives sont déterminées, et si le partage peut être opéré par le premier jugement à intervenir, le poursuivant conclura à ce que, faisant droit sur la demande, le partage soit fait et ordonné suivant les bases qu'il aura établies par son exploit de demande.

Si la succession est composée d'effets mobiliers dont la liquidation et le partage ne peuvent être effectués qu'en suivant les formalités prescrites par la loi, le poursuivant conclura à ce qu'il soit procédé, à sa requête, aux liquidation, comptes et partages des biens de la succession.

Si enfin il en dépend des immeubles, il demandera, en outre, que pour y parvenir, lesdits immeubles soient vus et visités par experts convenus entre les parties (si elles peuvent en convenir), sinon nommés d'office par le tribunal, pour être partagés en nature, s'il y a lieu, ou bien vendus par licitation.

Il est beaucoup de cas où le poursuivant doit ajouter à sa demande principale à fin de partage, une demande provisoire, afin d'être autorisé à poursuivre le recouvrement de l'actif mobilier de la succession, à procéder à la vente des meubles, à entendre le compte de l'huisier priseur, et celui de l'exécuteur testamentaire, s'il y en a un ; recevoir le reliquat de ces comptes, ainsi que les sommes mobilières dues à la succession, en gérer les biens et affaires, passer tout baux, donner tous congés, etc. Ces autorisations provisoires sont presque toujours avantageuses à toutes les parties intéressées, et elles donnent lieu à un compte de gestion de la part du poursuivant qui fait la première partie de l'acte de liquidation et partage.

15.

Cod. Proc.
Art. 968.

———

Cod. Nap.
Art. 838.

« ART. 968. Le tuteur spécial et particulier » qui doit être donné à chaque mineur ayant » des intérêts opposés, sera nommé suivant les » règles contenues au titre *des avis de parens*. »

Voyez les observations sur l'article 838 du Code Napoléon.

Il semble que l'on doit aussi conclure de ce principe, que si plusieurs émancipés ayant aussi des intérêts opposés entr'eux, ont le même curateur, il faudra faire nommer à chacun d'eux un curateur spécial.

Cod. Proc.
Art. 969.

———

Cod. Nap.
Art. 823
et 824.
Formule
n°. 2.

———

« ART. 969. Le même jugement qui pronon- » cera sur la demande en partage, commettra, » s'il y a lieu, un juge, conformément à l'art. » 823 du Code Napoléon, et ordonnera que » les immeubles, s'il y en a, seront estimés » par experts de la manière prescrite en l'art. » 824 du même Code. »

Cod. Proc.
Art. 970.

IDEM.

« ART. 970. En prononçant sur cette demande, » le tribunal ordonnera par le même jugement » le partage s'il peut avoir lieu, ou la vente » par licitation qui sera faite, soit devant un » membre du tribunal, soit devant un notaire. »

A quoi il faut ajouter que le tribunal statue en même temps sur les autorisations provisoires qui ont pu être demandées par le poursuivant, à moins qu'il n'en ait fait l'objet d'une instance particulière sur laquelle il ait été préalablement statué.

Cod. Proc.
Art. 971.

———

Cod. Nap.
Art. 824.

———

Formules
numéros
3, 4, 5, 6,
7, 8, 9 et
10.

« ART. 971. Il sera procédé aux nominations, » prestations de serment et rapports d'experts » suivant les formalités prescrites au titres *des* » *rapports d'experts*; néanmoins lorsque toutes » les parties seront majeures, il pourra n'être » nommé qu'un expert si elles y consentent. »

Ce qui laisse à conclure que lorsque toutes les parties ne sont pas majeures, il doit toujours

être nommé d'office *trois* experts par le tri- Cod.Proc. Art. 971.
bunal.

On suppose ici que les biens à visiter ne sont pas à une grande distance du lieu où siége le tribunal ; car s'ils en étaient éloignés, il commettrait, en conformité de l'article 1035, le tribunal de la situation, ou l'un des juges, ou même le juge de paix du canton, pour nommer les experts, ou recevoir leur serment.

« ART. 972. Le poursuivant demandera l'en- Cod.Proc. Art. 972.
» térinement du rapport par requête de simple
» conclusion d'avoué à avoué. On se confor-
» mera pour la vente aux formalités prescrites Formules nos. 11, 12, 13 et 14.
» dans le titre *de la vente des biens immeu-*
» *bles*, en ajoutant dans le cahier des charges :
» Les noms demeure et profession des pour-
» suivans, les noms et demeure de son avoué ;
» Les noms, demeure et profession des colici-
» tans ;
» Copie du cahier des charges sera signifiée
» aux avoués des colicitans par un simple acte,
» dans la huitaine du dépôt au greffe ou chez
» le notaire. »

Chacun des défendeurs a le droit d'examiner les opérations des experts et les conclusions du poursuivant ; chacun d'eux peut s'opposer au partage ou à la licitation demandée, et cette opposition peut donner lieu à des contestations très-importantes. Quoiqu'il en soit, il intervient, sur les conclusions respectives, et celles du ministère public, quand elles sont requises, jugement par lequel le tribunal prononce l'entérinement du rapport des experts, s'il le trouve régulier et raisonnable pour être exécuté selon sa forme et teneur ; en conséquence, si les immeubles ont été déclarés impartageables, il

15 *

en ordonne la vente par licitation, soit devant le juge commissaire, soit devant un notaire à ce commis; ou si les immeubles ont été jugés susceptibles d'être divisés en nature, le jugement renvoie, soit devant le juge commissaire pour le tirage au sort, soit devant le notaire pour être procédé aux opérations du partage.

S'il s'agit de vendre les immeubles par licitation, notre article ordonne de suivre les formes déjà déterminées par le titre 6, sous la rubrique de la *vente des biens immeubles*, en introduisant toutefois de légères additions dans la rédaction du cahier des charges.

Les motifs de la loi au sujet de ces additions sont faciles à montrer, disent MM.[rs] les avoués de Paris.

Le poursuivant et le colicitant étant vendeurs, toutes les indications exigées par l'article sont nécessaires pour purger sur eux les hypothèques.

Au surplus, notre article renvoyant au chapitre de la vente des immeubles, et ce chapitre-ci renvoyant plusieurs fois au titre de la saisie immobilière, il en est résulté, pour plusieurs personnes, une certaine obscurité sur quelques points.

J'invite le lecteur à relire attentivement ces deux chapitres, que je vais analyser rapidement d'après les instructions de MM.[rs] les avoués de Paris.

J'exposerai ensuite plusieurs questions qui m'ont été faites, avec les solutions que j'ai hasardées.

Je crois utile de donner ici quelques instructions sur cette procédure qui tient essentiellement à celles des partages, et qui en est, pour ainsi dire un fréquent épisode.

Les dispositions du titre de la vente des immeubles qui forment le sixième titre du Code de procédure, concernent particulièrement la vente des immeubles qui appartiennent à des mineurs seuls. Elles s'appliquent également à la vente des biens des interdits et des absens, des successions bénéficiaires et vacantes, des biens des faillis, de ceux délaissés en justice, des biens dotaux, de ceux grevés d'usufruits, de ceux des débiteurs saisis qui veulent profiter du bénéfice de l'article 747, généralement de tous les biens dont la vente doit être poursuivie sur publication devant un juge commissaire ou un notaire commis. Cod. Proc. Art. 972.

Je ne rappellerai ici que les formalités prescrites pour la vente des biens des mineurs ; j'aurai occasion de désigner les autres ventes qui sont assujetties aux mêmes formes, et d'indiquer les différences qui se rencontrent dans la procédure.

Dans le cas où le tuteur juge qu'il y a nécessité ou utilité de vendre les immeubles appartenans à ses pupilles, il doit convoquer le conseil de famille et obtenir de lui l'autorisation nécessaire et motivée ; la délibération qui porte cette autorisation contient en même temps la nomination d'un subrogé tuteur s'il n'en existe pas, en présence duquel la vente devra être faite. (article 954.)

La délibération du conseil de famille est ensuite présentée par le tuteur au tribunal civil avec requête afin d'homologation, et ce tribunal est celui de l'arrondissement du juge de paix devant lequel la convocation a dû avoir lieu. (article 955.)

Si le tribunal juge suffisans les motifs qui

Cod. Proc.
Art. 972. ont déterminé la délibération, il l'homologue
pour être exécutée suivant sa forme et teneur;
en même temps il nomme un ou trois experts,
suivant que l'importance des biens paraîtra
l'exiger, pour procéder à la visite et à l'estimation
desdits biens, et il ordonne que sur leur estimation les enchères seront publiquement ouvertes devant un membre du tribunal, ou devant un notaire qui est commis par le même
jugement. *Ibid.*

La disposition de cet article, qui porte que
le tribunal nomme un ou trois experts pour procéder à l'estimation des biens, suppose que ces
biens sont situés dans l'étendue de son ressort,
ou à une distance assez peu éloignée pour que
les frais de transport des experts, ne soient pas
trop dispendieux pour les mineurs; s'ils étaient
trop éloignés, le tribunal qui homologue commettrait le tribunal de la situation, un juge,
ou même le juge de paix du canton, pour faire
la nomination des experts et recevoir leur serment, et le tuteur présenterait, à cet effet, sa
requête à ce dernier tribunal, et il y joindrait
le jugement portant la commission rogatoire.
(1035.)

Le tuteur provoque ensuite la prestation
de serment des experts nommés. (article 956.)

A Paris où les ventes sur publications ont toutes
lieu à l'audience des criées, le tuteur obtient sur
requête l'ordonnance du président, pour appeler
à jour fixe les experts à l'audience pour prêter
serment. Au jour indiqué, sur l'appel d'un placet
qui est donné à cet effet, le serment des experts
est reçu, et il en est donné acte par jugement
qui est porté sur la feuille. Dans les tribunaux
où la vente est ordonnée devant un notaire

commis, la prestation de serment des experts doit avoir lieu de la manière que je viens d'indiquer ; lorsqu'elle est renvoyée devant un juge commissaire, on obtient de lui son ordonnance pour citer les experts devant lui, à jour et heures fixes, et ce jour il est dressé procès – verbal qui constate la prestation de serment.

Cette formalité remplie, les experts ouvrent de suite leur procès-verbal, auquel paraît le tuteur, soit par lui-même, soit par son avoué, soit par un fondé de pouvoir, pour remettre aux experts l'expédition du jugement qui contient leur mission, avec les titres et renseignemens qu'il croit nécessaires ou utiles pour leur opération; il leur présente en même temps les observations qu'il croit convenables pour la faciliter et la diriger.

Les experts, après avoir visité les biens à vendre, doivent se conformer, pour la rédaction matérielle de leur rapport, à ce que j'ai indiqué au titre des rapports des experts; cependant, en ce cas, la loi, (article 956,) veut que leur rapport soit rédigé en un seul avis à la *pluralité ;* dans le cas contraire, il est dit qu'il l'a été à *l'unanimité.*

La loi oblige aussi les experts de présenter les bases de l'estimation qu'ils auront faite, telles que le revenu, la valeur productive des fonds dans le pays, en distinguant ceux qui sont susceptibles d'être avantageusement vendus ; la proximité ou l'éloignement d'une ville, d'un canal ou d'une rivière, la facilité ou la difficulté des communications et généralement toutes les circonstances qui ont dû influer sur l'avis qu'ils ont émis. *ibid.* Cette nécessité de pré-

Cod. Proc.
Art. 973. senter les bases de l'estimation, emporte, pour
les experts, celle d'exprimer dans leur rapport
le motif qui les a déterminés dans leur évaluation.

Pour réussir, sans s'exposer à des grandes
erreurs, il faut suivre domaine par domaine,
fonds par fonds. Prendre d'abord le contenu et
les confins, ensuite l'état de ce que l'on sème
et de ce que l'on recueille dans chaque article ;
enfin, noter tout ce qu'on peut en extraire de pro-
fitable dans la période de la culture, on en
fixe le prix sur un terme moyen raisonnable,
on distrait ensuite les frais de culture ou de
colon, les années de jachère, les frais d'entretien,
les compensations pour avaries, etc. Tout cela pris
sur la moyenne proportionnelle d'un intervalle
de 10 années. Enfin on défalque l'impôt, et il
reste le produit net, dont on tire le capital,
suivant la valeur des immeubles dans le pays
ou d'après ce qui a été déterminé par les coutumes ou les arrêts locaux. Quant aux maisons,
il faut également les visiter successivement et les
décrire en détail, après quoi on en établit le
capital sur leur valeur locative moyenne, et sur
leur état.

Le procès-verbal des experts, ainsi rédigé et
signé par eux, devra être enregistré et remis
en minute au greffe ou chez le notaire, selon
que la vente aura été ordonnée, soit devant
un juge commissaire, soit devant un notaire,
article 957. Cette disposition de la loi suppose
encore que les experts qui auront opéré seront
domiciliés près le tribunal, et que l'un d'eux
pourra faire cette remise ; car s'ils étaient éloignés, l'on conçoit qu'ils ne seront pas obligés
de se transporter à grands frais pour l'effectuer,

et qu'il est laissé à leur prudence et aux soins du tuteur de prendre la voie la plus convenable pour faire parvenir la minute de leur rapport à sa destination.

Quel que soit le lieu du dépôt, le tuteur devra s'en faire délivrer une expédition, soit parce qu'elle lui sera utile dans la rédaction du cahier des charges, soit parce qu'il devra la représenter aux personnes qui voudront consulter le procès-verbal des experts. Les frais de cette expédition feront partie de ceux faits pour parvenir à la vente.

La loi n'ayant pas assujetti le tuteur à poursuivre l'entérinement de ce rapport, comme en cas de vente sur licitation ou de vente des biens de successions bénéficiaires ou vacantes, je ne pense pas que cette formalité soit nécessaire, la vente ayant été jugée telle, par le jugement qui a homologué l'avis du conseil de famille, et ne pouvant pas avoir lieu au-dessous de l'estimation, il semble que le législateur a pensé que dans ce cas l'entérinement était une formalité inutile.

Le tuteur doit ensuite rédiger et déposer le cahier des charges et conditions sur lesquelles la vente doit être faite. Le dépôt a lieu, soit au greffe du tribunal, soit en l'étude de notaire, selon le mode adopté pour la vente, *article* 958. Le cahier des charges que l'on appelait autrefois *l'Enchère*, doit contenir, 1.º l'énonciation du jugement qui a homologué l'avis des parens et ordonné la vente; 2.º celle du titre ou des titres qui établissent la propriété de l'objet vendu dans la personne des mineurs; 3.º la désignation sommaire des biens à vendre, et l'énonciation du prix auquel ils ont été estimés; 4.º les conditions auxquelles la vente aura lieu. *ibid.*

Cod. Proc.
Art. 972.
Quoique dans l'ordre de l'article 958, la désignation ne soit placée qu'après l'énonciation du titre de propriété, il paraît convenable que cette désignation soit placée au premier rang dans le cahier des charges, par la raison que la connaissance de l'objet à vendre facilite toujours l'application et l'intelligence des titres de propriété.

La loi prescrit une *désignation sommaire*. Par ces expressions, il faut entendre ce qui est strictement nécessaire pour faire connaître au public l'objet à vendre, et pour assurer la propriété incontestable à l'adjudicataire.

Si donc il s'agit d'une maison, elle devra être désignée par la commune où elle est située, la rue et son numéro, dans les lieux où le numérotage existe; son entrée, si elle est ou non à porte cochère, s'il y a ou non des boutiques, et par quels marchands elles sont occupées; la quantité d'étages dont elle est composée, et le nombre des croisées à chaque étage sur la rue; si elle a une cour, écurie, remise et puits ou pompe; si elle a plusieurs corps de bâtimens, le nombre d'étages de chacun d'eux, et celui des croisées; enfin, s'il en dépend un jardin, sa contenance approximative, en observant de se conformer au nouveau système métrique, et on ajoutera à cette désignation sommaire les tenans et aboutissans de la maison et de ses dépendances, et l'arrondissement du bureau des hypothèques; si dans la vente sont compris des glaces, boiseries, poêles et autres décorations intérieures, on devra l'annoncer d'une manière générale, mais sans entrer dans aucun détail de l'intérieur.

Par la même raison, on aura soin d'annoncer

quand il y aura lieu, qu'une partie des objets de Cod. Proc. Art. 972. cette nature, quoi qu'étant dans la maison, ne font point partie de la vente.

Les articles 916 et suivans du Code Napoléon, réputent immeubles différens objets dont ils présentent le détail ; ils sont compris dans la vente, à moins que le vendeur n'en ait pas la propriété ; en ce cas, il faudra l'énoncer, afin d'eviter toute difficulté à ce sujet.

S'il s'agit d'immeubles ruraux, on désignera la nature et la contenance, au moins à proximative, de chaque pièce de terre, l'arrondissement du bureau des hypothèques, la commune ou le terroir et le lieu du terroir où elle est située, deux au moins de ses tenans et aboutissans, le nom du fermier ou colon, s'il y en a. Si ces immeubles ruraux sont attachés à une ferme, les bâtimens en seront d'abord désignés sommairement, de la manière ci-dessus indiquée : on énoncera le nom du fermier, la date, la durée et le prix de son bail ; ensuite on rappellera chaque pièce d'héritage qui dépend de son exploitation.

Si enfin ces immeubles ruraux, réunis à une ferme, sont possédés par un propriétaire qui ait une maison d'habitation qui fasse partie de la vente, la désignation de cette maison d'habitation et de ses dépendances sera aussi faite sommairement, et s'il jouit en outre d'héritages qu'il exploite pour son compte, la désignation en sera faite de la manière ci-dessus indiquee pour les immeubles ruraux isolés.

Cette désignation est absolument nécessaire pour que le public puisse connaître et vérifier facilement les objets mis en vente, et pour que les titres de propriété soient facilement appliqués à chacun de ces objets.

La loi veut, comme on l'a vu, que le montant de l'estimation soit énoncé dans le cahier des charges. Il le sera à la suite de la désignation. S'il y a plusieurs objets à vendre, situés dans des lieux différens, qui aient été estimés soit par divers experts, soit distinctement par les mêmes, l'énonciation de chacune des estimation sera mise à la suite de chaque désignation à laquelle elle se référera, de façon qu'il ne puisse exister aucune confusion. L'usage, en ce cas, est de les diviser par lots qui sont adjugés séparément, et dont chacun présente son estimation particulière.

La loi enfin exige dans le cahier des charges l'énonciation du titre de propriété, la forme dans laquelle cette énonciation doit être faite, exige quelques réflexions que je vais présenter.

L'article 965 du Code judiciaire, qui renvoie à l'article 714, dit que le cahier des charges est la minute du jugement d'adjudication : d'où il suit que le cahier des charges est destiné à former un acte translatif de propriété.

Dans un acte de cette espèce, l'établissement de la propriété a un double objet ; le premier, de fixer les droits respectifs de l'acquéreur et des créanciers hypothécaires ou des tiers.

Ainsi, quand la loi, dans l'article 958, veut que le cahier des charges contienne l'énonciation du titre de propriété, on doit entendre que cette énonciation sera telle qu'elle atteindra ce double objet. Si donc la propriété désignée au cahier des charges résulte d'un seul titre ; si ce titre, par son ancienneté, garantit suffisamment et légalement la propriété dans la main du vendeur ; si enfin ce titre a été purgé des hypothèques et transcrit sans inscriptions, ou a la charge d'inscriptions, dont la radiation a Cod. Proc. été justifiée, point de doute qu'alors il suffira Art. 972. de l'énonciation de ce seul titre.

Mais comme la transcription ne purge les hypothèques qu'à l'égard de ceux qui, dans l'acte translatif de propriété, ont été indiqués comme anciens propriétaires, il faut tenir pour certain, que l'énonciation de la propriété sera insuffisante, 1.º quand elle n'aura pas une application immédiate et complète à la propriété désignée ; 2.º quand elle ne remontera pas à une époque suffisante pour garantir l'acquéreur de toutes revendications ; 3.º et enfin, quand elle ne remontera pas à une époque où les hypothèques qui peuvent subsister sur les auteurs du vendeur, ont été valablement purgées, ou à un temps assez reculé pour que ces hypothèques soient censées prescrites. Et remarquez que dans cet établissement de propriété, il faut avoir le plus grand soin d'énoncer avec exactitude les noms et prénoms des propriétaires successifs, afin que la vérification qu'en fera le conservateur, lors de la transcription, soit certaine, et ne donne lieu à aucune erreur qui puisse être imputée à l'avoué rédacteur. — S'il s'agit de la vente d'un immeuble dont il n'y a qu'un seul propriétaire, l'énonciation de la propriété, à son égard, sera bien simple ; mais s'il y a plusieurs vendeurs qui aient des droits différens, il faudra avoir grand soin d'énoncer ces droits et les qualités desquelles ils résultent, toute erreur sur ce point pouvant donner lieu à des réformations souvent difficiles, et presque toujours très-longues.

Comme aussi, lorsqu'il y a plusieurs objets à vendre, pour lesquels il y a des titres de propriété particuliers, il faut avoir soin de les appliquer avec exactitude, afin que, lors de la transcription, chacun d'eux ne soit frappé que des inscriptions qui le concernent, et qu'elles ne puissent arrêter que le prix qui s'y rapporte. Cette observation seule démontre la nécessité de désigner les objets à vendre par lots et par détail, afin de bien indiquer dans l'établissement de la propriété les lots et les articles auxquels ces titres s'appliquent, que le conservateur n'éprouve aucun embarras dans la délivrance de son état d'inscriptions, que l'adjudicataire puisse facilement faire la ventilation prescrite par l'article 2192 du Code Napoléon, et que les créanciers inscrits n'aient aucune incertitude sur la nature ou la quotité des droits qui leur appartiennent.

Quant aux conditions de la vente, je ne les détaillerai point ici, je les présenterai dans le modèle du cahier des charges, avec des observations sur chacune de celles qui en sont susceptibles.

Le cahier des charges rédigé et déposé, est lu et publié. A Paris, il l'est à l'audience des criées ; ailleurs et dans le cas où la vente est renvoyée devant un juge commissaire, il devra l'être devant ce commissaire, à l'audience qu'il tiendra à cet effet à l'issue de l'audience ordinaire du tribunal. Après cette lecture, le juge tenant l'audience sur la réquisition de l'avoué du tuteur, indique l'adjudication préparatoire à un jour fixe, lequel doit être éloigné de six semaines au moins de celui auquel la première lecture a eu lieu. (article 959.)

La loi, disent MM.rs les avoués de Paris, n'a prescrit aucune formalité dans le cas où la vente a été renvoyée devant un notaire; mais il faut Cod. Proc. tenir pour certain que l'on doit observer devant Art. 973. lui les mêmes formes que devant le juge commissaire ; en sorte que par l'acte de dépôt du cahier des charges en l'étude du notaire, le tuteur ou son mandataire requerra la lecture et publication du cahier à jour déterminé. Que ce jour, la lecture aura lieu en l'étude du notaire, et que, sur la réquisition du vendeur, l'adjudication préparatoire sera indiquée à six semaines de distance au moins.

Dans cet intervalle de la première lecture au jour indiqué pour l'adjudication préparatoire, ajoutent-ils, devra-t-on faire, suivant l'usage ancien, publication et lecture du cahier des charges, soit à l'audience, soit en l'étude du notaire de quinzaine en quinzaine ? L'affirmative paraît certaine, d'après la disposition de l'article 702 sur les saisies immobilières, à laquelle l'art. 965 renvoie pour la réception des enchères, la forme de l'adjudication et ses suites ; et il faut ajouter que telle est la jurisprudence du tribunal de la Seine.

Je ne peux, quant à moi, partager entièrement les opinions énoncées dans ces deux derniers paragraphes ; et pour le développement des motifs qui me déterminent, je renvoie à la solution des questions posées ci-après.

L'adjudication préparatoire devra être annoncée par des affiches. Ces affiches ou placards ne doivent contenir que la désignation sommaire des biens, les noms, professions et domiciles du mineur, de son tuteur et de son subrogé tuteur, et la demeure du notaire, si c'est devant un notaire que la vente doit être faite. (article 960.)

Il est hors de doute que, si la vente se fait devant le tribunal, il faut l'indiquer, et que dans tous les cas, il faut énoncer l'heure et le jour auxquels l'adjudication préparatoire aura lieu.

Ces affiches ou placards doivent être apposés à trois différentes fois, pendant trois dimanches consécutifs, avant l'adjudication préparatoire. article 961.

Par conséquent, celui qui poursuit la vente, doit, lors de la première lecture du cahier des charges, faire indiquer l'adjudication prépara-toire à un jour assez éloigné, pour qu'il ait le temps de faire imprimer les placards, de les faire apposer, et de recevoir les procès-verbaux d'apposition assez tôt pour en justifier avant l'adjudication préparatoire.

Ces placards doivent être apposés, 1.º à la principale porte de chacun des bâtimens dont la vente est poursuivie ; 2.º à la principale porte de la maison commune, des lieux où se trouvent situés les biens à vendre ; et à Paris, à la prin-cipale porte seulement de la municipalité, dans l'arrondissement de laquelle les biens sont situés ; 3.º à la porte extérieure du tribunal qui a per-mis la vente, et à celle du notaire qui doit y procéder. *ibid.*

Il faut conclure de cette disposition, que, lorsque l'immeuble à vendre est situé dans l'une des plus grandes communes de l'Empire, qui sont divisées en plusieurs municipalités, l'appo-sition doit avoir lieu, comme à Paris, seule-ment à la porte extérieure de la municipalité, dans l'arrondissement de laquelle est situé le bien à vendre.

Il faut aussi observer que, lorsqu'il y a plu-sieurs portes extérieures du tribunal qui a permis la vente, et devant lequel elle doit se faire; Cod. Proc. Art. 972. les placards doivent être apposés à chacune de ces portes extérieures. Au reste, le procès-verbal de cette apposition ne doit pas indiquer nominativement les lieux où elle a été faite, mais seulement annoncer qu'elle l'a été aux endroits indiqués par la loi.

L'apposition des affiches sera certifiée par les maires des communes où elle aura lieu, lesquels apposeront leur *visa*, sans frais, sur un exemplaire de ces placards qui sera joint au dossier, *ibid.*, et elle sera certifiée par procès – verbal d'huissier, dans la forme voulue par les articles 685 et 686, sur la saisie immobilière.

Le législateur, prévoyant que cette apposition d'affiches pouvait n'être pas suffisante pour donner à la vente toute la publicité nécessaire, a voulu que la copie du placard fût, en outre, insérée dans un journal, conformément à l'art. 683, sur la saisie immobilière, c'est-à-dire, que cette insertion fût faite dans un des journaux imprimés dans le lieu où siége le tribunal devant lequel la vente se poursuit; et s'il n'y en a pas, dans un de ceux imprimés dans le département; que cette insertion fût justifiée par la feuille contenant ledit extrait, avec la signature de l'imprimeur, légalisée par le maire; qu'enfin cette insertion eût lieu huit jours au moins avant l'adjudication préparatoire. (Article 962.)

Ici se présente une difficulté dans l'exécution de l'art 962 : il renvoie, comme je l'ai dit, à l'article 983, pour la forme de l'insertion au journal, et ce dernier article veut qu'elle soit faite dans un des journaux imprimés dans le lieu ou dans le département du tribunal devant lequel la saisie se poursuit. Ce mode d'exécu-

tion est simple et naturel , en cas de saisie immobilière, puisque le tribunal devant lequel se
poursuit la vente est toujours celui de la situation de l'immeuble ; mais comment l'entendre
dans le cas de la vente sur publications ou
le tribunal devant lequel la vente se poursuit,
et qui est celui de l'ouverture d'une succession
ou du domicile d'un tuteur, peut être très-
éloigné du lieu de la situation des biens ? Il
faut penser que, d'après la lettre de l'article
683, cette insertion doit avoir lieu dans l'un
des journaux imprimés dans le lieu ou dans le
département où siége le tribunal devant lequel
la vente se poursuit ; mais il faut penser aussi
que pour remplir son intention , cette insertion
doit encore avoir lieu dans l'un des journaux imprimés dans le lieu de la situation des biens, parce
qu'il est surtout important d'annoncer sur les
lieux que tel immeuble est à vendre.

Ces diverses formalités remplies, il pourra
être procédé à l'adjudication préparatoire ; mais
auparavant il en est une qu'il est nécessaire de
rappeler.

On a vu que , d'après le Code Napoléon et le
Code judiciaire, il ne peut être procédé à la
vente sur publication , des biens de mineur ,
qu'en la présence du subrogé tuteur ; il faut en
conclure qu'avant l'adjudication préparatoire , il
doit être fait sur le cahier des charges, soit
par le subrogé tuteur, assisté de son avoué,
soit part son avoué seul , un dire portant qu'il
consent qu'il soit procédé à l'adjudication en
sa présence. Cette simple déclaration suffit pour
qu'il soit passé outre ; mais elle parait indispensable , avant même l'adjudication préparatoire.

Enfin l'avoué poursuivant doit, avant cette Cod.Proc. même adjudication, faire un dire pour justifier Art. 972. qu'il a rempli toutes les formalités préalables de la manière et dans les délais prescrits par la loi, afin que, d'une part, les enchérisseurs puissent présenter leurs enchères avec sécurité, et que, d'autre part, le juge puisse les recevoir.

Au jour indiqué pour l'adjudication préparatoire, les enchères sont reçues, soit par le juge qui tient l'audience, soit par le notaire commis, dans la forme prescrite au titre des *saisies immobilières*, avec cette différence que, si la vente a lieu devant le juge, les enchères ne peuvent être proposées que par un avoué, tandis que devant le notaire le ministère de l'avoué n'est pas nécessaire. (Article 965.)

La mention des enchères qui ont été proposées, est portée sur le cahier des charges, et à la suite est consignée l'adjudication préparatoire, qui est faite au plus offrant et dernier enchérisseur, après l'extinction des bougies, comme il a été expliqué au titre de la *saisie immobilière*.

Par l'adjudication préparatoire, on indique le jour de l'adjudication définitive, lequel est fixé en raison de la distance de l'objet à vendre, et du temps nécessaire pour accomplir les formalités préalables : pour parvenir à cette adjudication définitive, il faut, 1.° faire imprimer et apposer de nouveaux placards indicatifs du jour de l'adjudication définitive, et du prix auquel a été faite l'adjudication préparatoire ; 2.° faire insérer de nouveau copie de ce placard dans le journal dans lequel a eu lieu la première insertion. L'apposition et l'insertion doivent avoir lieu huit jours au moins avant le jour indiqué pour l'adjudication définitive, et elles doivent être certifiées de la même manière. (Article 963.)

La rédaction de cet article a présenté l'incertitude de savoir si cette apposition devait, comme celle des premiers placards, avoir lieu par trois dimanches consécutifs; mais en examinant les dispositions du titre sur la saisie immobilière auquel il est renvoyé par l'article 965, on reste convaincu que le législateur n'a exigé qu'une seule apposition dans l'intervalle de l'adjudication préparatoire à celle définitive.

Avant qu'il soit procédé à cette adjudication définitive, l'avoué du poursuivant devra faire de nouveau, sur l'enchère, un dire pour justifier qu'il a rempli les formalités exigées pour y procéder, et le subrogé tuteur devra, de son côté, en faire un nouveau pour consentir qu'il soit procédé en sa présence; de suite les enchères seront reçues, et l'adjudication définitive prononcée.

Il arrive cependant quelquefois que les enchères n'atteignent pas le prix de l'estimation; en ce cas l'adjudication n'est pas prononcée; le juge, attendu ce fait, dit qu'il n'y a pas lieu d'adjuger, et tous les enchérisseurs sont de droit déchargés de leurs enchères. (Article 964.)

Si dans ce cas, le tuteur pense qu'il est de l'avantage du mineur de vendre, même au-dessous du prix de l'estimation, il doit alors convoquer de nouveau le conseil de famille, lui exposer ce qui s'est passé sur la première poursuite, les motifs qu'il a pour désirer que la vente ait lieu au-dessous de l'estimation et lui demander son avis. Si le conseil de famille adopte l'opinion

du tuteur, il l'exprime par sa délibération, qui Cod. Proc. Art. 972.
cependant ne sera exécutoire qu'après qu'elle
aura été homologuée par le tribunal dans la
forme ordinaire. Le même jugement autorise en
conséquence la vente au-dessous de l'estimation,
et indique le délai dans lequel elle devra avoir
lieu, lequel ne peut être moindre de quinzaine.

Huit jours au moins avant celui fixé pour
l'adjudication, il devra être apposé de nouveaux
placards indicatifs de l'adjudication, en annonçant qu'elle aura lieu au-dessous du prix de
l'estimation ; copie de ce nouveau placard devra
aussi être insérée, avant la huitaine, dans le
journal ; le tout de la même manière que
pour les précédens. L'avoué du poursuivant
devra faire sur le cahier des charges un dire
pour rendre compte du dernier jugement et
de son exécution, et requérir l'adjudication ;
celui du subrogé tuteur devra de nouveau
consentir qu'elle soit faite en sa présence,
et il sera procédé à la réception des enchères et
à l'adjudication définitive.

Sur la forme du jugement et sur son exécution et ses suites, l'article 965 renvoie au titre
de la saisie immobilière, cette disposition a donné
lieu à la question de savoir si la surenchère
du quart pouvait être admise sur une adjudication sur publication, comme sur l'adjudication
sur expropriation. Quoique cette mesure parût
avantageuse pour les mineurs et les autres parties
intéressées, puisqu'elles appellent à la surenchère
des personnes qui n'en auraient pas le droit,
parce qu'elles ne seraient pas créancières inscrites ;
qu'elle semblât avoir été admise par la loi, en
faveur des parties qui, ne vendant pas elles-
mêmes, devaient trouver dans cette surenchère

la réparation du préjudice que pouvait leur causer une adjudication en justice, quoiqu'elle semblât par la lettre de l'article 965, être comprise dans les *suites* de l'adjudication ; dans l'un comme dans l'autre cas, je dois dire que l'opinion contraire a prévalu, et que le tribunal de première instance de la Seine a jugé que la surenchère du quart ne devait avoir lieu que dans le seul cas de l'expropriation.

Voici maintenant l'exposé des questions dont j'ai parlé et auxquelles j'ai tâché de répondre.

1.º Le cahier des charges, en exécution de l'article 959 du Code de procédure, ne doit-il pas être déposé chez le notaire commis par un acte formel, et le jour de l'adjudication préparatoire, éloigné de six semaines au moins, ne doit-il pas être annoncé dans l'acte de dépôt ?

2.º Cet acte de dépôt ne doit - il pas être fait en exécution de l'article 701, un mois au moins et pas plus de six semaines après la date du jugement ou celle de son enregistrement, ou enfin celle de l'acte de dépôt du procès-verbal d'estimation ?

3.º Les placards à apposer pendant trois dimanches consécutifs, de conformité à l'article 961, peuvent ils l'être avant l'acte de dépôt du cahier des charges contenant l'indication du jour de l'adjudication préparatoire ?

Réponse. Il y a des différences sensibles entre la vente des immeubles devant le tribunal et devant un notaire commis ; ces différences naissent de la nature même des choses et de l'esprit bien manifesté de la loi.

L'article 959 porte que le cahier des charges sera *lu à l'audience* ; ce qui ne peut s'entendre que du tribunal, les notaires n'ayant pas

d'audience : ils ne sont donc pas tenus de lire Cod.Proc: Art. 972.
ce cahier ; car s'il n'y avait personne dans leur
étude ce jour-là, à qui le liraient-ils ? Si cette
lecture publique ne peut, sans ridicule, être
attribuée au notaire commis, il n'est point nécessaire que l'annonce du jour de l'adjudation
soit en même temps faite, puisqu'elle doit être
faite *lors de la lecture*, et s'il n'y a personne
à qui on doive lire, à qui annoncerait-on ?

Observez que la loi ne dit point que le cahier
des charges contiendra cette annonce directement ni indirectement ; mais qu'après sa lecture,
elle sera faite par ordre du tribunal ; ce qui
suppose la chose tout différemment, et prescrit
seulement au tribunal de fixer et faire annoncer le jour dont il s'agit, à la même audience.

Une des plus importantes différences qui se
trouvent entre la vente devant le tribunal, et
la vente devant un notaire commis, c'est que
devant le premier, tout se fait par le ministère
d'avoués, et devant le second, tout se fait avec
l'intervention des parties, puisque les avoués
n'y ont aucun ministère légal. La loi ne veut
qu'assurer l'avantage de la vente et la réalité
des enchères, sans collusion ; elle laisse au
tribunal le pouvoir de la retenir devant lui ou
de donner pour cet objet sa confiance à un
notaire commis ; dans ce dernier cas, les parties
seules, sous l'assistance du notaire, si elle est
nécessaire, doivent et peuvent dresser les cahiers
des charges ; et la loi n'ordonnant point la lecture de ce cahier *en l'étude*, n'ordonne point
par conséquent qu'il comporte avec lui l'annonce
du jour de l'adjudication ; elle n'ordonne pas
non plus qu'il en soit fait *acte de dépôt*, soit
pour en constater la remise, soit pour annoncer

cette adjudication ; rien dans la loi ne le dispose explicitement. Elle dit seulement, *sera déposé* ; et en effet, à quoi serviraient ici toutes ces formalités ? Ce sont les seuls placards qui, annonçant la vente, font connaître que d'après le vœu de la loi, on peut aller examiner chez tel notaire commis, le cahier des charges qui y est déposé. L'article 960 est clair à cet égard, il n'oblige point à indiquer cette procédure autrement que par *des affiches* ; et en argumentant sur cet article, d'après les maximes : *Quit dicit de uno negat de altero ; inclusio unius est eclusio alterius* ; on pourrait même soutenir que la loi prohibe par son expression positive toute autre manière d'annoncer cette adjudication.

Lepage, dans les questions sur le Code de la procédure, s'exprime ainsi à la page 624 :

« Après que les experts ont prêté serment, etc.,
» on s'occupe de la vente ; à cet effet, *on*
» *remet* le cahier des charges au greffe, si c'est
» un juge qui fait la vente ; lorsqu'elle est confiée
» à un notaire, le cahier des charges est déposé
» chez lui. L'article 958 qui le prescrit ainsi,
» indique ce que doit contenir le cahier des
» charges, qui, suivant l'article 959, est lu à
» l'audience, si la vente se fait devant un juge.
» Lors de cette lecture, dont il est dressé procès-
» verbal, à la suite du cahier des charges, le
» juge indique le jour de l'adjudication prépa-
» ratoire, qui doit être éloignée de six semaines
» au moins. Si la vente se fait devant un no-
» taire, le jour de cette première adjudication
» est fixée amiablement de la manière la plus
» convenable aux intérêts des mineurs. »

Je ne sache point que devant les tribunaux

même, tous les greffiers rédigent acte particulier du dépôt du cahier des charges. Le for-
mulaire général n'en donne aucun modèle, et
il n'en parle point; il passe de la *rédaction* du
cahier aux placards, comme s'il n'y avait
aucun autre acte intermédiaire, et il paraît
clair que c'est le *procès-verbal* de la lecture du
cahier des charges à l'audience qui sert d'acte de
dépôt.

Cependant je ne crois pas qu'un acte de
dépôt fait une irrégularité : il serait sans inconvéniens, mais il me paraît une formalité sura-
bondante.

Sur la deuxième question. Observez que
l'article 965 ne renvoie à l'article 701 et suivans,
que pour *la réception des enchères, la forme
de l'adjudication et ses suites.* C'est à partir
de-là qu'il faut se reporter au titre de la saisie
immobilière, et il faut suivre tout ce qui précède
pour la procédure qui nous occupe. Ce qui
précède statue sur le cahier des charges qui est
une des premières formalités, tandis que les
réceptions d'enchères n'en sont que les dernières.

« Nous devons avertir ici, dit M.ʳ Lepage, *loc-*
» *cit.* qu'il s'est glissé dans l'article 965 une
» faute d'impression facile à reconnaître; il dit
» que relativement à la réception des enchères,
» à la forme de l'adjudication et à ses suites,
» on observera les dispositions du titre des
» saisies immobilières, et qui sont contenues
» dans les articles 701 et suivans; on doit lire
» 707 et suivans, parce qu'il est évident que les
» autres articles qui parlent des enchères, des
» formes de l'adjudication et de ses suites,
» sont les articles 707 et suivans. »

Plusieurs éditions portent en effet 701 *et*

suivans ; celle prise sur l'édition officielle porte
710 et suivans.

Au surplus, quels que soient les numéros,
la lettre est claire, il faut prendre dans la
saisie immobilière tout ce qui a rapport *à la
réception des enchères, à la forme de l'adjudication et à ses suites,* ni plus, ni moins.

Et notez que ces articles qui dévancent l'art.
965 au titre de la vente des immeubles, n'ont
été rédigés que par rapport à la faculté laissée
de procéder devant notaire ; ce serait donc
contrevenir à la lettre de la loi, que de chercher
dans les articles 701 et suivans, d'autre chose
que ce qu'on ordonne d'y prendre et d'assimiler
en cette partie, la saisie immobilière à la vente
devant un notaire ; car comme tout se règle
ici *amiablement suivant l'intérêt des mineurs,*
il serait contradictoire de leur appliquer des formes et des délais de rigueur dont la loi ne parle
pas pour eux, et qui, sagement établis pour
l'expropriation forcée, procédure d'un genre
bien différent, paralyseraient ici toute bienveil-
lance pour la minorité.

Les trois dernières questions qui suivent sont
extraites des ouvrages de Mr Lepage, sur la
procédure nouvelle.

1.re *Question.* Le cahier des charges doit être
lu à l'audience, suivant l'article 959, si la
vente se fait en justice : on demande à quelle
audience est faite cette lecture.

Les uns croyent que le cahier des charges doit
être lu à l'une des audiences ordinaires ; ils se
fondent sur ce que l'on n'appelle point audience
le temps que le juge commissaire emploie aux
opérations dont il est chargé : ainsi en dési-
gnant l'audience d'une manière générale, on a

voulu parler d'une des séances publiques du tribunal ; en effet, ajoute-t-on, la loi veut donner à la lecture du cahier des charges, une publicité qui ne peut s'obtenir qu'à l'audience où se font les plaidoieries.

D'autres observent que chaque tribunal indique des jours qui sont particulièrement consacrés à la vente des immeubles et des rentes. Si les biens sont poursuivis par voie de saisie, le tribunal entier donne audience ; s'il s'agit des biens des mineurs vendus sur avis de parens ou licitations, l'audience est tenue par le juge commis pour recevoir les enchères. L'audience que tient ce juge commissaire est celle où le cahier des charges est lu publiquement ; car ce juge est autorisé à ordonner tout ce qui doit être fait en justice pour parvenir à la vente.

2.me *Question.* Faut-il constater l'apposition des placards par un procès-verbal ?

D'un côté on soutient que c'est la seule manière de faire connaître officiellement que les placards ont été affichés dans tous les endroits indiqués par l'article 961. Le visa et le certificat des maires de chaque commune attestent seulement l'époque où ont été affichés les placards ; par-là on est assuré qu'ils ont été apposés huit jours, au moins, avant l'adjudication préparatoire. C'est ce qu'on voit en matière de saisie mobilière : le procès-verbal d'un huissier doit attester que l'apposition a été faite dans les lieux désignés par la loi, et en outre un exemplaire du placard doit être visé par le maire de chaque commune.

Pour l'opinion contraire, on dit que la vente des biens des mineurs n'est point assujettie aux mêmes formalités que la vente des immeubles

saisis. On a été obligé, en matière d'expropriation forcée, de prescrire certains détails qui
paraissent minutieux, mais qui sont nécessaires
dans une poursuite aussi rigoureuse, et où les
intérêts des parties sont si opposés. La vente des
biens des mineurs n'offrent pas les mêmes sujets
de contestations : tout s'y passe amiablement ; il
suffit de prendre les précautions indiquées par
la loi, pour assurer que la vente est nécessaire
et se fera le plus avantageusement possible. On
ne doit donc pas argumenter, ajoute-t-on, de
ce qui a lieu en saisie mobilière, pour agir de
même dans la vente des biens des mineurs.

En conséquence, l'article 961 n'ayant pas dit
qu'il y aura un procès-verbal d'apposition de
placards, il n'est pas nécessaire de faire un
pareil acte. D'ailleurs il devient inutile, puisque
le même article décide que, dans chaque commune où la vente sera affichée, le maire visera
et certifiera un exemplaire de placard. En saisie
mobilière, c'est le procès - verbal d'apposition
qui est visé par le maire ; ici c'est un exemplaire même du placard qui est visé et certifié.
Il est donc dans l'intention de la loi d'épar-
gner un procès-verbal : voilà pourquoi il ajoute
que l'exemplaire visé et certifié restera au dossier,
parce que c'est la seule pièce destinée à constater
l'apposition des placards.

3.me *Question.* Pour les formes et les suites
de l'adjudication d'un bien de mineur, l'art.
965 renvoie aux dispositions qui règlent les
formes et les suites de l'adjudication d'un immeuble saisi ; ainsi dans la huitaine de l'adjudication, toute personne est reçue à surenchérir,
et l'immeuble est remis aux enchères seulement
entre l'adjudicataire et le surenchérisseur. Pareil-

Cod. Proc.
Art. 972.

lement si l'adjudicataire ne satisfait pas dans les vingt jours aux conditions exigibles de son adjudication, il peut être poursuivi par voie de folle-enchère. Ces conséquences sont si naturelles, qu'elles ne présentent aucune difficulté ; la seule chose qu'on demande est de savoir si la seule enchère et la folle-enchère doivent se poursuivre devant le notaire, quand il en a été commis un pour faire la vente.

Personne ne doute que la surenchère ne doive se faire devant le notaire commis, car la fonction que le jugement lui attribue est de recevoir les enchères et de prononcer l'adjudication au profit du plus offrant et dernier enchérisseur. Or, il ne fait pas autre chose en ouvrant un nouveau concours entre l'adjudicataire et le surenchérisseur. En conséquence, la déclaration du surenchérisseur doit se faire chez le notaire commis, tandis qu'elle est reçue au greffe, quand la vente se fait devant un juge.

A l'égard de la folle-enchère, ce n'est plus simplement, disent les uns, une vente des biens des mineurs, c'est une voie de contrainte employée pour forcer l'adjudicataire à tenir son engagement ; on a donc un adversaire contre lequel on procède, et vis-à-vis duquel il faut employer toutes les formes prescrites à ce sujet par les articles 737, 738, 739, 740, 741, 742, 743 et 744, qui règlent ce qui concerne la folle-enchère : ainsi, quand un notaire a été chargé de la vente, elle se poursuit nécessairement devant le tribunal.

Selon d'autres, dans la procédure de folle-enchère, on ne fait pas autre chose que de mettre l'immeuble une seconde fois en vente ; à cet effet on appose des placards, on procède

à une adjudication préparatoire et définitive,
ce qui n'excède pas les pouvoirs confiés à un
notaire ; d'où on conclut que même la vente
par folle‑enchère doit se faire devant lui. On
ajoute que les motifs qui ont déterminé à com‑
mettre un notaire, sont pour la vente sur folle‑
enchère les mêmes qu'ils étaient pour la première
vente.

Je finis par les observations suivantes qui
peuvent être utiles.

L'article 959 porte que lors de la lecture du
cahier des charges, à l'audience, le jour auquel
il sera procédé à l'adjudication préparatoire
sera annoncé, et que ce jour sera éloigné de
six semaines *au moins*. L'article 662 ajoute
que la copie des placards sera insérée dans un
journal huit jours *au moins* avant l'adjudication
préparatoire.

Il résulte de la teneur de ces deux articles
et des termes généraux des articles 960 et 961,
1.° que l'adjudication *préparatoire* pourrait sans
danger être ajournée jusqu'à la péremption d'ins‑
tance.

2.° Que pendant les six semaines *au moins*,
ou les trois ans, *au plus*, d'intervalle entre cette
adjudication et la lecture du cahier des charges
à l'audience, ou le dépôt de cet acte chez le notaire,
quels que soient les trois jours de dimanche con‑
sécutifs, et le dernier jour d'apposition choisi
pour la formalité des placards, on ne peut
trouver aucune irrégularité dans la marche de
la procédure, pourvu que le tout soit exécuté
et fini huit jours au moins avant l'adjudication.
La dernière observation à présenter sur la pour‑
suite de la licitation, est relative au cas où les
cohéritiers, ou l'un d'eux, veulent pourvoir à

l'acquittement des dettes de la succession, en appliquant tout ou partie du produit de la vente des immeubles.

L'article 826 du Code Napoléon, porte que chacun des cohéritiers peut demander sa part en nature des meubles et immeubles de la succession ; néanmoins, s'il y a des créanciers saisissans ou opposans, ou si la majorité des cohéritiers juge la vente nécessaire pour l'acquit des dettes et charges de la succession, les meubles seront vendus publiquement en la forme ordinaire.

L'article 872, porte que lorsque des immeubles d'une succession sont grevés de rentes par hypothèques spéciales, chacun des héritiers peut exiger que les rentes soient remboursées et les immeubles rendus libres, avant qu'il soit procédé à la formation des lots.

De la combinaison de ces deux articles, nous pensons qu'il faut conclure que, lorsque le produit de la vente ou du recouvrement du mobilier d'une succession n'est point suffisant pour en acquitter les dettes, lorsque ces dettes résultent, soit de contrat de constitution, soit d'obligations, soit même d'acte sous signature privée, les héritiers peuvent demander qu'avant le partage, il soit vendu une portion d'immeubles dont le prix sera appliqué à l'extinction des dettes ; et s'il s'agit de l'acquit des dettes hypothécaires, un seul des héritiers pourra forcer à la vente ; dans le cas où il n'y aura que de dettes chirographaires, si la majorité des héritiers accède à cette demande, elle devra être accueillie.

Il suit de là, 1.° qu'en formant sa demande en partage, le poursuivant doit prendre les con-

clusions conformes à l'intention qu'il a de faire
opérer le payement des dettes, soit hypothécaires, soit chirographaires de la succession;
2.° qu'en déférant à cette demande, chaque
héritier a le droit, si le poursuivant ne l'avait
pas requis, de demander qu'il soit préalablement pourvu à l'acquit des dettes; 3.° que le
jugement qui entérine le rapport des experts,
doit régler les parties suivant leurs conclusions respectives relativement aux payemens des dettes, en
déterminant une portion des immeubles qui sera
vendue, pour le prix en être spécialement appliqué à l'acquit des dettes; 4.° qu'en prévoyant
le cas où l'un des héritiers se rendrait adjudicataire des immeubles destinés à payer les dettes,
il doit être inséré dans le cahier des charges
une clause qui le force à remplir cette obligation.

Cette dernière partie est d'autant plus nécessaire que, d'après les principes, aujour-
d'hui incontestables, que la licitation n'est que
déclarative de la propriété, l'héritier qui se rend
adjudicataire sur licitation, n'est pas dans le
cas de faire transcrire pour purger les hypothèques, par conséquent, les clauses insérées au
cahier des charges, relatives à la transcription
et à la purgation des hypothèques, ne peuvent
s'appliquer qu'à un adjudicataire étranger, et
par conséquent on pourrait être exposé à des
contestations entre l'héritier adjudicataire et ses
cohéritiers, si par une clause expresse, le cahier
des charges ne règle pas comment il devra payer
le prix des immeubles destinés à l'acquit des
dettes de la succession.

« ART. 973. S'il s'élève des difficultés sur le
» cahier des charges, elles seront vidées à

Cod. Proc.
Art. 973.

» l'audience sans aucune requête, et sur un
» simple acte d'avoué à avoué. »

La loi, en confiant au poursuivant la rédaction
du cahier des charges, ne l'a pas laissé seul maître
des conditions sous lesquelles la vente aura lieu ;
elle a laissé à chacun des colicitans le droit de proposer ses observations sur ce cahier, et de former
opposition à ce qu'il soit publié tel qu'il a été
rédigé ; dans ce cas, l'opposition des colicitans
devra être signifiée avant le jour indiqué pour
l'adjudication préparatoire ; en sorte que la difficulté ait été vidée pour cette époque.

« ART. 974. Lorsque la situation des immeu- Art. 974.
» bles aura exigé plusieurs expertises distinctes,
» et que chaque immeuble aura été déclaré
» impartageable, il n'y aura cependant pas
» lieu à licitation, s'il résulte du rapprochement
» des rapports que la totalité des immeubles peut
» se partager commodément. »

« ART. 975. Si la demande en partage n'a Art. 975.
———
Cod. Nap.
Art. 466
et 824.
———
formule
n.° 18.
» pour objet que la division d'un ou de plu-
» sieurs immeubles sur lesquels les droits des
» intéressés soient déjà liquidés, les experts,
» en procédant à l'estimation, composeront les
» lots, ainsi qu'il est prescrit par l'article 466
» du Code Napoléon ; et après que leur rapport
» aura été entériné, les lots seront tirés au sort,
» soit devant le juge commissaire, soit devant
» un notaire commis par le tribunal. »

« ART. 976. Dans les autres cas, le pour- Art. 976.
———
Cod. Nap.
Art. 824
et 825.
———
Formules
numéros
15 et 16.
» suivant fera sommer les copartageans de
» comparaître au jour indiqué devant le juge
» commissaire, qui renverra les parties devant
» un notaire dont elles conviendront, si elles
» peuvent et veulent en convenir, ou qui, à
» défaut, sera nommé d'office par le tribunal,

17.

» à l'effet de procéder aux compte, rapport,
» formation de masses, prélèvemens, compo-
» sition de lots, fournissemens, ainsi qu'il est
» ordonné par le Code Napoléon. (Article
» 828.) »

« Il en sera de même après qu'il aura été
» procédé à la licitation, si le prix de l'adju-
» dication doit être confondu avec d'autres
» objets dans une masse commune de partage
» pour former la balance entre les divers lots. »

Voyez au sujet des deux derniers articles,
mes observations sur l'article 824 du Code
Napoléon, à quoi j'ajouterai la question suivante proposée par M. Lepage.

Suivant l'article 976, on doit nommer un
notaire, même après la licitation des biens,
quand le prix qui en provient se mêle dans le
partage à d'autres objets en nature : on demande
si, hors de ce cas, il est permis de nommer
un notaire pour faire une liquidation, lorsqu'il
n'y a que des deniers à partager, et aucun
immeuble en nature. — Quelques personnes
doutent, parce que le ministère du notaire ne
semble prescrit que pour la formation des
masses, des lots, et autres circonstances qui
n'ont lieu que quand il y a des objets à partager en nature. D'ailleurs, le cas prévu par cet
article, est particulier, et l'autorisation de
nommer un notaire, alors que ce cas arrive,
est en quelque sorte une défense de recourir à
la même voie dans toute autre occasion non
indiquée par la loi, suivant les maximes *inclusio
unius est exclusio alterius*. On soutient d'un
autre côté, qu'il est dans l'intention de la loi,
d'employer le ministère d'un notaire, toutes
les fois que pour liquider les droits des copar-

tageans, il est besoin de faire des opérations Cod. Proa. Art. 976. qui gissent en calculs et en combinaisons, attendu que les juges ne doivent s'occuper que de la décision des points contestés. Il est certain, comme il est dit dans l'exposé des motifs, « que le véritable esprit du Code Napoléon est d'appeler les notaires comme les » délégués naturels des tribunaux dans tout ce » que les partages n'offrent pas de contentieux; » il en sera donc toujours commis un, lorsque » le cas régnera, pour les opérations du partage, » comme il est commis un juge; la division » de leurs fonctions est faite par la nature des » opérations : le juge commissaire, pour le » rapport au tribunal et pour préparer ses » décisions, le notaire, pour les calculs et l'ap- » plication de ce qui est décidé. »

On ne se dispense donc de nommer un notaire après la licitation des biens, que quand les droits des copartageans dans le prix des ventes sont connus, et qu'il ne s'agit que d'effectuer la délivrance des deniers.

« ART. 977. Le notaire commis procédera Art. 977. » seul et sans l'assistance d'un second notaire » ou de témoins, si les parties se font assister Formules nos. 17, 18, 19 et 20. » auprès de lui d'un conseil; les honoraires » de ce conseil n'entreront point dans les frais » de partage et seront à sa charge.

» Au cas de l'article 837 du Code Napoléon, Cod. Nap. Art. 828 et 837. » le notaire rédigera en un procès-verbal sé- » paré les difficultés et dires des parties. Ce » procès-verbal sera par lui remis au greffe et » il y sera retenu.

» Si le juge commissaire renvoie les parties » à l'audience, l'indication du jour où elles » devront comparaître, leur tiendra lieu d'a- » journement.

17 *

» Il ne sera fait aucune sommation pour
» comparaître, soit devant le juge, soit à l'au-
» dience. »

Au jour indiqué, le notaire ouvre son procès-
verbal de partage, le poursuivant lui remet les
jugemens, procès-verbaux d'experts, et autres
actes de procédure, relatifs aux opérations; il
lui fait tenir également l'inventaire, les pièces
inventoriées, et tous les renseignemens utiles
à la liquidation; enfin, il le requiert d'accepter
sa mission et de procéder aux opérations qui
lui ont été renvoyées; les autres parties comparaissent ordinairement pour consentir l'exécution des jugemens : si quelques-unes d'elles
ne se présentent pas, il est donné défaut
contre elles, et les opérations ont lieu tant en
absence qu'en présence.

Si l'une des parties élevait une difficulté qui
empêchât de commencer le partage, elle donnerait lieu à un incident qui serait constaté
par le notaire, ainsi qu'il est réglé par l'article.

Lorsque toutes les parties sont bien d'accord,
ou que les difficultés qui les divisaient ont été
éclaircies, le notaire, muni de tout ce qui lui
est nécessaire procède seul, en présence des parties
à l'examen des pièces et droits respectifs. Dans
les campagnes, il arrive ordinairement que les
experts, qui ont la confiance des parties, as-
sistent le notaire; et des explications mutuelles,
il naît bientôt une première intelligence de
l'affaire.

En général, aussi dans la pratique, les parties
ne restent pas long-temps-là; elles laissent leur
notaire travailler à tête reposée, au projet d'une
des plus importantes opérations du notariat.

Il arrive souvent dans les riches successions

que le travail du notaire donne lieu à des débats entre les parties, notamment quant au compte, rapport, prélèvement; il nécessaire que ces contestations soient jugées avant que l'opération soit arrêtée; en ce cas, les parties requièrent le notaire d'ouvrir un second procès-verbal séparé qui contient les dires et observations des parties sur son travail; ce procès-verbal est terminé par la déclaration du notaire qui renvoie les parties devant le juge commissaire, pour être statué sur les difficultés qui les divisent, et ce renvoi est indiqué à jour et heures fixes.

Ce jour, le notaire apporte la minute de ce dernier procès-verbal au greffe, pour être annexé à la minute de celui ouvert devant le juge commissaire. Le poursuivant conclut devant ce juge conformément aux observations qu'il a consignées sur ce procès-verbal; les autres parties prennent des conclusions qu'elles jugent à propos, et le juge donne aux parties comparantes, acte de leur dire et réquisition, défaut contre les défaillans, et pour être statué sur le tout, renvoie les parties à l'audience, à jour et heures fixes.

Aux jour et heures indiqués, et sans qu'il soit besoin de sommation, le juge commissaire fait son rapport à l'audience sur les difficultés élevées devant le notaire et renouvelées devant lui; les parties, par le ministère de leurs avoués, présentent leurs moyens, et il intervient sous les conclusions du ministère public; dans le cas où il est requis jugement qui statue sur ces difficultés. Ce jugement rendu et porté sur la feuille d'audience, est expédié sur les qualités signifiées en la forme ordinaire, et pour être procédé en conformité de la décision; il doit renvoyer les parties à jour et heures fixes, devant le notaire commis.

Comme ce jugement est susceptible d'être attaqué par la voie de l'appel, le jour auquel
le renvoi devant le notaire sera indiqué, devra
être après la huitaine franche de sa prononciation, puisqu'il ne peut être exécuté qu'après
ce délai. S'il en est interjeté appel, les opérations du partage sont suspendues jusqu'à ce
qu'il ait été statué sur cet appel. Si le jugement n'a pas été attaqué, ou lorsque, sur l'appel,
l'arrêt a été rendu, la décision définitive est
rapportée au notaire qui procède en conséquence
de ce qui a été prononcé.

Il n'est pas nécessaire qu'à chaque difficulté
qui s'élève, le notaire s'arrète et renvoie devant
le juge commissaire; il est alors convenable,
pour éviter à frais, de les consigner toutes sur
le même procès-verbal et d'attendre que l'opération entière ait été rédigée et examinée, pour
renvoyer devant le juge commissaire, afin qu'il
soit statué sur le tout par un seul et même
jugement; il est néanmoins des difficultés qui
peuvent influer sur le sort de l'opération, en
telle sorte, qu'il pourrait y avoir lieu à la recommencer si elles étaient jugées d'une manière
contraire au projet; en ce cas, il peut être
avantageux de les soumettre au tribunal, dès
qu'elles sont présentées, puisque alors le résultat
de la décision à intervenir, doit être d'éviter
des frais et des longueurs; il faut donc distinguer entre ces difficultés, celles qui portent
sur les bases de l'opération, et celles qui ne portent que sur les détails.

Il faut faire préalablement juger les premières;
sur les autres, on peut attendre, et les vider seulement avant la clôture.

« ART. 978. Lorsque la masse du partage, Cod. Proc. Art. 978.
» les rapports et prélèvemens à faire par cha-
» cune des parties intéressées auront été établis
» par le notaire, suivant les articles 829, 830 Cod. Nap. Art. 829, 830 et 831.
» et 831 du Code Napoléon, les lots seront faits
» par l'un des cohéritiers, s'ils sont tous majeurs,
» s'ils s'accordent sur le choix, et si celui qu'ils
» auront choisi accepte la commission ; dans
» le cas contraire, le notaire, sans qu'il soit
» besoin d'aucune autre procédure, renverra
» les parties devant le juge commissaire, et
» celui-ci nommera un expert. »

L'égalité parfaite étant absolument nécessaire
pour la formation et le tirage des lots, il est
impossible aujourd'hui de suivre l'ancienne forme
des partages qui consistait à réunir tout ce qui
revenait à chaque copartageant, à différens titres
et abandonner à chacun des valeurs égales au
montant de ses droits. Cet article qui se rapporte à l'article 834 du Code Napoléon (sur
lequel il faut voir mes observations), établit
la manière dont les lots sont formés dans les nouveaux partages ; et lorsque toutes les circonstances spécifiées par l'article ne se réunissent
pas, le notaire renvoie simplement les parties devant le juge commissaire, lequel nomme
un expert pour former les lots. La transition de
l'ancienne législation sur les partages, à la nouvelle,
laisse des difficultés dans la confection des partages de l'ancien régime, qui ne sont point
encore effectués ; c'est-à-dire, dans l'expédition,
en corps héréditaire des légitimes ou assignats
divers, faits par père et mère ; attendu que les
quotités de ces légitimes étant ordinairement
minimes, comme d'un douzième, par exemple,
le tirage au sort devient surtout inapplicable ;

aussi pensé-je que ces sortes de partages ne peuvent point être rigoureusement exécutés suivant la forme et les principes nouveaux.

Le renvoi dont nous avons parlé ; sera fait par le notaire à jour et heures fixes, sur son procès-verbal de partage, parce qu'il ne présente pas des difficultés qui doivent être portées sur un procès-verbal séparé.

Au jour indiqué, le poursuivant comparaît devant le juge commissaire, rend compte du renvoi indiqué par le notaire, et requiert le magistrat de nommer l'expert qui devra procéder à la formation des lots, même en l'absence des parties qui ne comparaîtraient pas, contre lesquelles il sera donné défaut. Le poursuivant et les autres parties peuvent présenter au juge leurs observations sur la capacité que doit avoir l'expert pour faire cette opération.

MM.rs les avoués de Paris remarquent que pour la formation des lots, il n'est pas besoin d'avoir recours aux premiers experts qui ont fait les estimations ; le travail de lotissement qu'il s'agit d'effectuer, n'y a plus aucun rapport. Il s'agit, disent-ils, de combiner la masse des immeubles et celle du mobilier, de façon à donner à chacun des héritiers, autant que possible, une portion égale de chaque nature de biens ; et si cette égalité n'est pas possible, il s'agit d'établir la balance, de façon que chaque lot soit d'une valeur égale. Il est évident que pour une opération de ce genre, un notaire, un avocat, un avoué ou un greffier, sont plus capables qu'un architecte d'établir cette balance ; aussi voit-on que la loi n'a pas circonscrit le choix du juge commissaire ; il est libre de choisir et nommer l'expert qu'il jugera le plus propre à remplir la mission.

A la bonne heure ; mais il est de pratique, du Cod. Proc. Art. 978. moins dans les campagnes, de se faire assister dans cette opération, comme dans plusieurs autres du partage, par les premiers experts qui ont vu les biens dans le plus grand détail, ont entendu sur le local les observations des parties, des voisins et des sapiteurs, et qui peuvent aider au travail du lotissement plus que n'imaginent ces auteurs. Au surplus, il est bon d'observer que la loi n'oblige ce troisième expert à aucune prestation de serment.

« ART. 979. Le cohéritier choisi par les parties, Art. 979.
» ou l'expert nommé pour la formation des lots,
» on établira la composition par un rapport Cod. Nap. Art. 834.
» qui sera reçu et rédigé par le notaire à la
» suite des opérations précédentes. »

L'ordonnance du juge commissaire qui porte Formule n.o 21. la nomination de l'expert, indique le jour et l'heure auquel les parties se retireront devant le notaire, pour être présentes au rapport de l'expert sur la formation des lots ; elle est expédiée et signifiée à l'expert avec sommation de se trouver au jour et heure indiqués pour accepter sa mission et exécuter l'ordonnance. Au jour indiqué, l'expert doit se présenter pour accepter sa mission, puis il prend connaissance de l'opération préparée par le notaire, il fait son rapport, par lequel il établit la composition des lots ; ce rapport est reçu et rédigé par le notaire.

« ART. 980. Lorsque les lots auront été fixés Art. 980.
» et que les contestations sur leur formation,
» s'il y en a eu, auront été jugées, le pour- Formule n.o 22.
» suivant fera sommer les copartageans à l'effet
» de se trouver, à jour indiqué, en l'étude
» du notaire, pour assister à la clôture de son

» procès-verbal, en entendre lecture, et le signer
» avec lui, s'ils le peuvent et le veulent.

Ce rapport de l'expert est susceptible d'être
contesté par les parties, en présence desquelles
il est dressé ; en ce cas, il est redigé par le
notaire procès-verbal séparé de celui du partage,
des dires et observations relatives à cette contestation, et pour y être statué, il renvoie, comme
nous l'avons dit ci-dessus, devant le juge commissaire. La loi semble aussi avoir prévu le cas où
toutes les parties ne seraient pas présentes à l'opération de l'expert qui compose les lots, ou qu'elles
ne se seraient pas expliquées ; puisqu'elle veut que
lorsque les lots auront été formés, le poursuivant
fasse sommer les copartageans, à l'effet de se
trouver, à jour certain, en l'étude du notaire,
pour assister à la clôture de son procès-verbal,
en entendre la lecture, et le signer avec lui *si
elles le peuvent et le veulent.*

Ces dernières expressions m'ont déjà mis dans
le cas de faire quelques observations qu'il est
essentiel de connaître et qui sont consignées sous
l'article 834. J'ajouterai ici un nouveau développement tiré des questions de Lepage, qui
s'exprime de cette manière sur le même objet.

Les copartageans sont assignés en vertu de
l'article 980, pour assister à la clôture du procès-
verbal de partage, en entendre la lecture, et le
signer, *si elles le peuvent et le veulent ;* on demande ce que signifient ces dernières expressions. D'un côté, on dit que la loi ne veut pas
ici parler de la possibilité physique de signer,
mais bien de la possibilité légale.

On se fonde d'abord sur ce qu'en prévoyant
assez souvent le cas de l'impossibilité physique,
elle ne s'exprime pas de cette manière. En second

Cod. Proc.
Art. 98o.

lieu, on ajoute que l'impossibilité légale dont
il s'agit ici, concerne les tuteurs. Un partage
est une véritable aliénation, (1) qui ne peut pas
être consentie à l'amiable par le représentant
d'un mineur ou interdit: il est de toute nécessité que l'opération soit approuvée par un
jugement d'homologation. Il serait donc inutile
que le tuteur signât le procès-verbal de clôture;
l'assignation qui lui est donnée est seulement,
à son égard, pour qu'il en prenne connaissance,
afin de faire les observations qu'il croira convenables, devant le tribunal, lorsqu'il s'agira
de l'homologation.

Suivant d'autres, *l'article* 980 ne désigne
que l'impossibilité physique, parce qu'il n'y en
a pas de légales. En effet, tout le monde convient que si les copartageans sont mineurs,
en signant la clôture du procès-verbal, ils ter-
minent les discussions qui les avaient déterminés
à recourir à la justice; en sorte que l'homologation de l'opération faite par le notaire, ne
peut plus souffrir de difficulté. Il en est de même
lorsque, parmi les copartageans, il se trouve
quelques mineurs, leurs tuteurs ne peuvent pas
consentir un partage à l'amiable, mais ils ont
la faculté d'aprouver tout partage fait sous l'autorité de la justice, d'après les formes prescrites.
Ainsi, lorsqu'un tuteur signe la clôture du
procès-verbal, dans le cas dont il s'agit, il use
d'une faculté que la loi lui accorde; il fait
connaître qu'il approuve l'opération, et il n'est
plus besoin que de l'homologation du tribunal.

Quelqu'une des parties refuse-t-elle de signer
la clôture du partage? les juges à qui l'ho-

---

(1) On a vu la fausseté de cette assertion.

mologation est demandée, au lieu d'avoir simplement à vérifier si les formalités prescrites
ont été remplies, se trouvent, en outre, dans
le cas d'examiner les motifs de refus; peu importe, comme on voit, que celui qui n'a pas signé,
soit un majeur ou le représentant d'un mineur.

Ainsi, lorsqu'il est dit que les copartageans
sont appelés à la clôture du procès-verbal pour
le signer, s'ils le peuvent ou le veulent, cela
signifie s'ils ne sont empêchés par aucune cause
physique ou par leur propre volonté, de donner
leur signature.

Art. 981.   « ART. 981. Le notaire remettra l'expédition
» du procès-verbal de partage à la partie la
» plus diligente pour en poursuivre l'homolo-
» gation par le tribunal; sur le rapport du juge
» commissaire, le tribunal homologuera le
» partage, s'il y a lieu, les parties présentes,
» ou appelées, si toutes n'ont pas comparues
» à la clôture du procès-verbal, et sur les
» conclusions du procureur impérial, dans le cas
» où la qualité des parties requerra son ministère. »

Il faut penser que la disposition de la loi
doit s'entendre en ce sens, que l'expédition doit
être délivrée à la partie qui a poursuivi ce partage; que ce n'est qu'en cas de retard ou de
refus de sa part, et après l'avoir constitué en
demeure, qu'un autre copartageant peut requérir
cette expédition du notaire et que celui-ci doit
la lui délivrer.

La partie qui est saisie de cette expédition
se présente au juge commissaire pour avoir
les jour et heures auxquels il devra faire son
rapport à l'audience, sur la demande en homologation du procès-verbal de partage; il fait
citer les parties qui ont fait défaut devant le

notaire au jour indiqué, sur le rapport du juge, Cod. Proc. les plaidoiries des parties et les conclusions Art. 981. du ministère public, dans le cas où la qualité des parties le requiert, il intervient un jugement qui statue sur l'homologation demandée.

Voilà de quelle manière certains auteurs expliquent cet article.

Mais d'autres ont trouvé matière à douter dans ces expressions, et demandent comment il faut interpréter cette disposition qui porte que l'homologation du partage est prononcée sur le rapport du juge commissaire, parties présentes, ou appelées, si toutes n'ont pas comparus à la clôture du procès-verbal.

Il est bien clair, dit-on, que si toutes les parties ont signé l'acte du partage, elles l'ont approuvé; qu'ainsi ils ne peut pas y avoir de leur part, obstacle à l'homologation qui n'est alors qu'une formalité pour donner force de jugement à l'opération du notaire, par conséquent il est inutile d'assigner les parties pour voir approuver un acte qu'elles ont signé volontairement.

Mais lorsque des copartageans ne se sont pas présentés à la clôture du procès-verbal, il devient nécessaire de les appeler à l'homologation, afin que le jugement soit rendu avec eux, contradictoirement, s'ils comparaissent, ou par défaut, s'ils ne se présentent pas.

Faut-il en même-temps appeler les parties qui ont signé le procès-verbal? Les uns pensent que c'est une chose inutile, puisque, par leur signature, ces mêmes parties ont approuvé l'acte, et ne seraient pas reçues à le critiquer. D'autres soutiennent qu'un acte de partage n'est obligatoire que quand il a été consenti par tous les

Cod. Proc.
Art. 981.

intéressés, et que, si un seul d'entr'eux refuse d'approuver, les autres ne sont pas liés. Un principe général qui convient à tous les contrats synallagmatiques, est qu'ils n'obligent, même ceux qui l'ont signé, que quand tous les contractans ont manifesté leur adhésion de la même manière. D'ailleurs, ajoute-t-on, ceux qui ont signé le partage, ont intérêt à connaître les motifs d'opposition qui pourront être allégués devant le tribunal, et y répondre; de-là, il suit que si toutes les parties n'ont pas comparu en procès-verbal de clôture, il faut que, sur la demande en homologation, toutes les parties soient assignées.

Si les copartageans se présentaient au procès-verbal de clôture, et refusaient de le signer, on sent bien qu'il en serait de même que si ils n'y avaient pas comparu.

Art. 982.

Cod. Nap.
Art. 934
et 935.

- - - -

Formule.
n.º 23.

« ART. 982. Le jugement d'homologation ordonnera le tirage des lots, soit devant le » juge commissaire, soit devant le notaire, » lequel en fera la délivrance aussitôt après » le tirage. »

Ce renvoi devant le commissaire ou devant le notaire, devra être ordonné à jour et heures fixes, en observant le délai de huitaine franche entre le jour de la prononciation, et celui du tirage, attendu que ce jugement, après avoir été signifié aux parties, est susceptible d'appel; le procès-verbal dressé à la suite du tirage, opère pour chacun des copartageans la délivrance du lot qui lui est échu, et dès-lors il peut s'en remettre en possession, en disposer et obtenir la remise des titres de propriété.

Voyez au surplus mes observations sur l'article 834.

« Art. 983. Soit le greffier, soit le notaire, Cod. Proc.
» seront tenus de délivrer tels extraits, en tout Art. 983.
» ou en partie, du procès-verbal de partage,
» que les parties intéressées requerront. »

L'expédition du procès-verbal de partage, délivrée par le notaire, reste annexée à la minute du jugement d'homologation, et le greffier du tribunal qui en est dépositaire, doit comme le notaire, en délivrer toutes expéditions ou extraits qui lui sont demandés par les ayans-droit.

Le jugement d'homologation est expédié séparément.

« Art. 984. Les formalités ci-dessus seront Art. 984.
» suivies dans les licitations et partages tendant Cod. Nap.
» à faire cesser l'indivision, lorsque des mineurs, Art. 838.
» ou autres personnes non jouissant de leurs
» droits civils y auront intérêt. »

« Art. 985. Au surplus, lorsque tous les Art. 985.
» copropriétaires ou cohéritiers seront majeurs Cod. Nap.
» jouissant de leurs droits civils, présent ou Art. 819.
» dûment représentés, ils pourront s'abstenir
» des voies judiciaires, ou les abandonner en
» tout état de cause, et s'accorder pour procé-
» der de telle manière qu'ils aviseront. »

Ces deux articles s'entendent facilement.

Voyez au sujet du premier, mes observations sur l'art. 840, et en particulier celles sur l'art. 818 relativement aux droits à l'action de partage, qui résident dans le mari et la femme conjointement; je ne crois pas que les dernières expressions de notre article altèrent en rien le droit que j'ai cru leur reconnaître de procéder ensemble au partage comme personnes majeures, parce que je pense que les époux jouissent de leurs droits civils à cet égard, pour les raisons que j'en ai apportées, et que ce dernier article me paraît

ne point détruire. Sur le second des deux articles, voyez mes observations sur l'article 819.

En terminant ces instrutions, je crois utile
de présenter, d'après le travail de MM.ʳˢ les
avoués de Paris, une observation sur la procédure à tenir, dans le cas où il est survenu des
oppositions au partage de la part des créanciers
personnels de l'un ou de plusieurs des copartageans.

L'article 865 du Code Napoléon donne aux
créanciers ayant hypothèque sur un immeuble
dont leur débiteur doit faire le rapport en nature,
le droit d'intervenir au partage, pour s'opposer
à ce que le rapport se fasse en fraude de leurs
droits. L'article 882 donne à tous les créanciers
d'un copartageant le droit de s'opposer à ce
qu'il soit procédé au partage hors de leurs présence, et d'y intervenir à leurs frais; il leur
donne même le droit de s'opposer à l'exécution
d'un partage, lorsqu'il a été fait sans eux et
au préjudice d'une opposition qu'ils auraient
formée. — D'après ces dispositions de la loi,
on demande comment les créanciers interve-
nans ou opposans devront être appelées, et à
quelle époque de la procédure ils devront l'être?
Il faut penser que dès qu'un créancier a fait
notifier son opposition, il doit être appelé aux
opérations qui restent à faire. On pourrait peut-
être prétendre qu'il doit suffire de l'appeler à
la clôture du procès-verbal de partage, puisqu'à
cette époque il peut prendre connaissance de
tout ce qui a été fait, et s'expliquer sur l'ensemble de l'opération: mais, comme cet appel
du créancier, à cette dernière époque, pourrait
retarder la consommation du partage, parce
qu'il voudrait avoir un délai suffisant pour en

examiner et en apprécier les bases ; que s'il con-Cod. Proc.
Art. 85. testait avec succès une des parties du travail, il serait anéanti et les intéressés obligés de le recommencer ; il est plus sage de l'appeler aux opérations dès l'instant qu'il a fait notifier son opposition.

Cet appel a lieu par un simple acte, dans lequel il lui est déclaré que le partage est renvoyé devant M.... juge commissaire ; que tel jour les parties se présenteront devant lui pour commencer le procès-verbal des opérations du partage, à ce qu'il n'en ignore, et ait à s'y présenter, si bon lui semble, et y assister à ses frais. Si l'opération était plus avancée, la déclaration lui sera faite de l'état où elle se trouve, avec invitation de prendre, si bon lui semble, à ses frais, connaissance de ce qui a été fait, et d'assister aux opérations ultérieures.

Cette simple déclaration doit suffire pour remplir le vœu de la loi, puisqu'elle n'a exigé qu'un avertissement au créancier, et qu'elle a mis à sa charge toutes les démarches et tous les frais à faire pour la conservation de ses droits.

Dans certaines circonstances, où les créanciers d'un même débiteur sont en grand nombre, et paraissent avoir le même intérêt, la loi a voulu qu'ils fussent représentés par un seul mandataire, qu'elle a chargé de stipuler les droits de tous : en sera-t-il de même, lorsque plusieurs créanciers d'un même copartageant auront requis leur présence au partage ?

On doit penser que non : d'abord, parce que la loi ne l'a pas exprimé, ensuite parce que les droits et les intérêts de plusieurs créanciers opposans à un partage, peuvent être tellement opposés, qu'ils ne seraient pas suffisamment représentés par un mandataire.

La succession, au reste, n'éprouvera aucune perte de la présence de ces diverses opposans, parce que les frais qu'ils feront, seront à leur charge, et que ceux auxquels leur présence aura donné lieu, seront supportés par le cohéritier, sur lequel les oppositions auront été formées, et prélevées sur sa part héréditaire.

Il me reste à examiner une dernière question de forme, celle de savoir comment seront faites les diverses sommations qui sont indiquées par le Code judiciaire, de la part du poursuivant à ses cohéritiers, ou même aux créanciers opposans. A l'égard des cohéritiers qui ont avoué en cause, toutes ces sommations doivent, aux termes de l'article 70 du tarif, être faites par acte d'avoué à avoué. A l'égard des cohéritiers qui n'ont pas constitué avoué, les sommations prescrites par les articles 976, 980 et 981, devront leur être faites par exploits à domiciles.

Quant aux créanciers opposans, l'avertissement à leur donner sera notifié aux domiciles qu'ils auront dû élire par leurs exploits d'opposition ; et s'ils ont constitué avoués par leurs oppositions, les sommations leur seront faites par acte d'avoué à avoué.

On rappelle ici, qu'à la suite des formules, il y a un supplément essentiel à connaître.

FORMULES.

~~~~~~~~~

FORMULE n.º 1. *Demande introductive d'ins-*
tance en partage d'une succesion où il y a
des mineurs intéressés.

« L'an..... le..... à la requête de Félix P....,
» propriétaire, demeurant à Saint-Vallier, hé-
» ritier pour un quart de feu Pierre P.... son
» père, pour lequel domicile est élu en la maison
» et étude de M.ᵉ G.... avoué près le tribunal
» de Valence, département de la Drôme, y
» demeurant, et qui occupera sur l'assignation
» ci-après, je, Jean T......, huissier, etc...........
» soussigné, ai donné assignation (aux autres
» héritiers ou leurs représentans, dans le nombre
» desquels on suppose qu'il y a des mineurs,
» lesquels seront assignés en la personne de leurs
» tuteurs ; et s'ils sont émancipés, ils seront
» assignés personnellement sous l'assistance de
» leur curateur, à qui il convient de donner
» aussi une copie.)

» A comparaître dans les délais de la loi
» (lequel delai est de huitaine franche, outre
» un jour par trois myriamètres de distance,
» entre leur domicile et le lieu où siége le
» tribunal), par-devant le tribunal de première
» instance, de Valence,

» Pour voir dire et ordonner sur le principal,
» attendu que nul ne peut être contraint de
» rester dans l'indivision, qu'à la requete et

» poursuite du demandeur, il sera procédé au
» partage de la succession dudit Pierre P....,
» à l'effet de quoi il sera commis par ledit
» tribunal, celui de M.ʳˢ les juges qu'il lui
» plaira désigner pour les opérations dudit par-
» tage, et nommer d'office tel notaire qu'il jugera
» à propos pour procéder auxdites opérations ;
» et que pour y parvenir, les immeubles dé-
» pendans de ladite succession seront visités et
» estimés par experts nommés d'office par le
» tribunal, et lesquels procéderont conformé-
» ment à ce qui est déterminé par la loi, sur
» leur mission ; pour être, lesdits immeubles,
» partagés en nature s'il y a lieu, sinon vendus
» par licitation (à Paris, à l'audience des
» criées du tribunal ; ailleurs., devant le juge
» commissaire, ou dans les cas qui ont été in-
» diqués, devant un notaire à ce commis), pour
» le prix à en provenir, être compris dans la
» masse du partage ;

» Comme aussi voir dire et ordonner, attendu
» que le produit de la vente du mobilier dé-
» pendant de la succession dudit Pierre P....,
» n'est pas suffisant pour acquitter toutes les
» dettes de cette même succession, que préala-
» blement audit partage, il sera, à la requête,
» poursuite et diligence du demandeur, pro-
» cédé à la vente d'une partie desdits immeubles,
» suffisante pour opérer la libération desdites
» dettes ; laquelle vente sera basée et établie
» sur l'estimation desdits experts, préalablement
» nécessaires en pareil cas, et la liquidation de
» tout faite devant le notaire ou le juge commis ;

» Et sur le provisoire, voir dire et ordonner
» que le demandeur sera provisoirement auto-

» risé à gérer et administrer les biens et affaires Formule n.º 1.
» de la succession et faire le recouvrement des
» sommes mobilières qui lui sont dues, à cet
» effet passer tous baux, les renouveler ou les
» résilier aux meilleures charges et conditions que
» faire se pourra, recevoir tous loyers échus ou à
» échoir, et toutes autres sommes dues à l'hoirie,
» en donner quittance ; en cas de non paye-
» ment, poursuivre les débiteurs par les voies de
» droit, entendre le compte de l'officier public
» qui a fait la vente du mobilier, ainsi que
» ceux de tous autres comptables ou débiteurs,
» le débattre, arrêter et clore, en recevoir le
» reliquat, en donner quittance, et fournir
» décharge des pièces justificatives, etc. »

Sur la demande provisoire, il intervient, à l'expiration du délai, mais sans instruction, et comme en matière sommaire, un jugement qui, s'il n'y a pas d'opposition, confère au demandeur les autorisations provisoires par lui requises, dépens compensés, que les parties pourront employer, savoir, le demandeur en frais de poursuite de recouvrement et d'administration, et les autres parties en frais de liquidation et partage, desquels frais distraction, est faite au profit des avoués.

Lorsque la demande provisoire requiert célérité, le demandeur doit présenter requête au tribunal pour avoir permission d'assigner à bref délai.

Sur la demande principale, après les délais d'assignation et d'instruction, il intervient jugement conforme aux conclusions du vendeur, à moins que les colicitans n'aient élevé des difficultés qui aient donné lieu à changer ou modifier les dispositions du jugement, dépens compensés, que le demandeur emploira en frais de poursuite et les autres copartageans en frais de liquidation et partage, et dont distraction est faite au profit des avoués.

M.rs les avoués de Paris, dans la formule qu'ils donnent pour cette première demande, s'expriment ainsi sur la vente préalable pour l'acquit des dettes : *que préalablement audit partage, il sera procédé à la vente d'une partie desdits immeubles, suffisans pour opérer la libération desdites dettes, d'après le rapport des experts.*

Cette manière de s'énoncer ferait entendre que le rapport des experts s'étend sur les dettes de la succession, sur sa liquidation, sur la manière de la libérer et sur la désignation des immeubles qu'il convient de vendre pour y parvenir, tandis que la loi n'a jamais paru étendre jusques-là la mission des experts, et qu'on ne peut en venir à cette libération de la succession qu'après un premier travail du notaire pour la liquider, ou tout au moins, après un examen fait entre les parties, et lequel n'est point l'affaire des experts. (Voyez mes instructions sur l'article 824).

Je me permettrai encore d'observer dans les expressions critiquées, une faute contre la langue dans ce mot *suffisans ;* je l'ai corrigée dans la formule que je présente.

FORMULE n.° 2. *Jugement portant nomination d'experts sur cet ajournement.*

« Le tribunal civil de première instance séant

à Valence, département de la Drôme, a rendu le jugement suivant, en audience publique du .... siégeant MM. B.... président, P..... R..... juges, et C..... procureur impérial, entre le sieur Félix P....., demandeur, ensuite de l'ajournement donné par T...... huissier, d'une part ;

» Et (noms, qualités et domicile des défendeurs) défendeurs, d'autre part.

» Ouï M.ᶜ G...... avoué du sieur Félix P....., qui a conclu, etc. (comme en l'exploit).

» Ouï M.ᶜ D........ avoué des défendeurs, qui a conclu, etc. (lorsque le partage n'est pas contesté, il vaut mieux laisser prendre défaut pour éviter des frais).

» En fait, Pierre P........ , père commun, étant décédé, et les biens composant sa succession, étant encore dans l'indivision entre ses héritiers, Félix P..... l'un d'eux, en a provoqué le partage, par l'ajournement sus énoncé, contre, etc.

» Mais les assignés ayant fait défaut de constituer avoué, la cause mise au rôle a été portée à cette audience, où ledit Mᶜ. G..... pour le demandant, a requis l'adjudication des conclusions par lui prises.

» En droit : doit-on ordonner le partage requis ?

» Considérant qu'aux termes de l'article 815 du Code Napoléon, nul ne peut être tenu de rester dans l'indivision, et que le partage peut toujours être provoqué lors même qu'il y a des mineurs, ou autres personnes non jouissant de leurs droits civils.

» Par ces motifs, le tribunal, ouï M. le procureur impérial en ses fins et conclusions motivées,

» Au profit du défaut de constituer avoué de la part des (noms des défendeurs, et s'il y a des femmes mariées, on ajoutera, tenant les femmes pour dûment autorisées),

» Ordonne qu'entre eux et les demandeurs, il sera procédé au partage des biens dépendans de la succesion de feu Pierre P.......; à quel effet nomme d'office trois experts; savoir : les sieurs (noms, qualités et demeure des experts), lesquels procéderont à l'estimation desdits biens, en faisant connaître la base de cette estimation, et constateront s'ils sont ou non d'une commode division, le tout de conformité à l'article 824 du Code Napoléon.

» Désigne le juge de paix de Saint-Vallier, pour recevoir leur serment (à moins que le tribunal ne veuille soumettre les experts à venir prêter serment devant le juge commis), et nomme M.ʳ T......., juge, pour commissaire audit partage.

» Ainsi fait et prononcé, etc. »

Si toutes les parties étaient majeures, le tribunal ne nommerait d'office les experts que conditionnellement, en laissant aux parties la faculté d'en convenir dans les trois jours qui suivront la notification du jugement; et si ce tribunal, faute de renseignemens, ne pouvait nommer les experts, il adresserait par son jugement, commission rogatoire au juge des lieux pour les nommer; alors le demandeur, porteur de l'expédition du jugement, présen- terait requête à ce juge, etc. (Voyez les ins- tructions).

FORMULE n.° 3. *Déclaration des parties pour* *la nomination des experts.*

« Aujourd'hui....... ont comparu au greffe du tribunal de première instance à Valence,

» M.ᵉ G........ avoué du sieur Félix P...... pro- priétaire à Saint-Vallier, d'une part;

» Et M.ᵉ D....... avoué des sieurs...... d'autre part,

» Lesquels, en exécution du jugement rendu entre les parties, le........ par le tribunal de première instance, et qui ordonne que dans trois jours elles seront tenues de convenir d'ex- perts, sinon que ceux nommés d'office par le même jugement, procéderont à l'opération pres- crite, ont déclaré que leurs parties sont con- venues pour experts des sieurs, (noms, qua- lités et demeure des experts).

» De cette déclaration il a été dressé le pré- sent acte, qui a été signé par lesdits M.ʳˢ G....... et D......., ainsi que par le greffier. »

Les parties elles-mêmes peuvent changer les experts, si elles sont majeures.

FORMULE n.° 4. *Requête et ordonnance pour* *assigner les experts.*

« A M.ʳ T...... juge au tribunal de première instance de Valence.

» Le sieur Félix P....... propriétaire, habitant à Saint-Vallier;

» Contre les sieurs (noms des défendeurs) défendeurs, expose que par jugement rendu le ...... entre les parties, et dont l'expédition est ci-jointe, vous avez été nommé commissaire pour recevoir le serment des experts chargés de faire l'opération qui y est ordonnée.

» Par acte passé au greffe, le...... dont expédition est également ci-jointe, les parties d'accord, ont déclaré qu'elles nommaient (noms, qualités et domiciles des experts).

» A ces causes, le requérant demande qu'il vous plaise, Monsieur, ordonner que lesdits experts seront assignés aux jour et heures qu'il vous plaira indiquer, pour prêter devant vous le serment de bien et fidèlement remplir leur mission : vous ferez justice. Signé G........ avoué.

» Permis d'assigner les trois experts aux fins de la requête ci-dessus, pour le...... du mois de .... à........ heures, etc.

» Fait à Valence, le.......

FORMULE n.° 5. *Assignation aux experts.*

Après avoir copié la requête et l'ordonnance de l'exemple précédent, l'huissier dresse à la suite son exploit, comme il suit.

« L'an mil huit cent..... et le...... à la requête du sieur Félix P......., propriétaire, demeurant à Saint-Vallier, en vertu de l'ordonnance de M. R...... juge commissaire, en date du...... de ce mois, apposée au bas de la requête du requérant, et dont copie est ci-dessus, moi soussigné Jean T............ ai donné assignation aux sieurs (noms, qualité et domicile des experts) tous trois experts nommés par les parties (ou d'office) pour procéder à l'opération ordonnée par jugement rendu le....... entre le requérant et les sieurs (défendeurs),

» A comparaître le........ du présent mois, au palais de justice, devant M.ʳ le juge commissaire, pour prêter serment de bien et fidèlement remplir la mission dont ils sont chargés, et pour, en même temps, fixer le jour, l'heure et le lieu de l'opération.

» Copie du présent, exploit ainsi que de la requête et ordonnance ci-dessus mentionnées, a été laissée par moi à chacun desdits experts; savoir : une copie au domicile du sieur.......... en parlant à lui ; au domicile du sieur....... en parlant à une fille, qui m'a dit être sa domestique; et au domicile du sieur...... en parlant à la dame son épouse.

M.ᵉ G....... avoué, continuera d'occuper pour le requérant.

» Le coût du présent exploit est de....
T...... hʳ. »

FORMULE n.º 6. *Acte de récusation contre un expert.*

« A la requête du sieur L...... (défendeur) ayant M.ᵉ D..... pour son avoué,

» Soit signifié et déclaré à M.ᵉ G...... avoué du sieur Félix P...... demandeur,

» Qu'il récuse la personne du sieur V.......... expert nommé d'office par jugement rendu entre les parties, le........

» Cette récusation est fondée sur ce que, depuis l'époque dudit jugement, ledit sieur..... à dîné chez ledit sieur Félix D...... ce que les sieurs (défendeurs) offrent de prouver par témoins.

» En conséquence, ledit M.ᵉ G..... est sommé de comparaître à l'audience du........ pour voir statuer sommairement sur ladite récusation et nommer d'office un autre expert.

» Le présent acte de récusation a été signé par le sieur D......... tant sur l'original que sur la copie. »

Cet acte est signifié dans la forme ordinaire. Cette signification serait valable, quand même elle ne contiendrait pas de sommation pour faire statuer à l'audience: mais alors la partie la plus diligente, aussitôt après la signification, donne un avenir pour faire prononcer sur le mérite de la récusation, qui, tant qu'elle n'est pas jugée, suspend l'opération.

Si la partie n'avait pas signé la récusation, la même déclaration aurait été faite par son mandataire spécial; celui-ci aurait énoncé dans l'acte la procuration, et copie en aurait été jointe à la signification. Ce cas arrive, par exemple, quand celui qui récuse ne sait ou ne peut signer, il donne sa procuration par acte devant notaire, et le mandataire remplit la formalité.

FORMULE n.º 7. Procès-verbal de prestation de serment.

« Aujourd'hui........ à....... heures du......., au

palais de justice, devant nous R..... juge commis (ou devant le juge de paix) par jugement rendu le........ entre le sieur Félix P........ et les sieurs (défendeurs) au tribunal de première instance de Valence, à l'effet de recevoir le serment des experts chargés de l'opération qui y est énoncée,

» A comparu M.ᵉ G... avoué du sieur Félix P.. (ou le poursuivant lui même, quand c'est devant le juge de paix), lequel a dit qu'en vertu de notre ordonnance par lui obtenue le... il a fait assigner pour aujourd'hui , à.. heures du.. les trois experts nommés par lés parties, à l'effet par eux de prêter serment et d'indiquer le jour, l'heure et le lieu de l'opération. En conséquence , il nous a requis de recevoir le serment desdits experts s'ils se présentent, se réservant de se pourvoir, pour faire remplacer ceux qui ne comparaîtraient pas.

» A l'instant se sont présentés :

» 1.º Le sieur (noms, profession et domicile du premier expert).

» 2.º Le sieur (*idem*).

» 3.º Et le sieur (*idem*).

» Lesquels ont successivement prêté en nos mains le serment de fidèlement et suivant leur conscience, procéder à l'opération dont il s'agit.

» En conséquence ils sont convenus de se transporter sur les lieux contentieux le....... de ce mois. pour y procéder à l'opération , à..... heures du.......

» Des comparutions, dires, réquisitions, prestation de serment ci-dessus mentionnés , ainsi que de la fixation du jour et de l'heure de l'opération, nous avons donné acte; nous avons en conséquence intimé à la partie présente de s'y trouver, et ordonné que la partie qui n'a point comparu, sera sommée par acte d'avoué à avoué (lorsqu'il y a constitution d'avoué).

» En foi de quoi, le présent procès-verbal est signé par nous et notre greffier.

» *Signé* R..... juge, et...... greffier. »

On fait quelquefois signer au procès-verbal les parties comparantes, surtout quand elles font quelques observations qui sont importantes; mais la loi n'exige pas plus cette signature que celle des experts.

FORMULE n.º 8. Sommation à la partie pour assister à l'expertise (lorsqu'il y a avoué en cause).

« A la requête du sieur Félix P..... propriétaire, habitant à Saint-Vallier, demandeur,

» Soit déclaré à M.ᵉ D..... avoué des sieurs (défendeurs).

» Que par procès-verbal du........ les trois experts convenus entre les parties, ont prêté serment et ont fixé l'opération au..... du mois à...... heures du........

» En conséquence soit sommé ledit M.ᵉ D...... de se trouver auxdits jour et heures (indiquer le lieu où doivent se faire les opérations), pour y assister, si bon lui semble, à la visite et au rapport ordonné par le jugement rendu entre les parties, le....... de ce mois, déclarant qu'il sera procédé à l'expertise tant en présence qu'en absence des parties.

» Fait à Valence, le.......

» *Signé* G....... avoué.

» Le présent a été signifié, etc. »

*FORMULE n.º 9. Sommation à la partie dé-
faillante à la prestation de serment, lorsqu'elle n'a pas constitué avoué.*

« L'an....... et le.......

» Je, Jean T....... soussigné, à la requête du sieur Félix P....... (qualités, domicile), ai re-présenté à........ défendeur, défaillant, que par procès-verbal du........ les trois experts nommés d'office (ou convenus entre les parties) ont prêté serment et ont fixé le commencement de leurs opérations au..... de ce mois, à.... heures du matin.

» En conséquence, je lui ai donné ajourne-ment pour se trouver auxdits jour et heures sur le local désigné afin, d'y assister, si bon lui semble, à la visite et au rapport ordonné par jugement rendu entre les parties le....... ; décla-rant qu'il sera procédé à l'expertise tant en pré-sence qu'en absence.

» Copie du présent exploit a été laissée par moi audit....... en son domicile, en parlant à......

» Le coût du présent exploit est de....

T..... h.ʳ »

FORMULE n.º 10. Rapport des experts.

» Aujourd'hui..... à neuf heures du matin, nous soussignés ,

» Pierre A....... propriétaire , habitant à St.-Vallier , département de la Drôme ; Paul B...... propriétaire , habitant à Claveyson , canton de Saint-Vallier , et Étienne C....... géomètre , habitant à Château-Neuf , même canton ;

» Tous trois nommés experts par le jugement rendu le........ par le tribunal civil de Valence , entre le sieur Félix P......, et les sieurs (défendeurs) à l'effet de faire rapport sur les objets y énoncés , relatifs au partage de la succession de feu Pierre P....... indivise entre les parties , et d'opérer sur les immeubles de cette succession , conformément aux dispositions dudit jugement, basées spécialement sur celles de l'art. 824 du Code Napoléon ;

» Et ensuite de l'ajournement indiqué par nous au procès-verbal de notre prestation de serment , dressé devant M.ʳ R......... juge commissaire , le....... du présent mois.

» Nous nous sommes transportés sur les biens dépendans de ladite succession , situés sur la commune de Beaussemblant; nous y avons trouvé le sieur Félix P.... lequel, après nous avoir remis l'expédition du jugement ci-dessus mentionné, nous a requis de procéder à la visite, examen et estimation , et ensuite au rapport ordonné par ledit jugement.

» Ont aussi comparu les sieurs (défendeurs) lesquels nous ont dit qu'ils comparaissent en vertu de la sommation à eux faite le......... de ce mois, et qu'ils n'empêchent qu'il soit par nous procédé à l'expertise ordonnée.

» En conséquence, assisté des parties et de N....... N...... propriétaires, voisins et sapiteurs à ce connaissans, nous avons successivement parcouru tous les domaines et fonds dépendans de ladite succession ; nous en avons soigneusement examiné le sol, la situation, les avantages, les inconvéniens, les incertitudes, enfin toutes les circonstances qui peuvent concourir à en fixer la vraie valeur ; nous avons calculé aussi exactement que possible les produits et récoltes de chacun desdits fonds, en supportant et distrayant les avances pour ensemencer, garnir et cultiver, et en établissant le prix commun de chaque denrée sur une moyenne proportionnelle prise aux marchés ou dans les mercuriales du pays, pendant l'intervalle des dix années consécutives précédentes.

» Et ensuite de cet examen, nous disons et rapportons ce qui suit :

» Le domaine de...... se compose, 1.º du principal manoir qui n'est qu'une maison rurale, composée d'habitation pour le fermier ou colon, écuries, bergerie, grange, etc., et est entourée d'un ténement contigu de quatre hectares, confrontant, d'orient, etc.

» La qualité de ce premier fonds peut être mise en seconde classe dans le pays ; elle est en général susceptible de produire annuellement d'assez beau froment ; la partie du nord est en pente et terminée par un ravin formé par un ruisseau, contre lequel il est nécessaire de se défendre par quelques travaux qu'il faut renouveler au moins tous les trois ans. Cette partie est moins bonne sur une étendue d'environ un hectare, que le surplus dudit ténement.

» Ce fonds se divise en deux parties à peu près égales, dont l'une reste une année en jachère, pendant que l'autre est en culture. On sème annuellement dans la partie cultivée cinq hectolitres de blé-froment, qui produisent environ huit pour un ; en sorte que le produit net de la récolte, déduction faite des semences, du droit de battage et du droit de colon, est de quatorze hectolitres et dix-sept litres, lesquels, à raison de 18 francs prix moyen, valent une somme de deux cent cinquante-cinq fr...   255

» La feuille de douze mûriers, déjà sur le retour, qui se trouvent complantés dans ce fonds, représente une valeur de trente-six francs......................   36

(On ajoutera successivement le produit de toutes les plantations, en spécifiant le nombre d'hectolitres que composent les fruits récoltés).

             Total...............   291

     En déduisant pour impôts.........   58

                  Il reste.   233

Sur quoi déduisant encore pour réparations extraordinaires et entretien des plantations, une somme annuelle de...   12

             Il reste de produit net.   221

qui, sur le pied de 4 pour cent,
représentent un capital de........... 5525

(On opérera successivement de la même
manière sur les prés, vignes, bois, etc., relativement à chaque nature de production, et
on terminera ainsi qu'il suit) :

« Telle est l'estimation que nous portons à
l'unanimité et en notre ame et conscience, aux
immeubles désignés, lesquels pourraient commodément se diviser en quatre lots, qui seraient composés, savoir : le premier, d'une partie
de la maison, l'écurie, la grange et deux cham-
bres au nord, à quoi l'on joindrait deux
hectares et demi du ténement contigu, le tout
séparé du reste par un mur mitoyen, quant à
la maison ; et par une ligne transversale qui abou-
tirait à deux limites plantées au levant et au
couchant quant aux terres ; le second lot serait composé du surplus de la maison et du terrain
y attenant au midi.

» Le troisième lot comprendrait (tel à tel
article).

» Et le quatrième (de même).

» Par ce moyen, on ne déprécierait que le
moins possible l'héritage commun.

Le premier lot aurait une valeur de......

Le second une valeur de.....

Le troisième une valeur de.......

Et le quatrième une valeur de.....

19

» Ensuite de cet arrangement, le troisième lot devrait au quatrième une soute de...... etc.

» Fait et clos à........ le....... après avoir vaqué pendant la durée de..... »

Si, outre la maison rurale, il existait une maison de maître ou château de plaisance avec ses accessoires, il faudrait donner à tout cela une valeur ; et quant aux bâtimens des fermes, il faut considérer que quoi qu'ils ne rapportent aucun revenu par eux-mêmes, néanmoins ils font valoir les terres qui sans cela ne pourraient être exploitées. Il faut donc que les experts fixent, suivant les localités, la valeur qu'ils peuvent leur donner.

Ce modèle fait connaître comment s'énoncent les experts lorsque leur avis est unanime.

Mais s'ils n'étaient pas de même opinion, ils expliqueraient cette divergence, sans l'attribuer à aucun d'eux en particulier, et à peu près de cette manière :

« Nous avons d'abord émis un avis différent au sujet des bâtimens de maître et jardins d'agrément qui les entourent.

» L'un de nous a pensé que cet objet n'étant d'aucun rapport, ne devait figurer que pour la simple valeur d'un logement à la campagne.

» Le second a représenté que quoi ces jardins ne fussent destinés qu'au plaisir du maître, et que les plantations qui les ornent ne fussent que des plantations de luxe, il n'en est pas moins vrai que le terrain qu'elles occupent a, par lui-même, une valeur productive, et que tout autre propriétaire, en convertissant cette étendue en exploitation rurale, pourrait en retirer un revenu assez spécieux.

» Le troisième a répondu, etc.

» Procédant à former un seul avis, deux d'entre nous se sont réunis à la seconde opinion, etc. etc. »

Si, au lieu d'être d'accord sur la possibilité de partager la succession, les experts pensaient qu'on ne peut y réussir commodément, sans la déprécier et nuire aux succès des travaux agricoles, ce serait alors le cas de la licitation; et après la description des immeubles, les experts s'énonceraient ainsi :

» On voit, par le détail qui précède, que les immeubles que nous venons de parcourir ne sauraient se diviser commodément (par telle et telle raison); ces inconvéniens nous paraissent assez considérables pour déterminer le tribunal à ne point autoriser un démembrement préjudiciable aux parties, à l'agriculture, et par conséquent nuisible à l'avantage général de l'état et de la société. C'est pourquoi notre avis unanime (ou s'il ne l'étoit pas, on s'expliquerait comme ci-dessus) a été que l'héritage que nous venons de visiter, doit être licité d'après la loi, pour le prix en être distribué aux copartageans suivant leur droit. »

S'il s'agissait d'immeubles à partager simplement dans la forme des articles 466 du Code Napoléon et 975 du Code de procédure, le jugement, au lieu de s'établir sur les dispo-

sitions de l'article 824, donnerait aux experts
eux-mêmes, par un dispositif spécial, la commission de faire les lots ; et ceux-ci, en se rat-
tachant à ce jugement, les composeraient tout
de suite après la disposition et estimation cir-
constanciées des immeubles, avec ou sans soute,
et en observant, autant qu'il est humainement
possible de le faire, la plus judicieuse égalité ;
et ce rapport serait clos de la même manière.

Quant aux meubles et objets mobiliers de
la succession, les experts feront également l'estimation de ceux de ces objets qu'ils trouveront
en nature. A l'égard de ceux qui n'existeraient
plus, ils prendront tels renseignemens qui pourront les éclairer. Cette recherche est quelquefois épineuse. Sur le tout, s'il y a eu un inventaire fait après le décès du défunt, il leur
sera d'un très-grand secours.

FORMULE n.º 11. *Demande en entérinement du rapport des experts.*

S'il s'agit d'un ou de plusieurs immeubles
sur lesquels les droits des parties sont liquidés,
et qui ont été déclarés partageables, les conclusions de la requête sont :

« A ce qu'il plaise au tribunal, attendu que
le rapport dressé par les experts, en exécution
du jugement du tribunal de Valence, en date
du..... est régulier et rédigé conformément à la
loi et aux dispositions du jugement sus daté ; attendu qu'il en résulte que l'immeuble (ou les immeubles) qu'il s'agit de partager peut être commodément divisé en nature, suivant les droits des

parties dont les lots sont établis par les experts, en vertu de leur mission, renvoyer les parties devant M.ʳ R...... juge commissaire nommé par ledit jugement (ou devant tel notaire qu'il plaira au tribunal de commettre), pour être procédé devant lui au tirage au sort de ces lots, et à la délivrance, au profit de chacun des copartageans, du lot qui lui sera échu ; et en cas de contestation, condamner les contestans aux dépens que le demandeur pourra employer en frais de poursuites, de liquidation et partage, et dont distraction sera faite. »

S'il s'agit de la visite et estimation de plusieurs immeubles que les experts ont déclaré chacun particulièrement n'être pas susceptibles d'être partagés, mais que le poursuivant juge susceptibles de division, en les rapportant à la masse du partage, le poursuivant conclut à l'entérinement du rapport des experts quant à l'estimation ; mais attendu la possibilité du partage des immeubles en nature, en les rapportant à la masse du partage, il demande que les parties soient renvoyées devant le juge commissaire, et en suite par lui, devant le notaire commis, pour être procédé aux opérations du partage.

Il conclut aussi simplement à l'entérinement et au renvoi devant le juge commissaire et le notaire, dans le cas de l'expertise faite sur un seul immeuble qui a été déclaré partageable.

Si au contraire il s'agit d'immeubles déclarés impartageables, et qui par leur nature, le grand nombre des héritiers, la nécessité d'acquitter les dettes de la succession, ou l'impossibilité de faire des lots égaux et d'opérer les soutes, ne puissent être partagés, en ce cas le poursuivant, en donnant les motifs qui déterminent sa demande, conclut « à ce que le procès-verbal de rapport des experts soit entériné, pour être exécuté selon sa forme et teneur ; qu'en conséquence il soit ordonné qu'à sa requête, poursuite et diligence, il sera procédé à la vente par licitation desdits immeubles (ou partie d'iceux, à Paris, à l'audience des criées ; ailleurs, devant le juge commissaire, ou devant un notaire à ce commis), suivant les formalités prescrites par le Code de procédure ; et qu'en cas de contestation, les contestans soient condamnés aux dépens, qu'il pourra en tout évènement, employer en frais de poursuites, de licitation, dont distraction, etc. »

Le jugement qui intervient dans le premier des quatre cas ci-dessus est ainsi conçu :

« Le tribunal...... attendu que le procès-verbal de rapport dressé par les experts le....... en exécution du jugement du...... est régulier, et qu'il en résulte que l'immeuble dont il s'agit peut être commodément partagé de la manière dont lesdits experts l'ont fait, renvoie les parties devant M.ʳ R....... juge commissaire nommé par ledit jugement (ou devant M.......... notaire à........ que le tribunal nomme à cet effet), pour être procédé devant lui au tirage au sort et à la délivrance des lots formés par ledit rapport, dépens entre les parties compensés, qu'elles pourront respectivement employer en frais de partage, et dont distraction, etc. »

Dans le deuxième cas :

« Attendu que le procès-verbal de rapport est régulier, l'entérine, quant aux estimations y portées ; mais attendu que (des déclarations des parties, ou de l'examen, ou du rapprochement des différens rapports, ou enfin du rapprochement de la valeur estimative des différens immeubles, avec les autres effets de la succession), il résulte qu'il peut être procédé au partage en nature desdits immeubles, et à la formation de lots correspondans aux droits des parties, les renvoie devant M. R........ juge commissaire, pour les opérations du partage, et devant M........ notaire à....... pour être procédé devant lui audit partage, depens compensés, que les parties, etc. »

Dans le troisième cas :

« Attendu que le procès-verbal de rapport est régulier, l'entérine dans tout son contenu ; et attendu qu'il en résulte que les immeubles dont il s'agit peuvent être commodément divisés en nature suivant le nombre et le droit des copartageans, les renvoie devant M.ʳ R...... juge commissaire, pour les opérations du partage, et devant M....... notaire à........ pour être procédé devant lui audit partage, dépens compensés, que les parties, etc. »

Dans le quatrième cas :

« Attendu que le procès-verbal de rapport est régulier, qu'il en résulte, ainsi que du rapprochement du montant de l'estimation des

immeubles, avec les autres valeurs de la succession, du nombre des héritiers, de la nécessité de pourvoir à la libération des dettes de
la succession ; que les immeubles dont il s'agit
ne peuvent être commodément divisés en nature, suivant les droits des parties, entérine
ledit rapport, pour être exécuté selon sa forme
et teneur ; en conséquence, ordonne qu'à la
requête, poursuite et diligence du demandeur,
il sera procédé (soit à l'audience des criées du
tribunal de la Seine, soit devant le juge commissaire, soit devant le notaire commis), à la
vente et adjudication par licitation desdits immeubles, suivant les formes prescrites par la loi,
dépens compensés, que les parties, etc. »

Cahier des charges de la vente par licitation.

On rappelle que le cahier des charges de la
vente par licitation ne diffère de celui de la
vente ordinaire sur publication, que dans l'é-
nonciation du jugement, et dans quelques conditions qui sont particulières à la première de
ces ventes.

*FORMULE n.º 12. Cahier des charges de la
vente par licitation d'un domaine (ou d'une
maison située à......)*

« En vertu d'un jugement rendu par le
tribunal de première instance de Valence, le......
enregistré, expédié et signifié, entre le sieur
Félix P....... poursuivant, d'une part, et les
colicitans ci-après nommés, d'autre part ; savoir :
les sieurs (défendeurs). »

On rappelle les qualités des parties, telles qu'elles.ont été énoncées dans le jugement; et comme il pourrait avoir été rendu par défaut contre quelques-uns des colicitans, il en sera fait mention, ainsi que de la signification qui leur en aura été faite à personne ou domicile, en annonçant qu'il n'y a pas été formé d'opposition et qu'il n'en a pas été interjeté appel de leur part, non plus que de celui des parties avec lesquelles il a été rendu contradictoirement.

« Lequel jugement,

(Rappeler les dispositions essentielles du jugement, relatives à la vente dont il s'agit).

« A la requête dudit sieur Félix P..... poursuivant, ayant pour avoué M.ᵉ G......... »

Si la poursuite a été introduite à la requête d'un tuteur spécialement autorisé, il faudra énoncer le titre de la tutelle, la délibération du conseil de famille, et le jugement d'homologation.

« En présence desdits colicitans (ou eux dûment appelés). »

Si parmi les colicitans il y a des mineurs représentés par des tuteurs qui aient reçu des autorisations spéciales, pour défendre à la demande en licitation et assister à la vente, elles seront énoncées.

« Et encore en présence, etc. »

Indiquer le nom ou les noms du subrogé

tuteur ou des subrogés tuteurs qui auront été
appelés pour les colicitans mineurs, énoncer
les délibérations du conseil de famille qui les
ont nommés, et les jugemens d'homologation ;
la même observation s'applique aux mineurs
émancipés, procédant sur l'assistance du curateur.

« Il sera procédé devant M^r....... (ou à l'audience des criées), à la vente et adjudication
de l'immeuble qui va être désigné, aux charges,
clauses et conditions qui seront ci - après ex-
primées.

» Un domaine situé à........ »

La désignation sommaire en sera prise dans
le procès-verbal de visite et estimation, en se
conformant, pour l'établir, à ce qui a été indiqué dans les instructions sur la vente des immeubles.

« Lequel domaine, avec ses dépendances, a
été estimé a la somme de..... par ...... experts
nommés par le jugement du tribunal, en date
du........ suivant leur procès-verbal de rapport,
en date du..... enregistré et déposé au greffe, le....

» Le domaine ci - dessus désigné et ses dépendances appartiennent auxdits sieurs colicitans. »

Rappeler ici leur titre de propriété. Si des fils
possèdent comme héritier, il faut l'indiquer et rappeler le titre de propriété de leur auteur, et ainsi
successivement, jusqu'à ce que l'on soit parvenu
à un titre d'après lequel la propriété ait été

légalement purgée de toutes hypothèques con- ventionnelles et légales, ou à un titre assez ancien pour que toutes ces hypothèques puissent être censées prescrites.

« Les conditions de la vente sont, 1.° que l'adjudicataire sera tenu de prendre ledit domaine et dépendances, tel que le tout se trouvera au jour de l'adjudication définitive, sans aucune répétition d'indemnité pour aucun objet. »

S'il s'agit d'un bien rural, il sera dit que la vente est faite sans aucune garantie d'étendue supperficielle, les biens étant vendus tels qu'ils se poursuivent et comportent, ou doivent se comporter d'après les titres, sans en rien excepter ni réserver par le vendeur, et avec les droits qui en peuvent dépendre, auxquels l'adjudicataire sera subrogé.

« 2.° L'adjudicataire souffrira les servitudes passives, soit occultes, soit apparentes, dont ledit domaine peut être grevé, sauf à s'en défendre à ses risques ; comme aussi il profitera des servitudes actives qui peuvent lui appartenir, énoncées ou non au présent cahier ; le tout sans donner à qui que ce soit plus de droit qu'il n'en peut avoir, et sans recours contre le vendeur.

» 3.° L'adjudicataire entretiendra les baux actuellement subsistans desdits biens, même les locations verbales pour le temps qui en reste à courir.

» Il se défendra à ses risques des réclamations que pourraient faire les fermiers ou lo-

cataires d'objets qu'ils prétendraient leur appartenir ; il sera subrogé aux droits qui résultent
des baux à leur égard.

Nota. Il a été dit dans les instructions, qu'il
serait fait mention de la nature des baux ou
des locations : cette indication est d'autant plus
nécessaire, que le Code Napoléon ayant supprimé
le bénéfice des lois *æde et emptorem*, si l'on
n'avait pas exactement énoncé les baux qui sub-
sistent, et de l'entretien desquels on entend
charger l'aquéreur, celui-ci pourrait être exposé
à n'avoir pas la jouissance qu'il avait dû espérer.

« 4.º L'adjudicataire sera tenu d'acquitter,
sans diminution de son prix principal, tous
droits et frais auxquels l'adjudication pourra
donner ouverture, tels que ceux d'enregistrement,
coût du jugement et autres quelconques faits
pour parvenir à la vente.

» 5.º La jouissance de l'adjudicataire com-
mencera au jour de l'adjudication, et néanmoins
il ne percevra les fruits, revenus et fermages, qu'à
compter du......... »

Il arrive souvent que par des considérations
particulières, on fixe la jouissance d'une manière
différente pour les maisons : par exemple, on
l'accorde à l'acquéreur à compter du premier
jour du trimestre qui suit la vente ; pour les
biens ruraux, on abandonne tout ou partie dé-
terminée des fermages représentatifs de la récolte
de l'année, dans laquelle la vente a lieu ; pour
les bois, on stipule que la jouissance aura lieu
pour la coupe de l'ordinaire qui devra suivre
la vente. Dans tous les cas, il faut avoir grand

soin de bien appliquer cette cause de jouissance ,
qui est une de celles qui ont le plus donné lieu
à difficultés. Elle se termine ainsi :

« Cependant il ne pourra se mettre en possession qu'après la signification du jugement
d'adjudication. »

Si dans la vente sont compris des effets mobiliers , on en stipule ordinairement le prix
payable avant l'entrée en possession , entre les
mains du poursuivant ou de l'un des colicitans. Si elle a pour objet des bâtimens importans ou des bois de haute futaie , on stipule
que les bâtimens ne pourront être démolis et
les bois coupés , qu'après le payement de la
totalité ou d'une portion quelconque du prix
principal ; et s'il s'agit de bois taillis , que les
coupes n'en pourront être anticipées.

« 6.º L'adjudicataire sera tenu de payer les
contributions foncières et toutes autres dont
lesdits biens peuvent être grevés , à compter du
jour auquel il a droit à la perception (des
loyers ou des revenus des biens vendus). »

S'il s'agit de la vente de bois , les contributions sont à la charge de l'adjudicataire, pour
l'année à laquelle appartient la première coupe
de sa jouissance. On met aussi à sa charge le
salaire des gardes.

S'il s'agit d'une maison de campagne , on
met aussi à la charge de l'acquéreur , à compter
de son entrée en jouissance, les gages des con-
cierges , jardiniers , domestiques ou serviteurs.

« 7.° Il payera, à compter de la même époque, les intérêts du prix principal de son adjudication, sur le pied de cinq pour cent, sans retenue.

» 8.° Il payera, à la clôture de l'adjudication définitive, entre les mains et sur la quittance du notaire (ou de l'avoué du poursuivant), le montant de tous les frais faits pour parvenir à la vente, et avancés, tant par le poursuivant que par les colicitans, d'après la taxe, en la manière ordinaire. L'acte d'adjudication ne pourra être expédié par le notaire (ou si c'est un jugement par le greffier du tribunal) qu'après avoir justifié du payement desdits frais.

» 9.° Il sera tenu de faire signifier à ses frais, aux avoués du poursuivant et du colicitant (quand il y a avoué en cause), copie entière du jugement qui l'aura prononcé, sinon, il en sera levé une grose à ses frais, d'après une simple sommation qui lui aura été faite par le poursuivant. »

Si l'adjudication se fait devant notaire et sans ministère d'avoués, on soumettra l'adjudicataire de remettre à ses frais, entre les mains du poursuivant, une expédition régulière de l'acte d'adjudication.

« 10.° L'adjudicataire sera tenu de faire transcrire son acte d'adjudication au bureau des hypothèques de la situation des biens, dans un mois, à compter de sa date; et dans les trois mois, aussi à compter de sa date, de remplir toutes les formalités prescrites par la loi pour purger les hypothèques légales; faute par lui

de le faire dans ledit délai, il sera contraignable
cessoires ; lesdits délais étant de rigueur , et
ne pouvant , dans aucun cas, être considérés
comme comminatoires.

» Il est au reste bien entendu que les formalités
nécessaires pour purger à l'égard de quelques-uns
des vendeurs , ou les difficultés survenues dans
ces formalités , ne pourront préjudicier aux
autres vendeurs , ni empêcher le payement des
sommes revenant à ces derniers dans le prix
de l'adjudication , en principal et accessoires.

» 11.º Dans le cas où l'adjudication serait
faite au profit de l'un des vendeurs , lequel ne
se trouverait pas obligé de remplir les formalités pour purger, l'adjudicataire sera tenu de
prendre, au profit du colicitant , inscription sur
lui et à ses frais, pour la conservation du privilége qui lui appartient sur le prix de l'adjudication , et d'en justifier, dans le mois, par
acte au pied du présent cahier. »
Cette clause est nécessaire par la disposition
de l'article 2109 du Code Napoléon, qui veut
qu'en cas de licitation ou partage, le privi-
lege des copropriétaires soit conservé par inscription formée dans les soixante jours de la
licitation du partage. Si la vente est faite d'une
portion d'immeubles, dont le prix est destiné
à acquitter les dettes de la succession , il sera
nécessaire d'insérer la clause suivante pour remplir l'intention des vendeurs.

« Dans le cas où l'adjudication serait faite
au profit de l'un des vendeurs , il sera tenu

d'en payer le prix entre les mains des créanciers de la succession (indiqués par le cahier des charges ou qui le seront par un acte postérieur), sans pouvoir, sous aucun prétexte, se refuser à faire ces payemens, ou sans avoir égard à la nature des dettes, ni pouvoir prétendre les subordonner à l'évènement du partage à faire entre les parties, la présente clause étant de rigueur, et sans laquelle la vente n'aurait pas eu lieu.

» 12.° Au cas d'inscription survenue à la transcription de l'acte d'adjudication, le vendeur aura deux mois à compter du jour de la dénonciation qui lui en aura été faite pour en rapporter main-levée et radiation à l'adjudicataire : pendant cet intervalle, celui-ci ne pourra faire aucune diligence pour les faire prononcer; il ne pourra non plus faire aucune offre, ni consignation de son prix, ni aucune notification aux créanciers inscrits, à moins qu'il n'y soit contraint par les poursuites de quelqu'un d'entr'eux.

» 13.° Si lors de la transcription de l'acte d'adjudication, il subsiste des inscriptions sur les colicitans ou leurs auteurs, l'adjudicataire fera dénoncer à chacun des colicitans, l'état desdites inscriptions qui le concerneront particulièrement. Les inscriptions qui frapperont sur l'un des vendeurs ne pourront empêcher le payement de la portion du prix revenant à ceux sur lesquels il n'existera pas d'inscription.

» 14.° L'adjudicataire payera son prix principal avec les intérèts, ainsi qu'ils ont été ci-dessus stipulés, aux vendeurs, ou suivant les droits qui résultent de leurs qualités ci-devant établies, en suivant la liquidation ou partage qui seront faits entr'eux, des successions ou communautés desquelles proviennent les biens à vendre, et sur la réprésentation des expéditions ou extraits des actes de liquidation et partage, ou d'après la délégation qu'ils en auront faite aux créanciers ayant droit ; ou enfin d'après l'ordre fait et homologué devant le tribunal, le tout au domicile, élu à cet effet par le poursuivant, (dans le lieu où se fait la vente) immédiatement après les délais fixés pour la transcription du jugement d'adjudication et les formalités prescrites pour purger les hypothèques conventionnelles et légales, sans qu'il soit survenu d'inscription, ou après le rapport des mains-levées ou rédactions de celles qui auront été formées.

» 15.º L'adjudicataire ne pourra exiger d'autres titres de propriété que ceux qui sont entre les mains des vendeurs ; ces titres lui seront remis de bonne foi, aussitôt le payement intégral du prix de son adjudication et entière exécution des clauses et conditions du présent cahier. Quant à tous autres titres dont il pourait avoir besoin, il demeure subrogé au droit du vendeur, pour s'en faire délivrer des expéditions ou extraits à ses frais. »

Telles sont les principales clauses qu'on a coutume d'insérer dans les cahiers des charges ; on peut y ajouter, en retrancher ou les modifier suivant les circonstances et l'importance des objets à vendre.

20 *

FORMULE n°. 13. Adjudication préparatoire.

« L'an...... et le.......

» Par-devant nous P..... M..... B..... notaire
à la résidence de Saint-Vallier, département
de la Drôme, et les témoins soussignés,

» A comparu le sieur Félix P...... (qualités et
domicile) lequel nous a exposé que par jugement
du..... (rappeler le jugement qui ordonne la
licitation et commet le notaire; rappeler ensuite
succinctement les formalités remplies, annonces,
placards, etc). En conséquence, ledit sieur comparant s'est rendu par-devant nous aux présens
jour et heures, accompagné de ses colicitans, à
l'effet de nous requérir de dresser le procès-
verbal des enchères qui vont être mises sur les
immeubles licités, pour être adjugés préparatoirement au dernier enchérisseur, conformément
à la loi.

» Ont en même temps comparu lesdits sieurs
(colicitans) lesquels conjointement, avec le sieur
Félix P..... poursuivant, nous ont fait la même
réquisition (comparution des tuteurs et subrogés tuteurs des mineurs, et adhésion de leur
part).

» Et attendu que plusieurs personnes se sont
rendues cejourd'hui, heure présente, en notre
étude, dans l'intention de surenchérir les immeubles licités, nous notaire susdit, en vertu
des réquisitions des parties et par suite à la
procédure analysée, avons d'abord lu à haute

Formule n.º 13.

voix aux personnes présentes, le cahier des charges déposé en nos mains, contenant la désignation desdits immeubles, et duquel nous avons suffisamment expliqué les conditions à tous ceux qui l'ont désiré, après quoi nous avons allumé des bougies, et ayant déclaré les enchères ouvertes, nous en avons dressé le procès-verbal ainsi qu'il suit :

» Pendant la lueur de la première bougie, le sieur N..... (qualités et domicile) a dit qu'il porte et élève le prix de (l'objet en vente) à la somme de..... sous toutes les clauses du cahier des charges.

» Il a été allumé une seconde bougie ; pendant sa lueur, etc, (suivre le détail des feux et des enchères jusqu'à ce que deux feux se soient éteints sans en recevoir, ce qui étend sur trois feux consécutifs, l'enchère sur laquelle on adjuge, et l'on termine ainsi :)

» Et attendu qu'il s'est successivement éteint deux bougies sans enchère, nous notaire et commissaire, conformément à la loi et à la réquisition unanime des parties, avons clos le présent procès-verbal, et avons adjugé préparatoirement l'immeuble licité au sieur..... pour le prix porté en sa dernière enchère et aux conditions insérées au cahier des charges, qu'il a dit bien connaître. Déclarons que l'adjudication définitive dudit immeuble aura lieu en notre étude, le.... heure de..... pour lesquels jour et heures, de nouveaux placards seront apposés conformément à la loi.

» Fait et lu aux parties, audit Saint-Vallier, en notre étude, en présence des sieurs N..... N..... témoins requis et signés avec les comparaissans ci-dessus dénommés, le sieur N.... adjudicataire, et nous notaire. »

FORMULE n.º 14. Adjudication définitive.

« L'an..... et le.....

» En vertu de l'ajournement pris dans l'adjudication préparatoire du...... et en continuation de ladite procédure,

» Par-devant nous, etc.,

» A comparu, etc., (comme au précédent modèle, et énoncer l'adjudication préparatoire qui a eu lieu);

» Et attendu que plusieurs personnes se sont rendues, etc.;

» Nous avons successivement allumé des bougies, etc.,

» Et attendu qu'il s'est éteint deux feux sans, etc.;

» Nous notaire et commissaire, conformément à la loi, et à la réquisition unanime des parties, avons clos le présent procès-verbal et avons adjugé définitivement l'immeuble dont il s'agit au sieur N..... dernier enchérisseur, moyennant le prix porté en sa dernière enchère et aux conditions stipulées au cahier des charges qu'il a dit bien connaître.

» Pour, par ledit sieur N..... adjudicataire, disposer et jouir de l'immeuble à lui adjugé en Formule n.º 14. toute propriété.

» En conséquence, nous notaire commissaire délégué du tribunal, mandons et ordonnons à tous détenteurs dudit bien, d'en abandonner la libre possession audit sieur N..... à peine d'y être contraint par toutes voies, et par corps, conformément aux lois.

» Et à l'instant il lui a été remis par lesdits colicitans (les titres de propriété et accessoires).

» Fait et lu, etc. »

Si la licitation se faisait devant le juge, les dispositions de l'acte seraient les mêmes.

FORMULE n.º 15. Requête afin d'ouverture du Formule n.º 15. procès-verbal devant le juge commissaire.

« A M.ʳ. R..... l'un des juges du tribunal de Valence, commis par jugement du..... pour les opérations du partage de la succession de feu Pierre P.....

» Requiert sieur Félix P..... poursuivant.

» Qu'il vous plaise, Monsieur, indiquer jour et heures pour appeler devant vous les parties intéressées, à l'effet d'être procédé à l'ouverture du procès-verbal des opérations du partage dont il s'agit, et vous ferez justice.

Signé G....... avoué.

Au bas de la requête, le juge apposera son ordonnance ainsi conçue :

« Permis de faire sommer les parties intéressées, aux fins de la requète, au...... présent
mois...... et...... heures du matin.

» Fait à....., le.....

> *Signé* R..... »

Après avoir fait enregistrer l'ordonnance, le
poursuivant en fait donner copie, ainsi que de
la requète, aux avoués des autres parties intéressées, avec sommation aux jour et heures
indiqués. Si quelqu'une d'elles n'a point d'avoué
en cause, la sommation lui est faite par exploit
à domicile, et alors il faudra avoir soin que
l'indication soit faite à un jour assez éloigné,
pour que les détails de sommation aient été
observés.

FORMULE n.º 16. *Procès - verbal d'ouverture
devant le juge commissaire.*

« L'an.... le.... heure de..... par-devant nous
juge commissaire nommé par jugement du tribunal de Valence, pour les opérations du partage de la succession de.... assisté de...... greffier
dudit tribunal,

» A comparu en la chambre du conseil dudit
tribunal, M.ᵉ G..... avoué du sieur Félix P......
poursuivant ledit partage, lequel a dit :

» Qu'en vertu de notre ordonnance du.....
enregistrée, il a, par acte signifié aux avoués
de..... ses cohéritiers, le...... enregistré, et par
exploit de T..... huissier, en date du..... enregistré, signifié au domicile de..... autres cohé-

ritiers, fait sommer les susnommés à comparaître
lesdits jour, lieu et heures, pour être procédé
aux opérations dudit partage : en conséquence,
il requiert que dans le cas où les parties ne con-
viendraient pas du choix du notaire, devant
lequel elles doivent être renvoyées aux termes
de l'article 8₂8 du Code Napoléon et de l'article 976 du Codè de procédure, les parties
soient renvoyées devant le tribunal pour, sur
notre rapport, être nommé tel notaire qu'il
plaira au tribunal commettre : et a signé.

» *Signé* G...... avoué ».

Si des mineurs ou autres non jouissant de
leurs droits, étaient intéressés au partage, et
si par le jugement qui l'a ordonné, le notaire
devant lequel il doit y être procédé, n'a pas
été commis, le poursuivant conclurait à ce que,
attendu que...... intéressé au partage, ne peut
convenir du choix d'un notaire, les parties soient
renvoyées devant le tribunal, pour, sur notre
rapport, être commis tel notaire qu'il lui plaira
choisir.

Si au contraire le jugement qui ordonne le
partage a commis un notaire, le poursuivant
requiert qu'il plaise au juge de renvoyer les
parties devant M........ notaire commis par le
jugement dudit jour..... pour être procédé devant
lui, aux opérations du partage.

Les autres parties comparaissent pour consentir qu'il soit procédé aux opérations du partage.

Et le juge rend ensuite l'ordonnance suivante :

« Desquelles comparutions, réquisitions et déclarations, nous juge commissaire, avons donné acte auxdits MM. avoués ; et attendu que les parties, qui sont majeures, nous ont déclaré convenir de M.ᵉ.... notaire, nous les renvoyons devant lui pour être procédé conformément aux articles 978 et suivans du Code de procédure civile ; avons indiqué la première vacation devant ledit notaire au........ du présent mois, à..... heures du matin, auxquels jour et heures les parties demeurent ajournées, sans qu'il soit besoin de sommation, et avons signé avec notre greffier. »

Si les parties ne se sont pas accordées sur le choix du notaire, ou si elles ne l'ont pu, parce que des mineurs ou interdits étaient intéressés, et dans ce dernier cas, si le notaire n'a pas été commis par le jugement qui a ordonné le partage, l'ordonnance du juge commissaire porte : « Attendu que les parties ne se sont pas accordées sur le choix d'un notaire, ou attendu qu'au partage dont il s'agit, le sieur....... interdit ou mineur, est intéressé, renvoyons les parties devant le tribunal, aux..... heure de....... pour être statué sur le choix d'un notaire devant lequel les parties seront renvoyées, auxquels jour et heures elles demeurent intimées, sans qu'il soit besoin de sommation. »

Si le notaire a été commis par le jugement qui a ordonné le partage, le poursuivant requiert le renvoi devant lui, et le juge commissaire l'ordonne.

Sur le renvoi ordonné par le juge commissaire, dans les cas ci-dessus indiqué, il intervient jugement qui, attendu que les parties majeures ne se sont pas accordées sur le choix d'un notaire, ou qu'elles ne le peuvent, les renvoie devant M.e..... notaire à.... que le tribunal nomme d'office, pour être procédé devant lui aux opérations du partage dont il s'agit, conformément aux articles 978 et suivans du Code de procédure civile.

FORMULE n.º 17. Procès-verbal de partage devant le notaire commis.

« L'an....... le....... à......... heures du matin, par-devant nous P..... M..... B...... notaire à la résidence de Saint-Vallier, commis à l'effet des opérations ci-après,

» A comparu (1) le sieur Félix P...... (noms, prénoms, qualités et demeure du poursuivant, ou de son fondé de procuration spéciale) assisté de M.e........ son conseil,

---

(1) La plupart des notaires commencent leurs actes par cette vieille formule : FUT PRÉSENT un tel ; et ils ajoutent : lequel fait, dit, déclare, etc. ; on, a fait, a dit, a déclaré, etc. Ce défaut de concordance entre la comparution, qui est au passé défini, et la stipulation qui est au présent ou au passé indéfini, est un solécisme intolérable ; il faudrait écrire : fit, déclara, etc., ce qui supposerait que l'acte a été rédigé long-temps après que la partie en a eu l'intention. La manière la plus naturelle serait d'écrire le tout au présent; mais comme on peut entendre que le notaire ne couche pas son acte à mesure que les clauses en sortent de la bouche du client, et que ce n'est qu'après qu'il a comparu et parlé que le notaire écrit, on peut bien se servir du passé indéfini, qui sert à porter la pensée à un temps peu éloigné, et dire, A ÉTÉ PRÉSENT; ou mieux, A COMPARU. Observez que, d'après les grammairiens modernes, le verbe comparoir se conjugue avec l'auxiliaire AVOIR.

» Lequel a dit : que par ordonnance rendue
le...... par M. R...... l'un des juges au tribunal
de Valence, commis par jugement du..... pour
les opérations du partage de la succession de
feu Pierre P........ les parties ont été renvoyées
de leur consentement (ou sinon comme je
viens de l'indiquer), devant nous, pour procéder
aux opérations dudit partage, en conformité
des articles 978 et suivans du Code de procédure civile, à l'effet de quoi la première vacation a été indiquée devant nous pour cejour-
d'hui, heure présente ; qu'en conséquence il nous
requiert d'accepter la mission à nous déférée ;
et que pour nous mettre en état de la remplir,
il nous remet; 1.º l'expédition de l'inventaire fait
après le décès dudit Pierre P...........; 2.º les
diverses cotes dudit inventaire ; 3.º la grosse
du jugement du....... qui ordonne le partage et
la visite préalable des immeubles dépendans
de la succession ; 4.º l'expédition du rapport des
experts ; 5.º l'expédition du jugement qui a
entériné ce rapport et renvoyé pour les opérations du partage devant M.ʳ R......... juge
commissaire ; 6.º l'expédition de l'ordonnance
qui a renvoyé devant nous pour y procéder ;
et a ledit sieur P..... signé avec son conseil. »

Si le renvoi devant le notaire a été ordonné
par jugement suivi de sommation aux parties,
l'intitulé du procès-verbal les énoncera.

Si le poursuivant a reçu les autorisations provisoires pour administrer les biens de la succession et faire le recouvrement de l'actif mobilier, il déclarera qu'il est prêt à rendre ce compte
et à représenter les pièces à l'appui, et que

la reddition de ce compte formera la première partie de l'opération.

Les autres parties doivent aussi comparaître pour déclarer qu'elles consentent qu'il soit procédé devant le notaire, en conformité des jugemens et ordonnances, et aussi pour lui remettre les pièces et renseignemens qui seront en leur possession.

Et la clôture de cette première vacation se fait ainsi qu'il suit :

« Nous notaire susdit, avons donné acte aux parties de leur comparution, dires, réquisitions et consentement ; déclarons accepter la mission qui nous a été déférée, et avons déclaré que nous travaillerons de suite jusqu'à la confection entière des opérations dont il s'agit (ou tel jour et suivans) tant en présence des parties qu'en leur absence. »

Le notaire procède ensuite aux opérations du partage, en les divisant en plusieurs parties, de la manière convenable et suivant le plan qu'il a dû indiquer dans des observations préliminaires.

Il établit d'abord la composition de masse active et passive de la succession ; et quand elle est liquidée, il passe au compte particulier de chacun des copartageans dont, il établit les droits, les rapports, les prélèvemens, etc. Tout cela n'est qu'un travail de calcul, de supputations, dans lequel le notaire se conduit suivant les circonstances et en passant successivement d'un compte à l'autre, et d'après les instructions que j'ai données sur l'article 828 du Code

Napoléon. Le cadre en est simple ; mais le remplissage en est souvent long et minutieux, parce qu'il faut faire à chacun son droit jusques dans les moindres choses. Il n'est pas besoin de modèle pour cette partie matérielle du travail. On suppose le notaire instruit de la législation sur les rapports et le payement des dettes. Cette instruction serait la matière d'un ouvrage qui ferait fort bien suite à celui-ci, pour avoir une connaissance complète de tout ce qui a rapport à la division d'un patrimoine.

Soit que les parties se soient expliquées à l'instant de la rédaction de chacune des divisions du travail du notaire, et aient élevé des difficultés sur cette rédaction, soit qu'elles n'aient voulu faire leurs observations que lorsque l'opération entière a été rédigée jusqu'à la composition des lots exclusivement, le notaire rédige un procès-verbal particulier séparé, contenant les dires des parties sur ces difficultés.

FORMULE n.° 18. Procès-verbal des dires devant le notaire commis.

« L'an..... le...... par-devant nous P.....M..... B........ notaire à Saint-Vallier, commis pour procéder aux opérations du partage de la succession de Pierre P.......

» A comparu (soit le poursuivant, soit l'un des copartageans), lequel a dit qu'ayant à proposer des observations (soit sur une partie du travail, soit sur l'opération entière) par nous rédigées en présence des parties, il nous requiert d'ouvrir et rédiger, aux termes de l'article 977 du Code de procédure civile, un procès-verbal séparé des dires des parties sur les difficultés élevées entr'elles ; auquel requisitoire ayant obtempéré, ledit sieur....... a dit et observé. »

Ici se place le dire du requérant ; vient ensuite la réponse de la partie ou des parties intéressées à la difficulté ou aux difficultés, la réplique du requérant, s'il veut en faire une à la réponse des autres parties.

Lorsque la discussion est épuisée, le notaire clot son procès-verbal en ces termes :

« Desquelles comparutions, dires, observations et réquisitions, nous avons donné acte aux parties; et attendu la contestation, nous les avons renvoyées devant M. R..... juge commissaire, au .... du présent mois, à...... heures du matin, en la chambre du conseil, pour leur être fait droit, et avons signé avec toutes les parties. »

Si quelqu'une des parties ne voulait ou ne pouvait signer, il en serait fait mention.

FORMULE n.º 19. Procès-verbal sur le référé devant le juge commissaire.

Au jour indiqué, le notaire rapporte la minute de son procès-verbal qu'il aura fait enregistrer ; il la remet au greffier qui en fait l'annexe au procès-verbal ouvert devant le juge commissaire, et ensuite il est procédé devant le même juge sur le référé ordonné devant lui.

« Et ledit jour, par-devant nous juge commissaire susdit et soussigné, et assisté de notre greffier,

» A comparu en la chambre du conseil M.ᵉ G....... avoué de Félix P...... poursuivant les opérations du partage de la succession de Pierre P.....

» Lequel a dit que, suivant le procès-verbal dressé devant M.ᵉ P........ M........ B......... notaire commis pour procéder auxdites opérations, le .... enregistré le....... et annexé à la minute de notre présent procès-verbal, il s'est élevé (rendre compte de la difficulté), qu'il persiste dans ses dires et observations consignées audit procès-verbal, et en conséquence conclut.........

» Ont aussi comparu (les autres parties), lesquelles ont déclaré persister dans leurs réponses auxdites observations, et ont conclu.

» Desquelles comparutions, dires et réquisitions, nous, juge commissaire susdit et soussigné, avons donné acte auxdits M.ᵉ G..... et D.... avoués, èsdits noms, et pour être fait droit aux parties, les renvoyons devant le tribunal, à l'audience du....... et avons signé avec notre greffier. »

FORMULE n.° 20. *Jugement sur le rapport du juge commissaire.*

« Entre etc. (les qualités des parties, les conclusions par elles respectivement prises).

Point de fait.

» Rapporter ici succinctement l'origine et l'objet de la contestation.

Point de droit.

» Présenter les questions à juger d'après les difficultés élevées entre les parties.

» Le tribunal, après avoir entendu M.ʳ R..... juge commissaire, en son rapport, les avoués des parties en leurs plaidoiries et conclusions, (M.ʳ le procureur impérial en ses conclusions s'il y a lieu), et en avoir délibéré conformément à la loi, jugeant en premier ressort;

» Considérant........ »

Ce jugement est expédié, et signifié en la forme ordinaire aux avoués, et aux parties en leurs domiciles. Il est susceptible d'appel dans les délais de la loi, il ne l'est pas d'opposition de la part de ceux qui auraient fait défaut, parce qu'il est rendu sur rapport.

S'il est attaqué par la voie de l'appel, l'opération est suspendue jusqu'à ce qu'il ait été statué sur cet appel.

Le poursuivant rapporte le jugement ou l'arrêt au notaire commis, pour être procédé en conséquence; et à cet effet, il fait sommer les autres parties de se trouver en l'étude du notaire, à jour et heure fixes, si le jugement n'a pas fixé le jour de la nouvelle vacation. Ce jour, le poursuivant fait au procès-verbal de partage, un dire pour constater la représentation du jugement ou de l'arrêt : s'il a ordonné la réformation de l'opération, le notaire procède à cette rectification, toujours en présence des parties ; s'il l'a confirmé on ne s'occupe que de la formation des lots.

J'ai dit que, si tous les cohéritiers sont majeurs, s'ils s'accordent sur le choix de l'un d'entr'eux, et si celui-ci accepte la mission, le notaire le constate par son procès-verbal de partage, et toutes les parties doivent signer avec lui la vacation qui le contient.

Si au contraire les cohéritiers ne veulent pas ou ne peuvent pas s'accorder, le notaire le constate sur son procès-verbal de partage, et renvoie les parties devant le juge commissaire à jour et heure fixes, pour être procédé au choix d'un expert. Le procès-verbal et sa clôture sont rédigés dans la forme que j'ai indiquée ci-dessus.

Aux jour et heure indiqués, il est dressé à la suite du procès-verbal d'ouverture des opérations de partage, devant le juge commissaire, un nouveau procès-verbal, suivant le modèle indiqué sur le référé, lors duquel le poursuivant rapporte la difficulté qui s'est élevée sur le choix du cohéritier ou l'impossibilité qu'il y a eu de faire ce choix, le renvoi ordonné par le notaire, et requiert en conséquence le juge commissaire de choisir et nommer un expert : on constate la comparution des autres parties, et sur le tout, le juge rend son ordonnance,

par laquelle il donne défaut contre les défaillans, donne acte aux comparans de leurs observations et réquisitions ; et pour être procédé
à la composition des lots ou partage dont il
s'agit, nomme....... pour expert, à l'effet de
quoi continue la vacation devant le notaire
commis à jour et heure fixes.

FORMULE n.º 21. *Procès-verbal de l'expert
sur la formation des lots.*

A la suite des précédentes opérations, le
notaire commis rédige le procès-verbal dont le
modèle suit :

» Et le...... a comparu le sieur Félix P......
poursuivant, assisté de M.ᵉ G...... son conseil,
lequel a dit que, par ordonnance rendue par
M.ʳ R...... juge commissaire, le...... enregistrée,
le sieur....... a été nommé expert, à l'effet de
procéder à la formation des lots du partage et
la vacation continuée à cet effet devant nous,
aux jour et heure presens ; qu'en vertu de
ladite ordonnance, il a, par exploit de T......
en date du....... enregistrée, fait sommer ledit
sieur...... pour accepter la mission à lui déférée,
et y procéder ; que, par autre exploit du.......
il a fait sommer (les défaillans devant le
juge commissaire), pour être présens au rapport de l'expert ; qu'il requiert qu'il lui soit
donné acte de ses comparution et dire, ainsi que
de la remise qu'il nous fait des pièces ci-dessus
énoncées ; et que ledit sieur........ en acceptant
la mission à lui déférée, procède en exécution
de l'ordonnance susdatée, tant en présence qu'en

absence des non-comparans, contre lesquels il
sera donné défaut, et a signé avec ledit M.ᵉ
G.........

» A aussi comparu ledit sieur....... expert
nommé par l'ordonnance sus énoncée, lequel
a déclaré accepter la mission à lui déférée et être
prêt de l'exécuter : et a signé.

» Ont aussi comparu (les défendeurs), lesquels ont déclaré qu'ils consentent qu'il soit
procédé par ledit sieur......... en conformité de
ladite ordonnance : et ont signé.

» Desquelles comparutions, dires, réquisitions,
déclarations et consentemens, nous, notaire
susdit et soussigné, avons donné acte aux parties
comparantes et défaut contre les non-comparans,
et avons continué la vacation à....... et jours
suivans, pour, par ledit sieur expert, prendre
connaissance des opérations qui précèdent, et
des pièces sur lesquelles elles ont été établies,
et dicter ensuite son rapport sur la formation
des lots du partage, et ont lesdites parties signé
avec ledit sieur...... et nous, après lecture faite. »

Le notaire constate ensuite les différentes va-
cations que l'expert a employées à prendre connaissance des opérations précédentes, ainsi que
des pièces nécessaires à son travail de lotissement.

Et lorsque l'expert a acquis les connaissances
nécessaires, il dicte au notaire, en présence des
parties, et celui-ci rédige sur son procès-verbal
de partage, son rapport sur la composition des

lots. Il est difficile de donner un modèle exact de ce rapport, parce qu'il varie suivant la nature du partage dont il s'agit ; on ne peut qu'en indiquer le préambule et les bases principales.

» Et le...... a comparu ledit sieur...... ci-devant dénommé (qualifié et domicilié) ; lequel, en présence des sieurs (les copartageans qui seront présens), nous a dicté son rapport sur la composition des lots du partage de la succession dudit Félix P..... que nous avons rédigé ainsi qu'il suit :

» Vu par moi, expert susdit et soussigné, 1.º le procès-verbal de partage qui précède, dressé par M.ᵉ P...... M...... B....... notaire commis à cet effet ; 2.º le procès-verbal (ou les procès-verbaux) d'estimation des immeubles dépendans de ladite succession, ci-devant énoncés ; 3.º les titres de diverses créances qui font partie de la masse à partager ;

» Considérant que cette masse est de la somme de..... qu'elle doit être divisée en..... lots, suivant le nombre et le droit des copartageans ;

» Qu'ainsi chaque lot doit comporter la somme de..........

» J'ai formé chacun des lots des valeurs et objets ci-après énoncés :

» Le premier lot sera composé de........

» Le second lot sera composé de....... etc., etc.

» Tel est mon avis sur la composition des lots dudit partage, lequel avis, je déclare avoir donné en mon ame et conscience.

» *Signé........* expert.

» De ce qui précède, nous notaire, avons rédigé le présent procès - verbal, pour servir et valoir ce que de raison, et avons signé avec lesdits comparans, après lecture faite. »

Si cette composition de lots était contestée par quelqu'un des copartageans, il ne signerait pas le procès - verbal, ou ne le signerait qu'avec réserve de contester le rapport de l'expert.

Les difficultés élevées sur ce rapport sont constatées par un procès-verbal séparé, dressé par le notaire dans la forme de celui indiqué ci-dessus, et il y est statué comme je l'ai expliqué.

FORMULE n.° 22. Clôture du procès-verbal de partage.

Lorsque le rapport de l'expert sur la formation des lots a été adopté par toutes les parties, ou que les difficultés élevées à cet égard ont été définitivement jugées, le poursuivant fait sommer les parties intéressées de se trouver à jour indiqué en l'étude du notaire pour assister à la clôture du procès-verbal de partage, en entendre la lecture et le signer avec lui : cette sommation sera faite par acte d'avoué à

Formulé
n.º 22.

avoué, pour ceux qui en ont constitué ; pour les autres, elle devra l'être par exploit à domicile.

Si à cette dernière vacation, il est élevé, par quelques-unes des parties, des difficultés sur tout ou partie de l'opération, elles seront constatées et jugées de la manière indiquée plus haut.

Si toutes les parties présentes consentent la clôture, elle est constatée de la manière suivante :

« Et le....... par-devant nous notaire susdit et soussigné, a comparu le sieur..... poursuivant, lequel a dit, que par (acte ou exploit) du.... enregistré, il a fait sommer les parties intéressées à se trouver devant nous les jour et heure présens, pour assister à la clôture du procès-verbal de partage dont la minute précède ; en entendre la lecture et le signer ; c'est pourquoi il requiert défaut contre les non-comparans, qu'il soit procédé à la clôture dudit procès-verbal, en présence des parties comparantes et que nous recevions leurs signatures, après que lecture en sera fait : et a signé.

» Ont aussi comparu (les copartageans présens), lesquels ont déclaré consentir à ce qu'il soit procédé à la clôture de notre procès-verbal après que lecture en aura été faite, et ont signé...........

» Desquelles comparutions, dire et consentement, nous, notaire susdit et soussigné, avons

donné acte auxdits comparans, défaut contre
les défaillans ; en conséquence nous avons clos
le procès-verbal de partage, duquel lecture a été
faite aux parties qui l'ont signé avec nous ; et
pour en faire ordonner l'homologation, nous
les renvoyons devant M. le juge commissaire,
au........ »

Ce procès-verbal ainsi clos n'est cependant
exécutoire qu'autant qu'il a été homologué par
le tribunal ; pour y parvenir, le poursuivant
s'en fait délivrer une expédition par le notaire.
Il se présente ensuite devant le juge commissaire aux jour et heure indiqués par le procès-
verbal de clôture ; il obtient son ordonnance
pour appeler les parties défaillantes à l'audience
du tribunal, pour voir statuer sur l'homologation,
et au jour indiqué, il intervient jugement conforme au modèle.

Ce jugement d'homologation renvoit pour le
tirage au sort, soit devant le juge commissaire,
soit devant le notaire. Il doit indiquer le jour
et l'heure auxquels ce tirage aura lieu. Si le
jugement a été rendu contre parties défaillantes, ce renvoi devra être ordonné à huitaine
franche, outre le délai de sommation, si les
parties auxquels elle devra être faite, sont domi-
ciliées hors l'arrondissement du tribunal.

FORMULE n.° 23. *Procès-verbal du tirage au sort.*

« L'an.......... le......... par-devant nous, juge
commissaire, nommé pour les opérations du

partage de la succession de........ assisté de....... Formule n.º 23.
greffier du tribunal.

» A comparu en la chambre du conseil, M.ᵉ G...
avoué du sieur Félix P...... poursuivant, lequel
a dit que, par jugement rendu sur notre rapport,
le....... ledit partage a été homologué, et il a
été ordonné que le tirage des lots dudit partage
aurait lieu devant nous, aux lieu, jour et heure
présens; que pour y procéder, il a fait
sommer les (défaillans) avec déclaration qu'il
serait contr'eux donné défaut et procédé tant en
absence que présence; c'est pourquoi ledit M.ᵉ.......
audit nom, nous requiert acte de ses comparution, dire et réquisition, défaut contre les
non-comparans, et que, pour le profit, il soit
procédé au tirage au sort, tant en absence que
présence : et a signé.

» Ont aussi comparu (les copartageans présens), lesquels ont déclaré qu'ils consentent à ce
qu'il soit procédé, en exécution du jugement
susdaté, audit tirage au sort : et ont signé.

» Desquelles comparutions, dires, réquisitions et consentemens, nous juge commissaire
susdit et soussigné, avons donné acte auxdits
Mʳˢ.......... èsdits noms, défaut, contre ....
non-comparans et non-représentés; et pour le
profit, disons qu'il sera procédé au tirage au
sort en leur absence.

» Et de suite, il a été formé par notre
greffier......... billets sur lesquels il a été écrit :
premier lot, second lot, troisième lot, quatrième lot, etc. Ces billets, après avoir été

roulés , ont été déposés et remués dans un vase placé sur le bureau.

» Ce fait , l'un de ces billets a été par nous tiré pour le sieur.......

» Ouverture faite d'icelui, il s'est trouvé porté *second lot.*

» Le second billet a été par nous tiré pour le sieur........

» Ouverture faite d'icelui, il s'est trouvé porté *premier lot.*

» Le troisième billet a été par nous tiré pour le sieur.........

» Ouverture faite d'icelui , il s'est trouvé porté *troisième lot.*

» Le quatrième billet a été par nous tiré pour le sieur.........

» Ouverture faite d'icelui , il s'est trouvé porté *quatrième lot* , etc.

» En conséquence , nous disons que les lots du partage appartiendront , savoir :

» Le premier lot, au sieur........

» Le second lot, au sieur..........

» Le troisième lot, au sieur......

» Le quatrième lot, au sieur......... etc.

» Pour , par chacun d'eux , en jouir et disposer en toute propriété et jouissance , aux termes dudit partage ; à l'effet de quoi nous en faisons délivrance à chacun des susnommés.

Formule
n.º 23.

» **Fait** et arrêté par nous juge commissaire susdit et soussigné, les jour et an que dessus, et avons signé avec notre greffier. »

Si le tirage au sort a été ordonné devant le notaire commis, le procès-verbal sera dressé devant lui dans la même forme.

SUPPLÉMENT.

J'ai dit à la page 64, que j'avais entendu soutenir (avec néanmoins quelque timidité), que l'article 818 du Code Napoléon ne devait s'appliquer qu'à la communauté, et que sous le régime dotal, le mari seul avait le droit de partager définitivement les biens immobiliers échus à sa femme; j'ai ajouté que cette opinion me paraissait peu juridique. Je dois aujourd'hui avouer mon erreur. Je n'avais pas suffisamment approfondis les motifs sur lesquels cette opinion peut s'établir. L'article 818 est frappant au premier apperçu : si quelque chose peut excuser la méprise d'en avoir fait le droit commun, c'est le grand nombre de ceux qui s'y sont trompés. La cour d'appel d'Aix vient de m'éclairer par un arrêt rendu depuis que cet ouvrage est imprimé. J'en donne ici l'analyse, et j'en transcris le dispositif qui contient des développemens. J'éprouve de la satisfaction à pouvoir fixer mes idées et celles de mes lecteurs sur une aussi importante ques-

Cod. Nap.
Art. 818.

tion, et à trouver pour guide une cour respectable dont le jugement me paraît devoir
faire une révolution dans la jurisprudence sur
cette matière.

La femme peut-elle se faire autoriser par le
juge, sans avoir préalablement constitué son
mari en demeure de lui accorder l'autorisation ?
Rés. nég.

Le mari peut-il, sous l'empire du Code
Napoléon, exercer l'action en revendication de
biens dotaux, constitués en pays de droit écrit ?
Rés. aff.

Et particulièrement, le mari peut-il, lorsqu'il
s'est marié sous le régime dotal, procéder au
partage des biens dotaux, sans le concours de
sa femme ? *Rés. aff.* Telles sont les *questions
résoutes* dans cet arrêt.

Le sieur Michel avait, comme mari et maître
de la dot et des droits de Victoire Escuyer,
passé un compromis sur une contestation dont
était saisie la cour d'appel d'Aix, et qui avait
pour objet le partage des biens que Jean Escuyer
avait abandonnés à ses enfans, du nombre desquels était la femme Michel.

Le 16 décembre 1809, celle-ci a présenté
une requête au tribunal civil de Forcalquier,
dans laquelle, après avoir exposé qu'en sous-
crivant le compromis, son mari avait mis sa
dot en péril, elle a demandé au tribunal de
l'autoriser à intervenir dans la cause pendante
devant la cour d'appel d'Aix, sur tout ce qui
était l'objet de ce compromis.

L'autorisation a été accordée par ordonnance Cod. Nap.
du 18 du même mois. Art. 818.

Mais on a prétendu que cette autorisation
devait être regardée comme nulle et non-avenue.

Elle est nulle, a-t-on dit, parce qu'elle a été
demandée par un juge, sans que le mari eût
été préalablement constitué en demeure, et
sans qu'il eût été appelé pour déduire ses motifs
de refus.

Elle est au surplus inéficace, et sans objet,
puisque la dame Michel a été mariée sous
l'empire du droit Romain, qui autorisait le
mari à revendiquer les biens dotaux, et par
conséquent à exercer l'action en partage de ces
biens, et que le Code Napoléon n'a rien innové
sur ce point.

La dame Michel répondait que ce Code
n'imposait pas à la femme l'obligation de constituer son mari en demeure de l'autoriser, avant
d'obtenir l'autorisation du juge; que le Code
de procédure civile ne réglait que la forme de
l'autorisation, et ne dérogeait point aux principes consacrés par le Code Napoléon.

Au fond, elle observait que d'après l'art. 818
de ce Code, le mari ne peut provoquer le
partage des biens qui ne tombent pas en communauté, sans le concours de sa femme, et
que les cohéritiers de la femme ne peuvent
provoquer le partage définitif qu'en mettant en
cause le mari et la femme; et comme il s'agissait d'un partage définitif provoqué contre elle,

et que ce partage avait pour objet des biens dotaux, des biens qui n'entrent point en communauté, la dame Michel en concluait que son concours était nécessaire.

A R R Ê T.

La cour, considérant, 1.° que le mode d'exécution des articles 215 et 218 du Code Napoléon, relatifs à l'autorisation nécessaire à la femme, soit de la part de son mari ou de la justice, pour ester en jugement, a été régularisé par la disposition du titre 7, liv. I et II, 2.me partie du Code de procédure civile; que d'après l'article 861, avant de s'adresser au juge, la femme doit faire une sommation à son mari; ce n'est que sur le refus par lui fait, qu'elle présente requête au président, qui rend une ordonnance portant permission de citer le mari au jour indiqué, à la chambre du conseil, pour déduire les causes de son refus : que d'après l'article 862, le tribunal ne peut statuer sur la demande de la femme que lorsque le mari a été entendu, ou faute par lui de se présenter. — Il résulte bien clairement de ces dispositions, 1.° que la femme ne peut jamais s'adresser aux tribunaux, et réclamer d'eux une autorisation, qu'après avoir mis son mari en demeure de la lui accorder; 2.° que même dans ce dernier cas, la décision du tribunal ne peut être rendue qu'après que le mari a déduit les causes de son refus, ou qu'il a refusé de se présenter. — Considérant, 2.° que, pour déterminer quels sont les pouvoirs du mari, quant aux actions relatives aux biens de sa femme, il faut distinguer les mariages soumis au régime de la dot, de ceux soumis au régime de la communauté ; que dans les pays régis par le droit écrit, la femme, par l'effet de la constitution générale, transmettait à son mari toutes ses actions, et ne pouvait en exercer aucune pendant le mariage, qu'autant qu'elle s'était pourvue en répétition de la dot, et avait fait prononcer sa séparation de biens dans les cas prévus par la loi, au nombre des actions transmises par la femme au mari, se trouvaient nécessairement celles qui tendent à la revendication des biens dotaux. Ces principes, puisés dans les lois romaines, avaient force de loi dans la ci-devant Provence, avant la promulgation du Code Napoléon. — Que les dispositions du Code n'ont absolument rien innové quant à ce, et ont assigné des bornes bien différentes au pouvoir du mari, quant aux biens de la femme dans le régime de la dot et dans celui de la communauté : c'est de l'appréciation de cette différence que naît la solution de la question : l'article 1549, chapitre 5, du régime dotal, donne au mari seul, pendant le mariage, non-seulement l'administration des biens dotaux, mais encore le droit d'en poursuivre les débiteurs et les détenteurs : le droit de poursuivre seul, sans le concours de sa femme, les détenteurs des biens dotaux, embrasse toutes les actions dont ils peuvent être l'objet, soit en demandant, soit en défendant ; une demande en partage des biens dotaux, n'étant dans le fait qu'une demande contre les détenteurs de ces biens, se trouve conséquemment dans les attributions du mari aux termes

336   TRAITÉ

Cod. Nap. de l'article 1549 du Code Napoléon, et la lé-
Art. 818. gislation nouvelle n'a porté quant à ce, aucune
atteinte à la latitude du mandat qu'il avait
reçu de son épouse dans son contrat de mariage.
— Considérant que les biens du mari, quant
aux biens personnels de la femme, sous le
régime de la communauté, sont fixés par l'art.
1428 du Code Napoléon, d'après ces dispositions, le mari peut exercer seul toutes les
actions mobilières et possessoires qui appartiennent à la femme; l'article ne parle pas des
actions immobilières et pétitoires : d'où il faut
conclure que la loi ne parlant que des premières, a refusé implicitement au mari le
droit d'intenter les secondes seul, sans le
concours de sa femme, et que les dispositions
de l'article 818 ne sont qu'une conséquence
naturelle de l'article 1428, et ne peuvent s'appliquer qu'à l'hypothèse pour laquelle il dispose,
que sous le régime de la communauté, le mari
administre seul les biens qui en font partie et
peut les vendre, aliéner et hypothéquer, sans
le concours de sa femme; il administre également les biens personnels de sa femme, mais
il ne peut les aliéner sans son consentement.
Telles sont les dispositions des articles 1421 et 1428
du Code Napoléon; elles se trouvent parfaitement en harmonie avec celles de l'article 818
qui, dans le premier cas, permettent au mari
de provoquer sans le concours de sa femme,
le partage des immeubles qui tombent dans la
communauté, tandis que dans le second cas, ce
concours est absolument nécessaire. L'application
de l'article 818 au régime de la communauté,
résulte donc autant de règles propres à ce régime,
que du texte même de l'article et des termes dans
lesquels il est conçu.

« Qu'il est au contraire obsolument impossible Cod. Nap.
de concilier ces dispositions avec les règles Art. 818.
propres au régime de la dot, d'après l'ancienne
comme d'après la nouvelle législation ; l'immeuble dotal ne peut être aliéné, ni par le
mari, ni par la femme, ni par les deux conjointement ; et cette prohibition ne cesse que
dans les cas spécialement désignés par la loi.
Dès-lors fallût-il considérer le partage comme
une aliénation, quoiqu'il ne soit dans le fait
que déclaratif de la propriété, l'intervention
de la femme ne rendrait pas, dans ce cas,
l'action du mari plus régulière, puisque leur
concours ne peut pas rendre valable l'aliénation
du bien dotal ; — considérant enfin, qu'à l'é-
poque où fut promulgué le titre des successions
dans lequel se trouve l'article 818, le titre du
contrat de mariage n'avait point encore été
converti en loi ; on ignorait encore si sous la
nouvelle législation, le régime de la dot ou
celui de la communauté, formerait le droit
commun de la France ; les pouvoirs du mari,
à l'égard du bien de la femme, sous l'un et
l'autre régime, n'avaient point été fixés ; ils
ne le furent qu'un an après, par la promulgation du titre du contrat de mariage et les
termes dans lesquels fut conçu l'article 818 ;
il faut nécessairement en conclure que ce dernier n'est applicable qu'aux mariages soumis
au régime de la communauté ; — rejette la
demande en intervention de la dame Michel,
dans laquelle elle la déclare non recevable et
mal fondée. »

Cette théorie paraît fondée en raisons solides.
Qu'est-ce qu'un partage ? La *déclaration* de ce

qui appartient à chacun des cohéritiers dans une succession. Qu'est-ce que l'action de partage ? le moyen fourni par la loi pour obtenir cette *déclaration*. Contre qui se dirige cette action ? contre tous ceux qui auraient intérêt à s'emparer de la totalité de la succession, contre tout cohéritier qui ne peut ou ne veut consentir à son démembrement, et à ce que l'on *déclare* que telle portion appartient à un autre ; qui veut enfin, directement ou indirectement, la *détenir*. L'action de partage est donc une action contre le *détenteur* du bien dotal ; or, l'article 1549 attribue au mari *seul* d'une manière si positive, le droit de l'exercer, qu'il semble même que l'intervention de la femme y soit une irrégularité.

D'autre part : puisqu'un partage n'est que *déclaratif* de propriété, il est certainement un acte purement administratif, et dès-lors, double raison pour le ranger dans les attributions de l'article 1549.

FIN.

En imprimant cet ouvrage, il est échappé quelques fautes typographiques qui, n'altérant que les mots et non le sens, seront facilement corrigées par le lecteur délicat sur la pureté du langage.

TABLE ANALYTIQUE.

A

ABSENS. *Comment sont exercés leurs droits en partage, pag.* 36 *et suiv.* 191 *et suiv.*

ACTION EN PARTAGE. *Par qui est exercée celle des mineurs, des interdits et des absens,* 30 *et suiv.* — *Devant quel tribunal est portée l'action en partage,* 86 *et suiv.* — *Les pères et mères l'exercent-t-ils de la même manière que les tuteurs datifs ? Peuvent-ils, sans l'autorisation de la famille, demander le partage des meubles ?* 31 *et suiv.* — *Comment est exercée celle des absens ?* 36 *et suiv.* — *Celles des femmes mariées ?* 38 *et suiv.* — 50 *et suiv.* — *Exploit introductif de cette action,* 224 *et suiv.* — *Comment est exercée celle des corps et communautés,* 49.

ATTRIBUTIONS DES LOTS. *Quand peut-elle être faite sans tirage au sort,* 178 *et suiv.*

C

CAHIER DES CHARGES, 240 *et suiv. Voyez* vente, licitation.

CLOTURE *du procès-verbal de partage,* 265 *et suiv.*

COMPTES *et prestations diverses entre copartageans,* 156 *et suiv.,* 257 *et suiv.*

CONSEIL DE FAMILLE. Quand est-il nécessaire pour valider un partage, 35.

D

DETTES DE LA SUCCESSION à partager, 139 *et suiv.*

E

ENFANS NATURELS. Bâtards simples. — *Adultérins.* — *Incestueux.* — *Leurs droits dans la succession de leurs auteurs*, 148 *et suiv.*

ESTIMATION DES MEUBLES. Comment elle est faite, 126 *et suiv.* — *Ce qu'on entend par la crue.* (*ibid.*)

EXPERTS. Quand et comment doivent-ils former les lots du partage, 97 *et suiv.*, 178 *et suiv.* — 263 *et suiv.* — *Leur nomination*, 226 *et suiv.* — *Leur serment.* — *Forme de leur rapport.* (*ibid.*)

F

FEMME. Exercice de son action et de ses droits au partage de ses biens dotaux, 38 *et suiv.* — 50 *et suiv.*

FOURNISSEMENS. 139 *et suiv.* — 257 *et suiv.*

FRUITS. Cas où il n'y a pas lieu au rapport des fruits au partage, 36.

H

HOMOLOGATION du partage, 266 *et suiv.*

I

INDIVISION. Nul n'est contraint d'y demeurer; on peut suspendre le partage pendant un temps limité, 19 *et suiv.* — Quid. *Si la prohibition du partage est stipulée dans l'acte de donation des biens indivis ?* 22 *et suiv.* — Quid. *Relativement aux sociétes de commerce ? On peut toujours en sortir même quand l'un des cohéritiers aurait joui séparément de partie des biens de la succession. — Suites de la possession particulière des cohéritiers à cet égard. — Prescription de l'action en partage dans ce cas,* 24 *et suiv.*

L

LICITATION. Ce que c'est, sa forme et ses effets, 129 *et suiv.* — 190, 240 *et suiv.* — *Quand et comment elle est ordonnée,* 226 *et suiv.* — 257.

LOTISSEMENT. Morcellement des héritages, 162 *et suiv.* — 174 *et suiv.* 257 *et suiv.* — 263 *et suiv.*

M

MARI. Ses droits au partage des biens de sa femme, 38 *et suiv.*

MASSE. (Formation de la) 139 *et suiv.*

MINEUR ÉMANCIPÉ. Quel est sa puissance en fait de partage, 36. — *A-t-il l'action en partage sans l'autorisation de la famille ?* 193 *et suiv.*

N

NOTAIRE commissaire au partage. — Ses attributions, 139 *et suiv.* — 257 *et suiv.*

P

PARTAGES des meubles, 128 *et suiv.* — 190 *et suiv.* 271. — *Doivent-ils être faits dans les mêmes formes que ceux des immeubles ?* 17 *et suiv.* — *Quand sont-ils définitifs ?* 25 — *provisionnels ?* 36.

PRESCRIPTION de l'action en partage, relativement aux absens, 81 *et suiv.*

PLACARDS, AFFICHES, 24 *et suiv.* — *Voyez* vente, licitation.

PRÉLÈVEMENS, 139 *et suiv.* — 257 *et suiv.*

PUISSANCE PATERNELLE. Son état actuel quant à la tutelle des enfans, 33 *et suiv.*

R

RAPPORT à la masse, 161 *et suiv.* — 257 *et suiv.*

RÉCOMPENSES, 139 *et suiv.*

RÉCLAMATION contre les lots, 184.

REMPLOIS, 139 *et suiv.*

RENVOI devant le juge commissaire par le notaire, 186 *et suiv.*

RETRAIT SUCCESSORAL. Comment et par qui il est exercé ; contre qui. Que doit-t-on rembourser ? Quid. *En cas de fraude dans les prix*, 195 *et suiv.* — Quid. *Si le co-héritier n'a vendu que sa part indivise dans un ou plusieurs immeubles déterminés*, 201 *et suiv.* — *Droit d'enregistrement*, 205 *et suiv.*

S

SCELLÉS. *Leur importance; cas dans lesquels ils doivent être apposés*, 71 *et suiv.* — *A la requête de qui.* ibid., *et* 84 *et suiv.* — *Responsabilité des tuteurs, des juges et des procureurs impériaux*, ibid. — *Différence de la nouvelle législation d'avec l'ancienne, sur cette matière*, 75. — Quid. *Relativement aux absens*, 74 *et suiv*, — *Que peut il arriver quand les scellés n'ont pas été apposés dans le cas où la loi le dispose ?* 75 *et suiv.*

SUBDIVISION *entre les souches*, 185 *et suiv.*

T

TITRES *de la succession;* — *à qui ils sont remis après le partage*, 229 *et suiv.* — *Devoir de celui qui en devient le dépositaire.* — ibid.

TUTEURS. *Différence des tuteurs légaux d'avec les tuteurs datifs*, 33 *et suiv.* — *Quels sont leurs droits relativement au mobilier des mineurs ?* ibid. — *Tuteurs* ad hoc, 187 *et suiv.*

V

VENTE DES MEUBLES. — *Quand et comment a-t-elle lieu ?* 128 *et suiv.* — *Des immeubles*, 227 *et suiv.* — 240 *et suiv.*

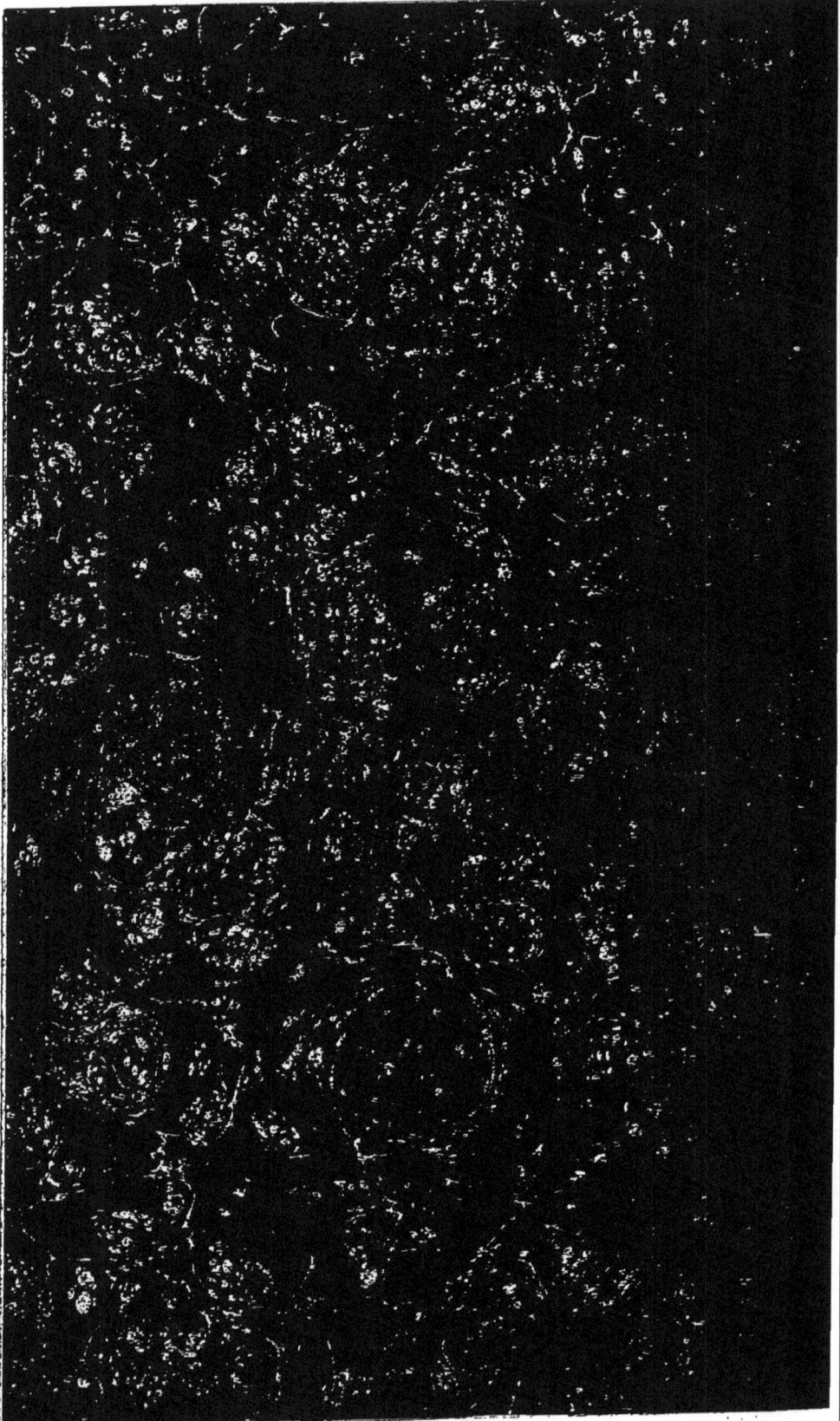